中国象棋经典布局系列

顺炮直车对横车

朱宝位 刘海亭 编著

APTIME
时代出版

时代出版传媒股份有限公司
安徽科学技术出版社

图书在版编目（CIP）数据

顺炮直车对横车 / 朱宝位,刘海亭编著. --合肥:安徽科学技术出版社,2019.1(2023.4重印)

（中国象棋经典布局系列）

ISBN 978-7-5337-7443-1

Ⅰ.①顺… Ⅱ.①朱…②刘… Ⅲ.①中国象棋-布局(棋类运动) Ⅳ.①G891.2

中国版本图书馆 CIP 数据核字(2018)第 000298 号

顺炮直车对横车　　　　　　　　　　　　　朱宝位　刘海亭　编著

出 版 人：丁凌云　　　选题策划：刘三珊　　　责任编辑：刘三珊
责任校对：戚革惠　　　责任印制：李伦洲　　　封面设计：吕宜昌
出版发行：安徽科学技术出版社　　　http://www.ahstp.net
（合肥市政务文化新区翡翠路 1118 号出版传媒广场,邮编:230071）
电话：(0551)63533330
印　　制：唐山富达印务有限公司　　　电话:(022)69381830
（如发现印装质量问题,影响阅读,请与印刷厂商联系调换）

开本：710×1010　1/16　　　印张：15　　　字数：270 千
版次：2023 年 4 月第 3 次印刷

ISBN 978-7-5337-7443-1　　　　　　　　定价：58.00 元

前　言

　　顺手炮是一种古老的布局,明清时代的古谱就对顺炮布局有了比较系统的论述。它的特点是变化复杂,对攻激烈,常为喜爱攻杀的棋手所采用。顺炮直车对横车变例有着悠久的历史,古典的走法是车二进六挥车过河,容易遭到对方激烈的反击。红方早期的走法还有仕四进五或马八进九,由于局面定型过早,缺乏弹性,先手方的攻势不易掌握,此走法逐渐被淘汰。红方现代的走法是马八进七跳正马,更具合理性和对抗性,直车两头蛇变例充分体现了这一构思。红方左马正起加强中心区域的控制,是棋坛泰斗胡荣华 20 世纪 60 年代中期首先在全国大赛中使用的,历经多年发展,仍然盛行不衰,是顺炮直车对横车最主要的变化。

　　本书专门介绍和阐述顺炮直车对横车的各种局式、变化及其攻防战略。全书分十章 91 局,最后附有实战对局选例 20 局,以供读者在阅读研究时与本书理论部分的内容互相印证,并随着实战经验的积累,不断提高这种布局的技战术水平。

　　限于笔者水平,书中不妥之处在所难免,希望得到棋界同好的批评、指正。

编著者

目　　录

第一章　顺炮直车过河对横车

顺炮直车对横车第4回合红方挥车过河准备平车吃卒压马，弈来颇有先声夺人之势，这是典型的古典战法。它的特点是积极进取，力争主动，但由于属急攻型，容易引起对方的反击，所以这种走法在大赛中已很少见。本章列举了典型局例1局，详细介绍这一布局中双方的攻防变化。

第一节　红过河车变例

第1局　红过河车对黑弃卒跃马

1.炮二平五　炮8平5　　2.马二进三　马8进7

3.车一平二　车9进1　　4.车二进六　……

形成顺炮直车对横车的阵势。红方伸车过河，准备吃卒压马，是20世纪50—60年代盛行的走法。

4.……　　　　卒3进1

黑方先挺3卒开通马路，准备实施弃卒跃马的反击计划，是一种积极对攻的走法。如改走车9平4，则车二平三，马2进3(如车4进6，炮八进二，车4退2，炮八平九，马2进1，兵七进一，黑车捉炮没有达到骚扰的目的，反被红方利用)，仕四进五，炮5退1，马八进九，卒3进1，炮八平六，车4进1，车九平八，车1平2，车八进六，红方先手。

5.炮八平七　　……

红方平炮，准备使用巧过兵的战术手段。如改走车二平三，则马2进3，马八进九(如车三进一，炮5进4，马三进五，炮2平7，黑方占优势)，马3进4，兵三进一，车9平6，双方另有不同的攻守变化。

5.……　　　马2进3　　6.兵七进一　马3进4

7.兵七进一(图1)　　……

至此，双方形成顺炮直车对横车"天马行空"的变例。红方强渡七兵，黑方弃卒跃马争先，布局未几，双方即短兵相接，充分体现顺炮局激烈对攻的特点。

如图1形势，黑方有两种走法：(一)马4进5；(二)马4进6。分述如下：

第一种走法:马4进5

7. ……　　马4进5

黑方马踏中兵,直攻中路的走法。

8. 马三进五　……

红方进马相兑,易受黑方攻击。如改走车二平三,则马5退3,黑方可战。

8. ……　　炮5进4

9. 仕四进五　……

红方如改走仕六进五,则车9平4,红亦难走。

9. ……　　车9平6

黑方平车封锁帅门,控制要道,准备出将作杀,此乃紧凑之着。

10. 炮七进二　车6进4

黑方进车捉炮,简明有力。如改走炮2进6,则兵九进一,象3进5,车九进三,车6进5,车九平六,红方以下有炮七退一手段,红方易走。

11. 马八进七　炮2平5　　12. 马七进五　……

红方如改走相七进九,则士6进5,相三进一,将5平6,车二退六,前炮进2,帅五进一,炮5进5,帅五进一,车6进2,帅五退一,车6平3,黑方反夺主动权。

12. ……　　炮5进4　　13. 相七进九　士6进5

14. 相三进一　将5平6　　15. 车二退六　车1平2

黑方大占优势。

第二种走法:马4进6

7. ……　　马4进6

黑方马进6路,含蓄多变的走法。

8. 兵三进一　车9平6

黑方平车占肋,控制要道。如改走马6进7,则炮七平三,黑方在步数上失先。

9. 仕六进五　马6进4

黑方如改走车1平2,则马八进九,马6进7,炮七平三,车6进3,炮五平六,车6平3,相七进五,炮5进4,双方各有千秋。

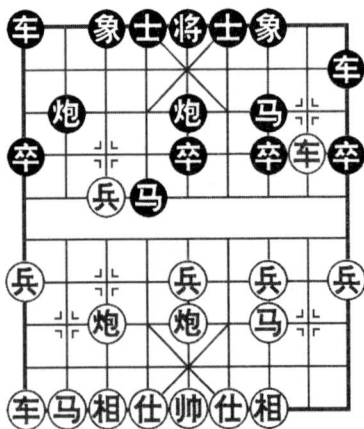

图1

10.马八进九　　车 6 进 3

11.车九平八　　炮 2 进 5　　12.炮七平六　……

红方如改走炮五平八,则马 4 进 3,帅五平六,炮 5 平 4,帅六进一,车 6 平 4,仕五进六,车 4 平 3,帅六平五,炮 4 平 2,黑方大占优势。

12.……　　　　炮 5 平 2　　13.车八平九　　象 3 进 5

14.车二平三　　车 1 平 3

黑方子力灵活,反占先手。

小结: 对攻激烈的"天马行空"变例曾在 20 世纪 50—60 年代盛行一时,是顺炮直车对横车较早的一种走法。由于易引起激烈的搏杀,先手方的攻势不易掌握,所以近年来在大赛中逐渐消失。

第二章 顺炮直车补右仕对横车

顺炮直车对横车第4回合红方补右仕以逸待劳,是缓攻型战术,流行于20世纪50—60年代。本章列举了典型局例1局,详细介绍这一布局中双方的攻防变化。

第一节 红补右仕变例

第2局 黑左横车对红补右仕

1. 炮二平五 炮8平5　　2. 马二进三 马8进7
3. 车一平二 车9进1　　4. 仕四进五(图2)……
红方补仕,以逸待劳的走法。

如图2形势,黑方有三种走法:(一)车9平4;(二)车9平6;(三)马2进3。分述如下:

第一种走法:车9平4

4.……　　　　　车9平4
5. 车二进六 马2进3
6. 车二平三 炮5退1
7. 马八进九……

红方如改走兵三进一,则车4进4,相三进一,车1进1,马八进九,卒3进1,炮八平七,炮5平7,车三平二,象7进5,黑方易走。

7.……　　　　　卒3进1　　8. 炮八平七 车4进1
黑方高车士角保马,含蓄的走法。如改走炮5平7,则车三平四,马3进4,车四退三,车1进1,车九平八,炮2平3,兵五进一,象7进5,兵三进一,车1平2,车八进八,车4平2,双方互缠。

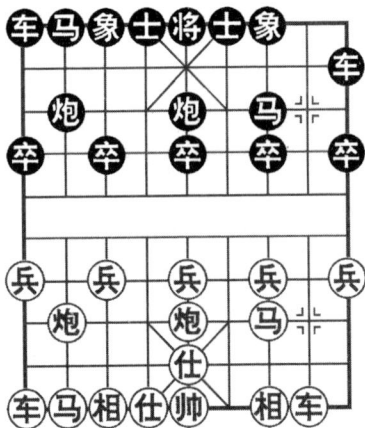

图2

9. 车三平四 ……

红方平车扼守要道,稳健的走法。如改走车九平八,则车 1 进 2,车八进六,炮 5 平 7,车三平四,炮 7 平 2,车八平七,炮 2 平 3,车七平八,马 3 进 4,车四平二,卒 3 进 1,车八退一,象 3 进 5,车二平三,炮 3 平 2,车八进二,车 1 平 2,车三进一,卒 3 进 1,炮七平六,炮 2 平 3,炮五进四,士 4 进 5,相三进五,马 4 进 6,黑方得子胜势。

9. ……　　　炮 2 进 2　　10. 兵三进一　车 1 进 1

11. 炮七进三　……

红方进炮打卒,不如改走炮五平六调整阵势,这样较为稳健。

11. ……　　　马 3 进 4　　12. 车四退三　炮 2 进 3

13. 马三进二　马 4 进 3　　14. 炮五平七　……

红方也可改走炮五平三,牵制黑方左翼。

14. ……　　　象 7 进 5　　15. 车九平八　车 1 平 2

16. 车四进四　车 4 进 3　　17. 炮七进一　……

红方进炮,保持变化的走法。如改走车四平三,则象 5 进 3,也是黑方易走。

17. ……　　　车 4 平 7　　18. 马二进三　车 7 进 4

19. 仕五退四　炮 5 平 8

黑方平炮弃马,准备沉底取势,构思甚是巧妙!红如接走车四平三吃马,则炮 8 进 8,红方难以应付。

20. 炮七平二　士 4 进 5　　21. 车四进一　……

红方如改走车四平三吃马,则马 3 进 4,车八进一,车 7 平 6,帅五进一,马 4 退 5,以下黑方伏有马 5 进 3 或车 6 退 1 叫将抽车等手段,红方难以应付。

21. ……　　　炮 8 进 3　　22. 马三进一　炮 8 平 5

23. 仕六进五　马 3 进 1

黑方大占优势。

第二种走法:车 9 平 6

4. ……　　　车 9 平 6

黑方平车封锁红方帅门,新颖之着。

5. 车二进六　马 2 进 3　　6. 车二平三　……

红方如改走兵七进一,则车 6 进 3,炮八平七,卒 3 进 1,车二平三,马 3 进 2,车三退二,士 4 进 5,炮五平四,马 7 进 8,相七进五,卒 3 进 1,车三平七,炮 5 平 7,黑方占优势。

6. ……　　　车6进1　　7. 马八进九　炮2退1

8. 车三退二　卒3进1　　9. 炮八平六　炮2平7

10. 车三平六　马7进8　　11. 兵三进一　车6进4

12. 马三进二　车6平8　　13. 兵三进一　炮7进8

黑方弃子有攻势。

第三种走法:马2进3

4. ……　　　马2进3

黑方进正马,是辽宁棋手喜用的走法。

5. 马八进九　……

红方如改走车二进四,则车9平4,马八进七,车4进5,炮五平四,车4平3,相七进五,卒5进1,车九平七,马3进5,炮四进一,车3退2,马七进六,卒5进1,马六进五,马7进5,兵五进一,车3进5,相五退七,炮2平3,相七进五,车1平2,兵五进一,马5进7,炮四退一,车2进6,车二平三,车2退2,炮八平七,炮3平1,炮七进七,士4进5,炮七平九,炮1平2,相五退七,车2平5,炮四平五,双方各有顾忌。

5. ……　　　卒3进1

黑方也可改走车9平4,待机而动。

6. 车二进五　……

红方进车骑河,是力争主动的走法。如改走车二进四,则车9平6,红方无便宜可占。

6. ……　　　车9平4　　7. 车二平七　马3进4

8. 炮八平六　马4进5

黑方如改走马4进6,则车九平八,炮2平1,车七平四,红方占优势。

9. 车九平八　炮2平1　　10. 车八进七　……

红方进车逼炮,迫使黑方进行兑子交换,是简明有力的走法。因此,红方先手渐趋扩大。

10. ……　　　马5进7　　11. 炮六平三　车4进5

12. 炮三进四　炮5进5　　13. 相三进五　象7进5

14. 车七退一　车4平7　　15. 炮三平九　炮1进4

16. 炮九退二　马7进6

黑方跃马准备右移解救边炮,必然之着。

17. 车八退四　……

红方如改走车七平四顶马,则黑可车7平6兑车解围。

17.……　　　　马6进5　　18.车七平四　　马5进3

19.仕五进六　　车7平9　　20.仕六进五　　车1进4

21.炮九平七

红方占优势。

小结:红方补右仕变例偏于防守,左翼子力出动较慢,使得黑方有较多的反击机会,因此此走法已很少被棋手在实战中采用。

第三章　顺炮直车进边马对横车

顺炮直车对横车第 4 回合红方进边马,力求两翼子力平衡发展,待机而动,是 20 世纪 60 年代初期流行的走法。这是先手方采取缓攻战术的稳健布局。本章列举了典型局例 1 局,详细介绍这一布局中双方的攻防变化。

第一节　红进边马变例

第 3 局　红进边马对黑进正马

1.炮二平五　炮 8 平 5　　2.马二进三　马 8 进 7

3.车一平二　车 9 进 1　　4.马八进九　……

红方进边马,力求两翼子力平衡发展,是 20 世纪 60 年代初期流行的走法。

4.……　　　　马 2 进 3

黑方进正马,是创新的走法,它的特点是反击力较强,现在尚被大多数棋手所采用。

5.炮八平七　车 1 平 2(图 3)

如图 3 形势,红方有两种走法:(一)兵七进一;(二)车九平八。分述如下:

第一种走法:兵七进一

6.兵七进一　车 9 平 4

黑方横车过宫,伏有弃马争先的手段,是第 4 回合马 2 进 3 的续进之着。

7.兵七进一　卒 5 进 1

黑方冲中卒,开通马路,为实施弃马抢先的战术手段埋下伏笔。

8.兵七平六　……

红方拱兵,攻击黑马。如改走兵七进一,则马 3 进 5,车九平八,卒 5 进一,兵五进

图 3

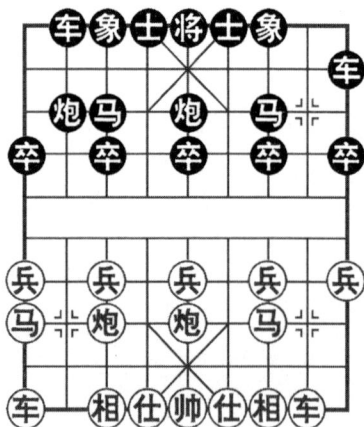

一,马5进4,炮七进七,车2平3,车八进七,马4进5,相三进五,车3进3,黑方双车马炮占势易走。

8.……　　　车4进3

黑方进车吃兵,弃马抢先。如改走马3进5,则兵六平五,马5进3,车九平八,红方易走。

9.炮七进五　马7进5　　10.炮七进一　炮2进5

11.炮七平一　……

红方平炮弃马,准备展开对攻。如改走车九平八,则车2进4,马三退一,车4退3,黑方占优势。

11.……　　　炮2平7　　12.车二进二　炮7平1

13.车九进二　马5进3　　14.仕四进五　车2进1

15.炮一进一　车2平6

黑方先车捉炮,再平车控肋,紧凑有力之着。

16.炮五平四　……

红方卸中炮,势在必行。如改走车二进七,则炮5进4,车九平八,马3进4,炮一平三,将5进1,车八进六,车4退3,黑方胜势。

16.……　　　炮5进4　　17.帅五平四　象3进5

18.炮四退一　车4进2　　19.兵三进一　炮5平1

黑方多卒且兵种齐全,占优。

第二种走法:车九平八

6.车九平八　炮2进4　　7.仕四进五　车9平6

8.车二进四　……

红方如改走车二进六,则卒7进1,车二平三,车6进1,黑不难走。

8.……　　　卒3进1　　9.车二平六　车6进3

10.兵九进一　马3进4　　11.兵三进一　象3进1

12.兵七进一　炮2平3

红方兑兵授人以隙,被黑方平炮要杀夺去主动。不如改走车八进二静观其变,比实战走法为好。

13.车八平九　炮3平1　　14.车九平八　车2平9

15.马九退八　炮1进3　　16.马八进九　卒3进1

17.车六平七　马4退2

黑方回马以退为进,可以赚得边兵,灵活的走法。如改走马4进5,则马三进五,炮5进4,车七平五,红方易走。

　　18.车七进二　马2进1　　19.马九进七　马1进3

　　20.车七退三　卒7进1　　21.兵三进一　车6平7

　　22.炮五平六　车7平2

　　黑方满意。

　　小结:红方左马屯边由于局面定型过早,缺乏弹性,逐渐被淘汰。

第四章 顺炮直车五六炮对横车

顺炮直车对横车第 4 回合红方平仕角炮是 20 世纪 80 年代初期兴起的一种稳健的攻法。五六炮变例属于"老谱翻新",布局阶段,先固防再进取,以逸待劳,此种走法为功力深厚的棋手所喜用。本章列举了 8 局典型局例,分别介绍这一布局中双方的攻防变化。

第一节 红五六炮变例

第 4 局 红五六炮正马对黑进炮封车(一)

1.炮二平五　炮 8 平 5　　2.马二进三　马 8 进 7

3.车一平二　车 9 进 1　　4.炮八平六　……

红方平仕角炮,是力求稳健的一种走法。

4.……　　　　马 2 进 3

黑方先跳正马,横车待机而动,应着含蓄多变。

5.马八进七　车 1 平 2　　6.车九平八　炮 2 进 4

黑方进炮封车,是力争主动的走法。

7.仕四进五　……

红方补仕,巩固阵势。如改走炮六进五打马,请见下局。

7.……　　　　卒 7 进 1

8.车二进四(图 4)　……

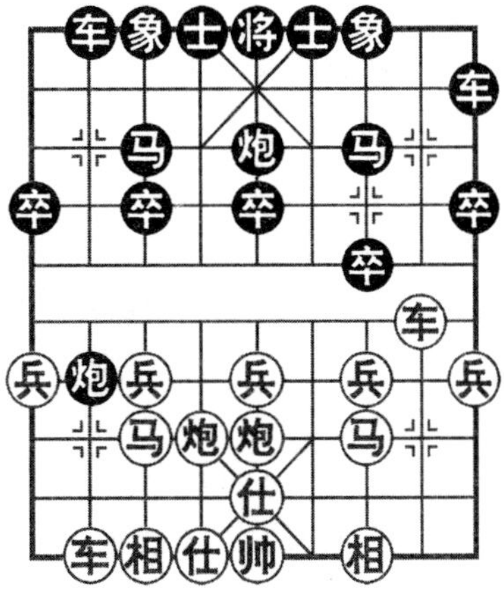

如图 4 形势,黑方有两种走法:(一)车 9 平 4;(二)车 9 平 2。分述如下:

第一种走法:车 9 平 4

8.……　　　　车 9 平 4

9.车二平七　……

红方右车左移瞄卒,灵活之着。如改

图 4

— 11 —

走兵三进一,则车 4 进 3,红无便宜可占。

9.……　　　　车 4 进 1

黑方高车士角,预作防范,是针对性极强的走法。如改走车 4 进 3(如车 4 进 2,兵三进一,红方主动),则车七进二,车 4 退 2,马七退九,炮 2 进 2,兵七进一,士 4 进 5,兵七进一,马 3 退 4,车七平九,车 4 平 1,车九进一,象 3 进 1,兵七进一,马 7 进 6,炮六进一,红方占优势。

10.兵三进一　　……

红方兑兵,并非当务之急。不如改走马七退九捉炮,黑如炮 2 进 2,则车七进二,互缠中红不难走。

10.……　　　　卒 3 进 1　　　11.车七平四　　卒 7 进 1

12.车四平三　　炮 5 退 1　　　13.相七进九　　炮 5 平 7

14.车三平四　　马 7 进 8

黑方进马捉车,展开反击。可改走炮 7 平 3,红如炮六进二,车 4 进 2,炮六平八,车 4 平 7,车八进三(如马三退一,卒 3 进 1,兵七进一,马 3 进 4,车四平六,马 4 进 2,车八进三,炮 3 进 5,兵七进一,车 7 进 4,黑方易走),车 7 进 3,炮八平五,炮 3 平 5,车八进五,马 3 退 2,黑方得相易走。

15.车四平二　　车 4 平 7　　　16.车二进一　　炮 7 进 6

17.炮六平三　　车 7 平 5　　　18.车二平七　　车 7 进 2

19.仕五退四　　车 7 退 2

以上一段交换,红得一卒,黑得一相,但黑马受到红车的侵扰,并无便宜可占。此时黑宜改走车 7 退 7 保马,再徐图进取。

20.相九退七　　马 3 退 5　　　21.炮五进四　　马 5 进 6

22.相七进五　　……

红方应改走车七平四捉马,黑如车 7 平 3,则车四进一,车 3 退 1,车八进二,车 3 平 5,仕四进五,炮 2 退 3,炮五平一,炮 2 进 3,炮一进三,士 4 进 5,车八平三,象 3 进 5,车四进二,红方大占优势。

22.……　　　　车 2 进 3　　　23.仕六进五　　车 2 平 5

24.车八进三　　车 7 平 5

兑去红炮,黑方渐入佳境。

25.马七退六　　车 5 退 1　　　26.车七平四　　车 5 平 9

27.马六进五　　车 9 平 4

黑方占优势。

第二种走法: 车9平2

8.……　　　 车9平2　　 9.兵三进一　……

红方如改走车二平七,则炮5退1(如炮5平6,炮六进五,马7进6,炮五进四,前车平4,炮五退一,车4进1,车七进二,将5进1,相七进五,将5平4,兵七进一,黑方多子,红方有攻势,各有顾忌),车七平四,象3进5,炮六进五,马7进8,车四平二,炮2进1,车二进一,炮2平5,相三进五,前车进8,马七退八,车2进9,车二进三,车2退8,车二平四,炮5平4,炮六退一,士4进5,车四退三,卒9进1,兵七进一,炮4平3,双方平稳。

9.……　　　 前车进3　 10.相七进九　……

红方如改走炮六进二,则炮5平6,炮六平四,象3进5,炮四退二,士4进5,相七进九,卒9进1,兵七进一,卒7进1,车二平三,马7进8,马七进六,马8进9,双方均势。

10.……　　　 士4进5　 11.兵七进一　炮5平4

12.兵七进一　前车平3　 13.兵三进一　车3平7

14.马七进八　马7进6

黑方进马兑炮,好棋!

15.车二平七　卒3进1　 16.车七进一　车2进5

17.车七进二　马6进4　 18.炮六进五　车7进3

黑方占优势。

第5局　　红五六炮正马对黑进炮封车(二)

1.炮二平五　炮8平5　　 2.马二进三　马8进7

3.车一平二　车9进1　　 4.炮八平六　马2进3

5.马八进七　车1平2　　 6.车九平八　炮2进4

7.炮六进五　……

红方进炮捉马,骚扰敌阵,灵活的走法。

7.……　　　 车9平7

黑方平车保马,以静制动。如急于炮2平5,则马三进五,车2进9,炮六平三,炮5进4,马七进五,士4进5,车二进九,红方占优势。

8.仕四进五　……

红方如改走仕六进五,则卒7进1,车二进四,马7进6,车二平四,车2进4,炮六退四,炮2进2,炮五平六,炮5平6,车四平二,象3进5,相七进五,车7

- 13 -

平2,兵三进一,卒7进1,车二平三,士4进5,黑方满意。

8.······ 卒7进1 9.车二进四(图5)······

红方高车巡河,稳健的走法。如改走车二进六,则马7进6,炮五进四,士4进5,炮五退一,车2进4,兵五进一,马6进7,炮六进一,车7进1,车二平七,马7退5,黑方易走。

如图5形势,黑方有两种走法:(一)士4进5;(二)马7进6。分述如下:

第一种走法:士4进5

9.······ 士4进5

10.炮六退三 马7进6

11.炮六平七 卒7进1

黑方弃卒逼红兑车,虽活通了红方右马,但巩固了己方河口马的位置,是反夺主动的巧妙之着。

12.车二平三 车7进4

13.兵三进一 马3退1

14.炮七平四 马6进4

15.炮四退二 炮5平2

16.车八平九 ······

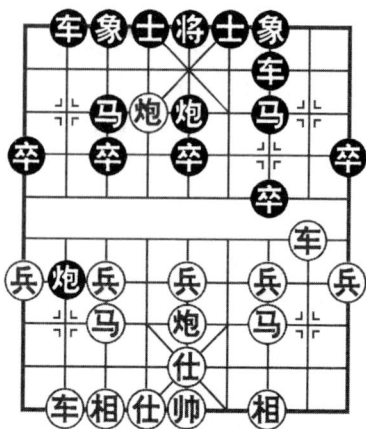

图5

黑方平炮赶回红车,局势更趋有利。

16.······ 卒3进1 17.马三进四 马1进3

18.兵七进一 前炮平3

黑方前炮平3压马,是保持变化的有力之着。如改走卒3进1,则马七进六,卒3平4,马四进五,马3进5,炮五进四,局势趋向平稳。

19.兵七进一 马4进2 20.马四退六 象3进5

21.兵七进一 车2平4 22.马七退九 车4进6

黑方易走。

第二种走法:马7进6

9.······ 马7进6

黑方马跃河头,力争主动。

10.炮六退四 炮2平4 11.车八进九 马3退2

12.车二平四 马6退7 13.兵三进一 卒7进1

14. 车四平三　炮4退4　　15. 炮五进四　士4进5

16. 车三进二　车7平6　　17. 炮五退二　车6进3

18. 炮五平三　马7退9　　19. 车三平七　象3进1

20. 相三进五　车6平3　　21. 车七平一　车3进2

22. 车一进二　车3进1　　23. 车一平三　象7进9

24. 炮三平二　炮5平8　　25. 车三退一　炮8退2

26. 车三平一　车3退4

双方各有顾忌。

第6局　红五六炮正马对黑进炮封车(三)

1. 炮二平五　炮8平5　　2. 马二进三　马8进7

3. 车一平二　车9进1　　4. 炮八平六　马2进3

5. 马八进七　车1平2　　6. 车九平八　炮2进4

7. 炮六进五　车9平7　　8. 车二进六(图6)　……

如图6形势,黑方有两种走法:(一)炮2平5;(二)马7退9。分述如下:

第一种走法:炮2平5

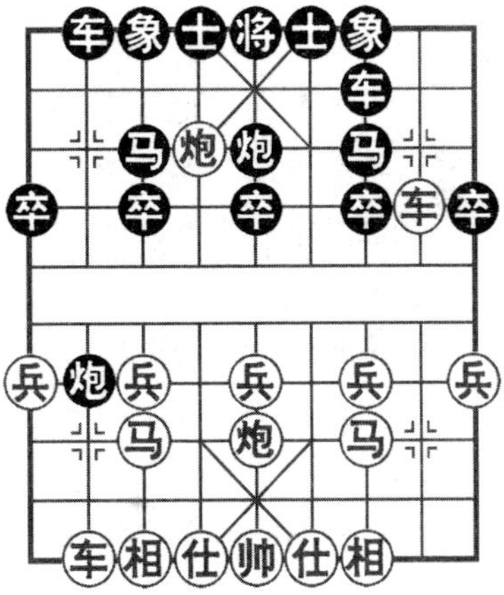

8. ……　　　　炮2平5

黑方炮打中兵,简明的走法。

9. 马三进五　……

红方如改走仕六进五,车2进9,马七退八,马7退9,车二平一,前炮平1,马八进七,炮1进3,炮六退七,炮1平4,仕五退六,炮5进5,相三进五,卒3进1,马七进五,象7进5,双方均势。

9. ……　　　　车2进9

10. 马七退八　炮5进4

11. 仕四进五　车7平4

12. 马八进七　炮5退2

13. 炮六平四　车4平6

14. 炮四平六　车6进1

15. 炮六平三　……

图6

红方以炮兑马,稳健的选择。如改走炮六退三,则车6进4,车二平三,马7

退5,黑车占据兵线要道,较为易走。

16. ……　　车6平7　　16. 马七进五　　……

红进中马兑炮,急躁。以先走兵七进一,然后马七进五为宜。

16. ……　　炮5平3

黑方平炮叫杀,避免兑子,是保持变化的积极走法。否则兑炮后立成和势。

17. 相七进九　士4进5　　18. 车二平一　　……

红方车吃边兵,被黑方平炮先手捉相,造成阵势散乱。不如改走马五进六阻隔黑炮,并伏兑子简化局势的手段。黑如接走马3退1,则兵七进一,炮3平2,再车二平一吃兵,要比实战走法为好。

18. ……　　炮3平7　　19. 相三进一　炮7平2

黑炮左右闪击,走得十分灵活有力,已呈反先之势。

20. 马五进六　马3退1　　21. 马六退四　　……

红以改走车一退二,及时通活大车为宜。

21. ……　　炮2平6　　22. 兵七进一　象3进5

23. 马四退六　　……

红方退马,略嫌消极。但如改走马四进六,则卒5进1,马六退五,炮6退1,车一退一,卒7进1,炮五进三,炮6平5,也是黑占主动。

23. ……　　炮6平2　　24. 相九退七　车7平6

25. 车一平三　车6进4　　26. 马六退四　马1进3

27. 炮五平八　车6平3

黑方占优势。

第二种走法:马7退9

8. ……　　　　马7退9　　9. 车二退二　车7平4

黑方平车捉炮,嫌缓。应改走卒7进1,红如仕四进五,则卒3进1,车二平四,车7平2,炮六退五,士4进5,兵三进一,卒7进1,车四平三,车2进4,车三平八,车2进5,黑方反先。

10. 炮六退三　卒3进1

黑挺3卒造成丢子。应改走炮2退1,炮六进三,车4进1,车八进四,车2进5,车二平八,马9进7,双方平稳。

11. 炮六平八　车4进6　　12. 车八进三　车4平3

13. 车二进四　车2进4　　14. 车二平一　卒3进1

15. 兵七进一　车3退2　　16. 车一平七　士6进5

17. 相七进九　车 3 退 1　　18. 车八退三　……

红方退车准备下着车八平七,邀兑黑方 3 路车,是简明有力的走法。

18. ……　　炮 5 平 9　　19. 车八平七　车 3 进 5

20. 相九退七　象 7 进 5　　21. 炮八平七　卒 7 进 1

22. 车七平六

红方多子处胜势。

第7局　红五六炮正马对黑进炮封车(四)

1. 炮二平五　炮 8 平 5　　2. 马二进三　马 8 进 7

3. 车一平二　车 9 进 1　　4. 炮八平六　马 2 进 3

5. 马八进七　车 1 平 2　　6. 车九平八　炮 2 进 4

7. 炮六进五　车 9 平 7　　8. 车二进五(图 7)　……

红方进骑河车,抢占要道。

如图 7 形势,黑方有两种走法:(一)士 4 进 5;(二)炮 2 平 5。分述如下:

第一种走法:士 4 进 5

8. ……　　士 4 进 5

9. 炮六退三　车 7 平 6

10. 炮六平三　车 6 进 1

11. 仕六进五　卒 7 进 1

12. 车二平三　象 7 进 9

13. 车三平六　……

红方平车抢占肋道,着法有力。

13. ……　　车 6 进 3

14. 车六进一　马 7 进 8

15. 车六平七　车 2 进 2

16. 炮五平六　炮 5 平 7

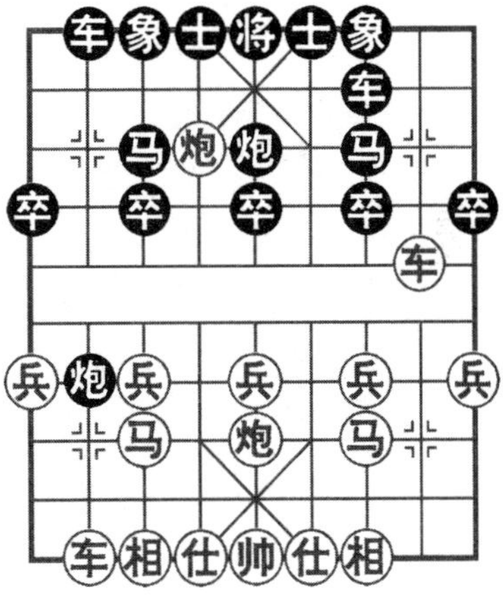

17. 相三进五　象 3 进 5　　18. 车七平九　车 6 平 4

19. 车九进三　士 5 退 4　　20. 车九退四

红方主动。

第二种走法:炮 2 平 5

8. ……　　炮 2 平 5

黑方先手夺得中兵,力争主动的走法。

图 7

9. 马三进五　车2进9　　10. 马七退八　炮5进4

11. 仕四进五　车7平4　　12. 马八进七　炮5退1

13. 车二退一　炮5退1　　14. 炮六退三　卒7进1

15. 兵七进一　象7进5　　16. 炮五进一　士4进5

17. 相三进五　车4进3　　18. 炮五平四　车4平2

19. 马七进五　炮5平4

黑方平炮,准备退至士角调整阵形,必然之着。否则红方有车二进三捉马的手段。

20. 马五进六　车2平4　　21. 炮四平六　车4平6

22. 后炮平七　卒5进1　　23. 炮六退二　车6进2

24. 炮七进三　车6平7　　25. 兵一进一　车7平9

黑方平车瞄边兵,保持变化的走法。如改走卒7进1,则车二平三(如相五进三,卒5进1,黑不难走),车7退1,相五进三,兑车后立成和势。

26. 兵七进一　……

红方七路兵乘机渡河,给黑方制造了一个难题。

26. ……　　　　象5进3

黑方舍象换兵。改走车9平4较为稳妥。

27. 炮七进三　象3退5　　28. 车二平七　马3进5

29. 炮七平九　士5进4

黑方如改走马5进3,则炮六进四,黑亦难应。

30. 炮九退二　马7进6　　31. 车七平四

红方占优势。

第8局　红五六炮正马对黑进炮封车(五)

1. 炮二平五　炮8平5　　2. 马二进三　马8进7

3. 车一平二　车9进1　　4. 炮八平六　马2进3

5. 马八进七　车1平2　　6. 车九平八　炮2进4

7. 炮六进五　车9平7(图8)

如图8形势,红方有两种走法:(一)仕六进五;(二)兵三进一。分述如下:

第一种走法:仕六进五

8. 仕六进五　卒7进1　　9. 车二进四　马7进6

黑马跃至河头,局面开扬,棋势见长。

10. 车二平四　　车 2 进 4

11. 炮六退四　　炮 2 进 2

12. 炮五平六　　……

红卸炮调整阵形,稳健的走法。

12. ……　　　炮 5 平 6

13. 车四平二　　象 3 进 5

14. 相七进五　　车 7 平 2

15. 兵三进一　　卒 7 进 1

16. 车二平三　　士 4 进 5

黑方满意。

第二种走法:兵三进一

8. 兵三进一　　……

红挺三兵,嫌软。

8. ……　　　　卒 7 进 1

黑方弃 7 卒,伏有多种反击手段,好棋。

9. 马三进一　　马 7 退 9　　10. 炮六退五　　士 4 进 5

11. 兵三平四　　马 9 进 7　　12. 兵四平三　　马 7 退 9

13. 兵三平四　　炮 2 平 5　　14. 马三进五　　车 2 进 9

15. 马七退八　　炮 5 进 4　　16. 仕六进五　　车 7 进 5

17. 车二进四　　炮 5 平 9　　18. 炮五平一　　马 9 进 7

19. 车二平七　　马 7 进 6　　20. 车七进二　　车 7 退 4

21. 炮六平七　　马 3 退 1　　22. 相七进五　　车 7 平 2

23. 炮七平八　　马 1 进 3　　24. 马八进六　　象 3 进 5

黑方易走。

第 9 局　　红五六炮正马对黑挺卒制马

1. 炮二平五　　炮 8 平 5　　2. 马二进三　　马 8 进 7

3. 车一平二　　车 9 进 1　　4. 炮八平六　　马 2 进 3

5. 马八进七　　车 1 平 2　　6. 车九平八　　卒 7 进 1

黑方挺卒制马,又是一种应法。

7. 车八进五(图 9)　　……

红方进车骑河,正常之着。如改走车二进六,则卒 3 进 1,车二平三,车 9 平

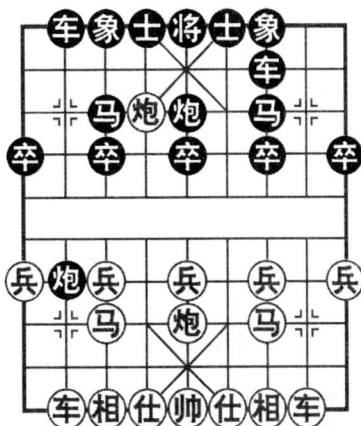

图 8

4,仕四进五,炮5退1,车三退一,车4进1,车三退一,炮2进4,相七进九,炮5平3,兵一进一,车2进4,车八进二,士4进5,车三进二,炮3平2,车三退二,后炮平3,车三进一,炮3平2,车三退一,后炮进1,双方对峙。

如图9形势,黑方有两种走法:(一)炮2平1;(二)车9平4。分述如下:

第一种走法:炮2平1

7.……　　　炮2平1

8.车八进四　……

红方兑车,稳健的走法。如改走车八平三,则车9平4,仕四进五,炮5退1,双方另有攻守。

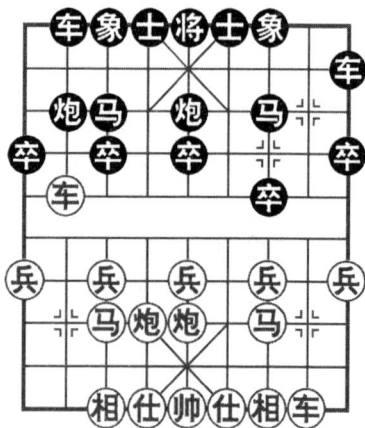

图9

8.……　　　马3退2　　9.车二进四　马2进3

10.仕四进五　……

红方如改走兵七进一,则车9平2,仕四进五,车2进3,兵三进一,炮5退1,马三进四,卒7进1,车二平三,炮5平7,车三平二,炮7进8,炮五平三,象3进5,炮三退一,卒3进1,车二退四,卒3进1,车二平三,卒3进1,马七退九,马7进6,黑方弃子占势易走。

10.……　　　车9平2

黑方如改走车9平4,则兵七进一,马7进6,兵三进一,车4平7(如卒7进1,车二平三,象7进9,马三进四,士4进5,炮五平二,炮5进4,炮六平五,红方占优势),车二进一,马6退4,兵三进一,马4进3,炮六进二,马3进1,马七进九,炮1进4,炮六平七,炮1退2,炮七平三,炮5平7,车二退一,卒3进1,炮五平七,马3退1,兵三进一,炮7进3,车二平三,红方占优势。

11.车二平七　炮5退1　　12.车七进二　车2进1

13.兵七进一　炮5平3　　14.车七平六　象3进5

15.相七进九　士6进5　　16.车六进二　炮3退1

17.马七进六　炮1进4　　18.炮六平七　炮1平3

黑方满意。

第二种走法:车9平4

7.……　　　　车9平4　　8.仕四进五　炮5退1

黑方如改走炮2平1,则车八进四(如车八平三,炮5退1,车二进八,炮5平7,车三退一,卒3进1,车三平四,车2进1,兵七进一,车4进5,兵七进一,炮7平3,相七进九,士4进5,车二退四,炮3进3,双方均势),马3退2,车二进四,卒3进1,兵三进一,车4进3,炮五平四,炮5平3,马三进四,卒7进1,车二平三,车4进1,炮四平三,象3进5,炮六平五,马2进4,兵七进一,车4进3,兵七进一,炮3进5,炮三平七,车4退3,炮七平六,红方占优势。

9.车二进八　　象7进5　　10.车八退一　卒3进1

黑方如改走炮5平7,则车八平四,红方占优势。

11.车八平四　　车4进3　　12.炮五平四　炮5平2

正着。如误走马3进2,则炮四进七,马7退6,车二进一,红胜。

13.车二平七　　马3进2　　14.车七退二　士4进5

15.相三进五

红方易走。

第10局　红五六炮正马对黑平肋车捉炮

1.炮二平五　　炮8平5　　2.马二进三　马8进7

3.车一平二　　车9进1　　4.炮八平六　马2进3

5.马八进七　　车1平2　　6.车九平八　车9平4

7.仕四进五(图10)　……

如图10形势,黑方有三种走法:(一)车4进5;(二)车4进3;(三)炮2进4。分述如下:

第一种走法:车4进5

7.……　　　　车4进5

黑方进车兵线,意在平车压马。

8.车二进八　　……

红方进车,紧凑有力。另有两种走法:①兵七进一,炮2进4,车二进六,马3退5,车二平三,炮5平2,车八平九,车4平3,兵三进一,后炮平3,相七进九,炮3进3,车九

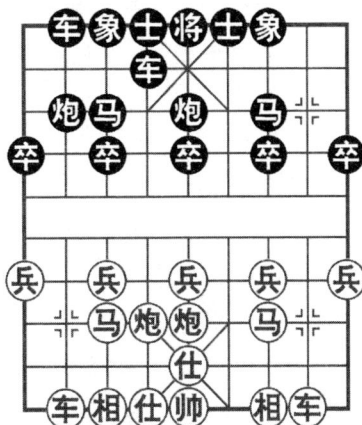

图10

平七,卒 3 进 1,兵三进一,炮 3 进 2,车七进二,车 3 进 1,炮五平七,炮 2 退 3,炮六进四,马 5 进 4,车三进一,象 3 进 5,炮七平八,炮 2 平 3,炮八平五,车 2 进 7,黑方易走。②车二进六,车 4 平 3,车二平三,炮 5 退 1,兵三进一,炮 5 平 7,车三平四,士 4 进 5,兵三进一,炮 7 进 3,马三进四,炮 7 平 3,车四平三,炮 2 平 1,车八进九,马 3 退 2,马七退九,象 3 进 5,马四进六,车 3 退 1,马六进四,车 3 平 6,兵五进一,炮 3 平 4,兵五进一,炮 4 退 3,兵五平六,红方占优势。

8.……　　　　炮 2 进 4

黑方如改走卒 7 进 1,则车八进六(如车八进五,卒 5 进 1,车二平三,马 7 进 5,车三进一,士 4 进 5,兵三进一,车 4 进 1,炮五平四,炮 5 平 7,兵七进一,车 4 平 3,相三进五,车 3 进 2,炮六进四,车 3 退 3,车八平七,卒 3 进 1,炮六平一,象 3 进 5,车三退一,炮 7 平 9,黑方多子占优),卒 3 进 1,车二平三,马 3 退 5,车三平四,象 3 进 1,车八平五,马 5 进 3,车五平八,炮 5 进 5,相三进五,车 4 平 3,马七退九,车 3 平 1,车四平九,马 3 进 5,车九退一,象 7 进 5,兵五进一,红方占优势。

9.兵三进一　　卒 5 进 1

黑方如改走车 4 平 3,则车二平七,马 3 退 5,车七平六,象 3 进 1,马七退九,炮 2 进 2,马三进四,车 3 平 1,炮六退一,车 1 退 2,马九进八,车 2 进 6,马四退六,车 2 平 4,车六退五,车 1 平 2,仕五进六,马 5 进 3,炮六平三,卒 1 进 1,仕六进五,炮 2 退 3,车六进四,红方大占优势。

10.车二平三	马 3 进 5	11.车三进一	卒 5 进 1
12.炮五进二	士 4 进 5	13.炮六平四	车 4 平 3
14.相三进五	炮 5 进 3	15.兵五进一	车 2 进 2
16.马七退九	炮 2 退 1	17.车八进三	车 3 平 2
18.马九进八	马 5 进 3	19.马八退六	车 2 平 6
20.马三进四	象 3 进 5	21.车三退一	炮 2 退 4
22.炮四进五	炮 2 平 7	23.炮四退一	

红方得象占优。

第二种走法:车 4 进 3

7.……　　　　车 4 进 3

黑车巡河占据要道,正着。

8.兵七进一　……

亦可改走车二进六,卒 7 进 1,车二平三,炮 5 退 1,车八进六,车 4 平 3,兵三进一,炮5平7,车三平四,卒7进1,车四进二,炮7平9,兵五进一,车3进2,兵五进一,士4进5,马三进五,炮2平1,车八进三,马3退2,马五进三,红优。

8．……　　　　卒7进1　　9.车二进四　　马7进6

10.车八进六　　炮5平6　　11.兵三进一　　卒7进1

12.车二平三　　象3进5　　13.马三进四　　炮6进3

14.车三平四　　炮2退1　　15.车八平七　　炮2平6

16.兵七进一　　车4平5　　17.炮五进三　　炮6进4

18.马七进六　　马6退7　　19.炮五进二　　车2进5

20.马六退四　　象7进5　　21.车七进一　　马7进6

22.兵七平六

红方占优势。

第三种走法:炮2进4

7．……　　　　炮2进4

黑方进炮封车,力争主动。

8.车二进六　　车4进1　　9.兵七进一　　……

红方如改走车二平三,则炮5退1,兵七进一,炮2平3,兵三进一,车4平6,炮五平四,炮5平4,马三进四,车6进3,车三进一,马3退5,车三退一,车6退2,炮六进四,车6平7,炮六平四,炮4进7,师五平四,车2进4,相七进九,车2平8,兵一进一,马5进6,车八进三,马6进7,师四平五,马7进6,仕五进四,车8平7,炮三平二,车7进5,师五进一,炮4平3,马七退九,车7退1,师五退一,车7退5,炮二进三,前炮平9,黑方占优势。

9．……　　　　卒7进1

黑方如改走炮5退1,则兵三进一,卒3进1,兵七进一,炮5平3,兵五进一,士4进5,车二退三,炮2进2,兵五进一,卒5进1,车二平五,象3进5,车五进二,车4进4,车五退二,车4退3,双方对峙。

10.兵三进一　　卒7进1　　11.车二平三　　炮5退1

12.车三退二　　炮2平3　　13.马三进四　　车2进8

14.炮五平四　　炮5平7　　15.车三平二　　炮7平2

16.车八平九　　车4进3　　17.相七进五　　炮2进4

18.车二进三　　车4平6　　19.车二平三　　象3进5

黑方反先。

第11局　红五六炮正马对黑横车过宫

1.炮二平五　炮8平5　　2.马二进三　马8进7

3.车一平二　车9进1　　4.炮八平六　车9平4

黑方先平车捉炮,不如改走马2进3灵活多变。

5.仕四进五(图11)　······

如图11形势,黑方有三种走法:(一)卒7进1;(二)马2进1;(三)马2进3。分述如下:

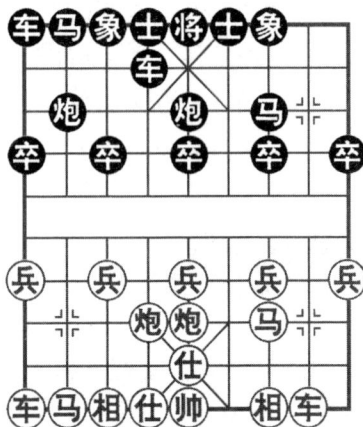

第一种走法:卒7进1

5.······　　　卒7进1

6.马八进七　炮2平3

7.车九平八　炮3平4

8.车二进四　马2进1

9.相七进九　车4进3

10.兵三进一　士4进5

11.马三进四　车4平6

12.车八进四　车1平2

13.车八平六　车2进4　　14.炮五平三　······

红方卸炮遥控黑方7路线,是抢先取势的要着。

14.······　　　象7进9　　15.炮六平四　车6平3

16.车六退一　炮5平3　　17.相三进五　象3进5

18.车二进四　······

红方进车下二路,大局感甚强,由此展开全面攻击。

18.······　　　马7进6

黑方如改走卒7进1,则炮三进四,后炮平7,马四进五,黑方失子。

19.兵三进一　象5进7　　20.炮三平二　车2进1

21.马四进六　后炮退1　　22.车二退一　车2平4

23.车六进一　马6进4　　24.车二平三

红方占优势。

第二种走法:马2进1

5.······　　　马2进1　　6.马八进七　车1平2

图11

7. 车九平八　车4进5

黑方如改走车4进3,则兵七进一,卒1进1,车八进六,炮2平3,车八进三,马1退2,车二进四,卒7进1,相七进九,马7进6,兵三进一,红方占优。

8. 车二进六　炮5平3　　9. 车二平三　象3进5

10. 兵三进一　炮2进1　　11. 马三进四　车4退1

12. 车三平四　士4进5　　13. 兵七进一　车4退5

14. 炮五进四　马7进5　　15. 马四进五　炮3退1

16. 马七进六　卒3进1　　17. 马五进七　车4进5

18. 车四平八　车2进3　　19. 车八进六　卒3进1

20. 相七进五　卒1进1　　21. 车八平九　象5进3

红方易走。

第三种走法:马2进3

5. ……　　　　马2进3　　6. 马八进七　车1平2

7. 车九平八　卒7进1

黑方如改走炮2进4,则车二进六,红方占优势。

8. 车八进五　炮2平1　　9. 车八平三　炮5退1

10. 车二进八　……

红方如改走车三退一,则车2进6,兵七进一,车2平3,车二进八,车4进3,车二平四,卒3进1,帅五平四,车4平6,车四退三,马7进6,车三进一,炮5平6,帅四平五,马6进4,车三平七,马3退5,马七退九,炮6进7,仕五退四,车3平1,马九进七,车1平3,黑方满意。

10. ……　　　　炮5平7　　11. 车三退一　卒3进1

黑方如改走车2进1,则车三平七,红方易走。

12. 兵七进一　车2进1　　13. 车三平四

红方占优势。

小结: 红方五六炮攻法在实战中偶有出现,红方在战略上力求出其不意。五六炮这步棋的效率,似稳妥有余,威力不足。

第五章 顺炮直车正马进三兵对横车

顺炮直车对横车第4回合,红方左马正起加强中心区域的控制,是对以前车二进六、仕四进五、马八进九老式着法的改进。红方直车正马进三兵对横车这一阵法自棋坛泰斗胡荣华20世纪60年代中期在全国大赛中创用以来,历经多年发展,仍然长盛不衰,早已成为顺炮布局的主流变化。本章列举了20局典型局例,分别介绍这一布局中双方的攻防变化。

第一节 黑右马屯边变例

第12局 红右马盘河对黑平炮3路

1.炮二平五　炮8平5　　2.马二进三　马8进7

3.车一平二　车9进1　　4.马八进七　……

形成顺炮直车正马对横车的布局阵势。红方马八进七是对以前车二进六、仕四进五、马八进九老式着法的改进。

4.……　　　车9平4　　5.兵三进一　……

红方以右车正马进三兵对黑方顺炮横车,这一阵法系1966年特级大师胡荣华首创,是顺炮直车对横车最主要的变化。

5.……　　　马2进1

黑方右马屯边,准备续走炮2平3牵制红方左翼车炮。

6.马三进四　……

红方右马盘河,窥视黑方中卒,是一种急攻型的走法。以往红方有两种走法:①车二进六,炮2平3,车九平八,车1平2,炮八进四,车4进6,车八进二,卒3进1,车二退一,卒7进1,车二平三,卒3进1,车三平七,卒3进1,车七进二,卒3进1,黑方足可一战。②兵七进一,炮2平3,车九平八,车1平2,车二进五,车2进6,炮五平四,卒3进1,车二平七,炮3进1,双方混战。由于这两种走法红方不易把握局面,因此逐步被马三进四和仕六进五所取代。

6.……　　　炮2平3

黑方先平炮,准备亮出右车与红方对抗。如改走车4进7,则炮八进四,士

4进5,车二进五,车4平2,炮八平五,马7进5,炮五进四,红方占优势。

　　7.车九平八　……

　　红方如改走车二进五,则车1平2,车九平八,车2进6,车二平六,车4平6,马四进五,马7进5,炮五进四,士6进5,红方也无便宜可占。

　　7.……　　　车1平2　　8.炮八进四　……

　　红方进炮封车,力争主动。如改走车二进五,则车2进6,车二平六,车4平6,车六退一,卒3进1,炮五平四,车6平3,相七进五,炮3进4,黑方足可一战。

　　8.……　　　士4进5　　9.车二进五　……

　　红方如改走兵七进一,则车4进6,车八进二,炮5进4,仕四进五,炮5退1,马四退三,车4退1,马七进五,卒5进1,炮八平三,象3进5,车八进七,马1退2,兵三进一,卒3进1,兵三平四,卒3进1,相七进九,卒3进1,兵四平五,炮5平2,炮五平八,炮2进1,相三进五,马2进4,车二进六,车4退1,马五进四,车4平5,相九退七,车5退1,黑方易走。

　　9.……　　　车4进6

　　黑方进车捉马,骚扰红方阵势。

　　10.车八进二　炮5进4(图12)

　　如图12形势,红方有两种走法:(一)仕四进五;(二)仕六进五。分述如下:

　　第一种走法:仕四进五

　　11.仕四进五　炮5退1

　　12.炮八进一　……

　　红方进炮,瞄马。如改走车二退二,则车4退2,马四进五,马7进5,炮八平五,象3进5,车八进七,马1退2,炮五平一,卒3进1,车二平五,炮5进2,相三进五,车4进3,炮一平二,卒1进1,兵一进一,马2进1,炮二进三,马1退3,炮二退八,车4退4,双方处均势。

　　12.……　　　车4退1　　13.车八进二　车4平3

　　14.马七退九　……

　　红方如改走车八平五,则车2进2,马四进五,马7进5,车五进二,象3进5,也是黑占优势。

　　14.……　　　车3平1　　15.相七进九　车1进1

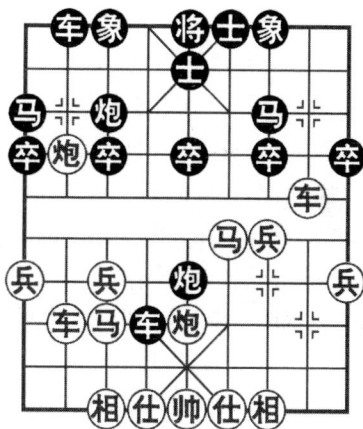

图12

16．车二平八　炮5平3

黑方平炮催杀,精巧之着,顿令红方难以应付。

17．马九退七　前炮平7

黑炮打兵催杀,是上一回合卸炮叫杀的有力续着。

18．后车退四　车1退3　　19．马七进六　炮7退1

20．前车平九　卒1进1

兑掉一车后,黑方多卒多象,大占优势。

21．马四进六　炮3平5　　22．炮八进一　……

红方如改走马六进七,则炮5进5,相三进五,车2进1,黑方亦多卒多象,大占优势。

22．……　　　马1退3　　23．炮五平三　卒5进1

24．前马进五　象3进5

黑方大占优势。

第二种走法:仕六进五

11．仕六进五　……

红方补左仕,是改进后的走法。

11．……　　　炮5退1　　12．车二平八　炮3平4

黑方炮3平4,避免红方退车捉中炮。另有两种走法:①将5平4,前车退一,卒5进1,马四进三,车4退3,兵三进一,炮3进4,马三退五,车2进3,前车平五,车2进4,炮五平八,象7进5,马七进五,卒3进1,兵三进一,马7退8,炮八平六,将4平5,炮六平五,车4退1,后马进三,马8进6,兵三平四,红方大占优势。②象3进5,前车退一,卒5进1,马四进三,车4退3,炮八退一,炮3进4,炮八平五,车2进5,车八进二,炮3平7,兵三进一,炮7退3,兵三进一,车4平5,兵三进一,红方大占优势。

13．炮五进一　……

红方高一步中炮,欲补中相调整阵形兼捉黑车。

13．……　　　车4进1

黑方肋车进一步卡相眼,针锋相对。如改走炮4进1(如卒1进1,炮八平五,马7进5,车八进四,马1退2,相七进五,红方大占优势),则炮八进二,红方主动。

14．兵七进一　……

红方如仍走前车退一,则炮4进3,马四进五,车2进3,马五退六(如前车进二,马7进5,黑方一车换双,占位极佳,易走),车2进2,车八进二,象7进5,马六进八,炮5退2,车八平五,双方子力交换后,趋于和势。

14.……　　　象3进5　　15.炮八进一

红方主动。

第13局　红右马盘河对黑进车捉马

1.炮二平五　炮8平5　　2.马二进三　马8进7

3.车一平二　车9进1　　4.马八进七　车9平4

5.兵三进一　马2进1　　6.马三进四　车4进4

黑方进车捉马,简明的走法。

7.马四进五　马7进5　　8.炮五进四　士4进5

9.相七进五　……

红方飞相固防,稳健的走法。

9.……　　　炮2平4

黑方平士角炮,是改进后的走法。如改走炮2平3,则车二进五,车1平2,炮八进四,卒3进1,炮八平三,红方主动。

10.车九平八　车1平2　　11.炮八进六　车4进2

12.车八进二(图13)　……

如图13形势,黑方有两种走法:(一)将5平4;(二)车4退3。分述如下:

第一种走法:将5平4

12.……　　　将5平4

黑方如改走炮4进7打仕,则仕四进五,车4退4,炮五平一,卒7进1,仕五退六,车4平9,兵三进一,红方多兵占优。

13.仕四进五　炮5进4

14.帅五平四　……

红方出帅捉车,是改进后的走法。如改走车二进三,则炮5平1,仕五进六,炮1平8,黑不难走。

14.……　　　车4退1

15.车二进三　炮5平7

16.兵七进一　马1退3

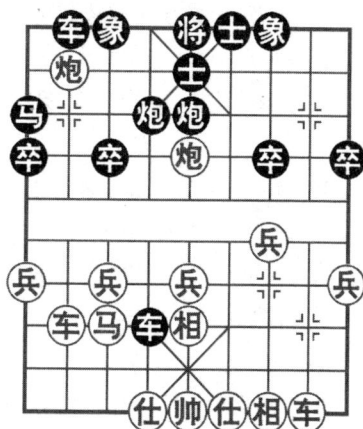

图13

17.马七进六　马3进4

黑可改走车4退1,车二平三,炮4平6,要比实战走法为好。

18.炮八平六　……

红方平炮将门献车,使用先弃后取的战术手段,实战中弈来煞是精彩好看!这是迅速扩大先手的巧妙之着。

18.……　炮4平2

黑方平炮,无奈。如改走车2进7,则炮六退二,炮4进3,炮六退三,红方得子。

19.炮五退一

红方占优势。

第二种走法:车4退3

12.……　车4退3

黑方先进肋车捉红方七路马,然后再退车巡河打一个顿挫,可以使红方八路车脱根,不失为机动灵活的走法。

13.车二进九　……

红方沉车捉象,走法十分强硬。如改走仕四进五,则卒1进1,兵七进一,卒3进1,兵七进一,车4平3,车二进九,马1进2,炮八平六,马2退3,车八进七,马3退2,马七进八,炮4进6,车二平三,炮4平1,帅五平四,炮1进1,相五退七,车3平6,帅四平五,车6平2,马八退六,将5平4,炮六退四,炮5进4,相三进五,车2平8,黑方有优势。

13.……　车4平5　14.炮五平四　……

红方如改走炮五平一,则象7进9,仕六进五,卒1进1,黑可对抗。

14.……　车5平6　15.炮四平五　卒1进1

16.车二平三　马1进2　17.车三退三　……

红方退车吃卒,准备弃子争先。如改走炮八平九,则炮4平2,车八平九,马2进4,车三退三,马4进2,帅五进一,车6平4,炮五平一,将5平4,帅五平四,炮5进5,黑方占势易走。

17.……　车2进1　18.兵三进一　……

红方冲兵献车,是力争主动的走法。如改走车三退一兑车,则车6平7,兵三进一,车2退1,形成一方多子、一方多兵占先的两分之势。

18.……　炮4平2

黑方不逃车而平炮反捉红车,是保持优势的有力之着。如改走车6平4,则

30

炮五平一,炮5平9,炮一退一,红方大占优势。

19.炮五平一　　炮5平9　　20.兵三平四　　炮2进5

21.炮一平二　　炮9平8　　22.兵七进一　　马2进1

23.炮二退四　　车2进3

黑方占优势。

第14局　　红补左仕对黑进车捉兵(一)

1.炮二平五　　炮8平5　　2.马二进三　　马8进7

3.车一平二　　车9进1　　4.马八进七　　车9平4

5.兵三进一　　马2进1　　6.仕六进五　　……

红方补仕,缓步进取的走法。

6.……　　　　车4进4

黑方进车骑河捉兵,对红方较有牵制。

7.炮五平四　　……

红方卸炮调整阵势,稳健的走法。

7.……　　　　车4平7　　8.马三进二　　车7退1

黑方退车,是改进后的走法。如改走炮2平3,则车九平八,车1平2,炮八进四,士4进5,相三进五,车7退1,车二平三,车7进5,相五退三,卒7进1,相七进五,卒1进1,兵七进一,象7进9,兵一进一,车2进2,马七进六,车2退1,马二进三,车2平4,马六进四,象9退7,马四进五,象7进5,马三进五,红方大占优势。

9.相七进五　　炮2平3

10.炮八进二　　车1平2

11.炮八平七　　炮3进3

12.兵七进一(图14)　……

如图14形势,黑方有两种走法:(一)炮5平4;(二)车2进4。分述如下:

第一种走法:炮5平4

12.……　　　　炮5平4

13.马七进六　　车2进4

14.马六进四　　车2平6

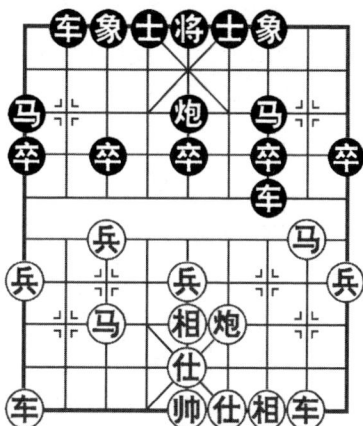

图14

15.马二进四　车7平6　　16.车二进六　……

逼兑一车换双后,红势较优。

16.……　　　　卒7进1　　17.炮四平三　象7进5

18.车二进一　马7退5　　19.车二进一　马5进7

20.车九平六　士6进5　　21.车二平三　车6退1

22.兵五进一　马1退3　　23.车六进三

红方先手。

第二种走法:车2进4

12.……　　　　车2进4

黑方高车巡河,是改进后的走法。

13.车九平六　士4进5　　14.车二进三　炮5平4

黑方如改走车7平8,则车六进四,红方先手。

15.车二平四　马1退3　　16.马二进四　马7退9

黑方如改走象7进5,则兵五进一,马7退9,马四退五,马9退7,车四进一,车7平4,车六进五,车2平4,马五退三,卒3进1,马七进五,马3进2,兵七进一,车4平3,黑方易走。

17.马四退三

红方略占主动。

第15局　　红补左仕对黑进车捉兵(二)

1.炮二平五　炮8平5　　2.马二进三　马8进7

3.车一平二　车9进1　　4.马八进七　车9平4

5.兵三进一　马2进1　　6.仕六进五　车4进4

7.马三进二(图15)　……

如图15形势,黑方有三种走法:(一)炮2平3;(二)车1进1;(三)炮2进2。分述如下:

第一种走法:炮2平3

7.……　　　　炮2平3

黑方如改走车4平7,则炮五平三,炮2平3,车九平八,车1平2,炮八进四,红方先手。

8.炮八进四　士4进5

黑方如改走车1平2,则车九平八,车4平7,炮五平三,卒1进1,相三进

32

五,车 7 退 1,炮八退二,车 7 平 8,马二退一,车 8 进 5,马一退二,卒 7 进 1,马二进四,车 2 进 4,炮八平七,车 2 平 3,车八进八,士 6 进 5,马七退九,马 7 进 6,马九进八,车 3 平 2,车八退三,马 1 进 2,炮七进三,马 2 退 3,黑方满意。

9. 车九平八　车 1 平 2

10. 炮五平三　……

红方卸炮调整阵形,灵活的走法。

10. ……　　车 4 平 7

11. 相三进五　车 7 退 1

12. 车二平三　象 7 进 9

13. 兵九进一　……

红方挺边兵,着法细腻。

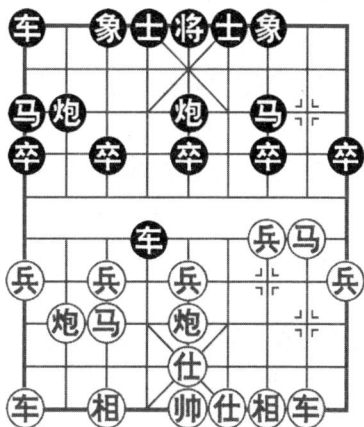

图 15

13. ……　　车 2 进 2	14. 炮三进四　车 7 平 8
15. 车三进四　卒 1 进 1	16. 兵九进一　车 8 平 1
17. 车三平八　炮 3 进 4	18. 兵一进一　车 1 平 8
19. 炮三退六　炮 3 退 2	20. 前车平三　马 7 进 6
21. 马二退三　炮 5 平 7	22. 车三进二　象 3 进 5

双方互缠。

第二种走法:车 1 进 1

7. ……　　车 1 进 1　　8. 马二进一　马 7 进 9

9. 炮五进四　炮 5 平 7

黑方如改走炮 5 平 3,则炮五平一,卒 3 进 1,相七进五,车 4 进 3,炮八进二,卒 3 进 1,相五进七,车 1 平 9,炮八进二,红方多兵占优。

10. 炮五平一　炮 2 进 2	11. 炮一退二　车 4 进 3
12. 炮八进二　炮 2 平 3	13. 炮八平五　卒 7 进 1
14. 兵三进一　车 1 平 8	15. 炮五进一　车 4 退 3
16. 兵三平二　车 4 平 6	17. 兵二进一　车 8 平 9
18. 车九进二　车 9 进 3	19. 炮五退一　炮 7 进 5
20. 马七退八　炮 7 退 1	21. 车九平六　车 6 进 1
22. 车六进四　炮 7 平 5	23. 帅五平六　车 6 退 2

24. 车二进二

红方占优势。

第三种走法：炮2进2

7.……　　炮2进2

黑方升右炮巡河"沿河十八打"，伏炮2平3及平8攻击手段，创新的走法。

8. 马二进一　马7进9　　9. 炮五进四　士4进5

10. 炮五平一　炮2平3　　11. 炮一进三　炮5进1

黑方如改走炮3进3，则车二进九，将5平4，相七进五，车1平2，炮八进六，形成各有顾忌的局面。

12. 马七退六　车4进3　　13. 兵五进一　车1平2

14. 车二进九　象3进5　　15. 炮八平四　车2进5

16. 兵五进一　炮5平6　　17. 炮四退一　车4退5

18. 相七进五　炮3平1　　19. 车九平七　卒3进1

20. 车二退二　马1退3　　21. 兵七进一　炮1平5

22. 兵七进一　将5平4

黑方足可一战。

第16局　红补左仕对黑伸车下二路

1. 炮二平五　炮8平5　　2. 马二进三　马8进7

3. 车一平二　车9进1

4. 马八进七　车9平4

5. 兵三进一　马2进1

6. 仕六进五　车4进7(图16)

伸车塞相眼，意欲对红方阵容施以强制性干扰，以此达到反夺主动的目的。

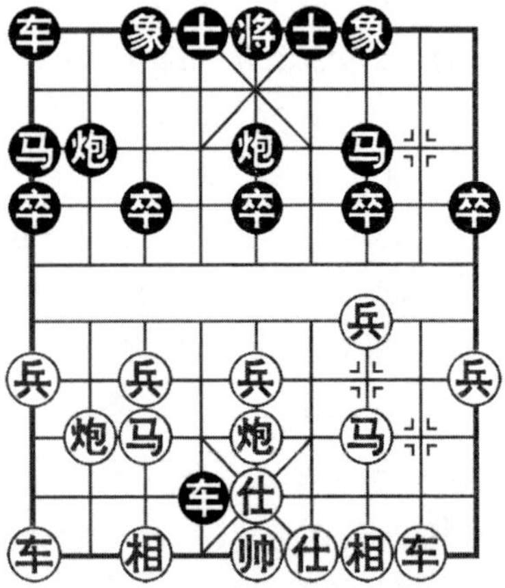

如图16形势，红方有两种走法：（一）相七进九；（二）炮五平四。分述如下：

第一种走法：相七进九

7. 相七进九　炮2平3

黑方如改走炮2平4，则炮八进四，车1平2，车九平八，车4平3，车八进二，炮4进1，炮八进一，炮4退1，炮八退一，炮4进1，

图16

- 34 -

炮八进一,炮4退1,炮八进一,卒3进1,车二进五,马1进3,炮八退二,炮4进1,炮八退一,马3退4,马三进四,车2进3,车二平七,炮5平2,车七进三,车2平3,车七退二,马4进3,炮八平七,马3退4,炮五平六,炮4平3,炮七进四,士4进5,炮七退一,炮3进5,车八进五,炮3退6,车八进二,士5退4,车八平六,将5进1,马四进六,马4进3,车六退三,红方占优势。

8.炮八进四　士4进5　　9.车二进五　……

红方进车抢占要津,适时。

9.……　　　车1平2　　10.车九平八　车4退3

11.相三进一　车4进1　　12.兵七进一　车4平3

13.车八进二　车2进3　　14.车八进四　车3进1

15.相一退三　车3平1

以上几个回合,黑方一车换取马炮并赚得一相,但双马欠灵活是其弊病。

16.车二平八　车1平3　　17.车八退五　……

红方退车加强防守,并为跃马出击创造条件,稳健的走法。

17.……　　　卒1进1　　18.马三进四　炮5进4

19.马四进六　炮3平5　　20.马六退五　……

红方退马兑炮,稳健的走法。如改走车八进一,再伺机平七攻象,则变化相对激烈。

20.……　　　炮5进4　　21.车八退三　炮5退2

22.车八平五　车3退2　　23.炮五进三　卒5进1

24.车五进二　车3平7　　25.车五平九　马1退3

26.车八进九　马3进5　　27.车九平五　士5退4

28.车八平七　士6进5　　29.相三进五　车7进1

30.兵九进一　车7平9　　31.车七平八

红方易走。

第二种走法:炮五平四

7.炮五平四　炮5平3

黑方如改走车1进1,则炮八进二,卒3进1,车二进五,车1平3,相三进五,炮2进2,车二进一,红方先手。

8.相三进五　卒3进1　　9.兵九进一　象7进5

10.车二进八　士4进5　　11.车二平四　炮3退1

12.车四退四　车4平2　　13.车九进二　车2平4

14.车四平八　……

红方平车抢占要道,攻守兼备之着。

14.……　　炮2平3

黑方如改走炮2进5,则车九平八,红方占优势。

15.炮八退二　前炮进4　　16.兵一进一　马1进3

17.车八退一　……

红方退车捉炮,抢先之着。

17.……　　卒3进1　　18.相五进七　马3进5

黑方如改走马3进4,则炮四退一,车4退2,相七进五,卒5进1,马三进四,卒5进1,炮四进二,车4进2,炮四平七,炮3进5,兵五进一,红方大占优势。

19.相七退五　前炮退2　　20.兵五进一　马5进3

21.马七退九　……

红方退马,巧妙之着。

21.……　　车4退3　　22.炮四进二　车4平5

23.炮四平七　后炮进4　　24.相五进七

红方多子占优。

第17局　　红补左仕对黑平炮3路

1.炮二平五　炮8平5　　2.马二进三　马8进7

3.车一平二　车9进1　　4.马八进七　车9平4

5.兵三进一　马2进1　　6.仕六进五　炮2平3

7.车九平八　车4进4

黑方先平炮,待红方出车后,再进车捉兵,走子次序上做了改进。

8.炮五平四　车4平7(图17)

如图17形势,红方有两种走法:(一)马三进二;(二)车二进二。分述如下:

第一种走法:马三进二

9.马三进二　车1平2　　10.炮八进四　士4进5

11.相七进五　……

红方亦可改走相三进五,黑如车7退1,则车二平三,车7进5,相五退三,卒7进1,相七进五,卒3进1,炮四平三,红方略优。

11.……　　车7退1

12.马二进一　马7进9

13.车二进六　炮5平7

黑方如改走卒1进1,则车二平一,车7平2,车八进五,马1进2,炮八平五,马2进4,车一平三,红方占优势。

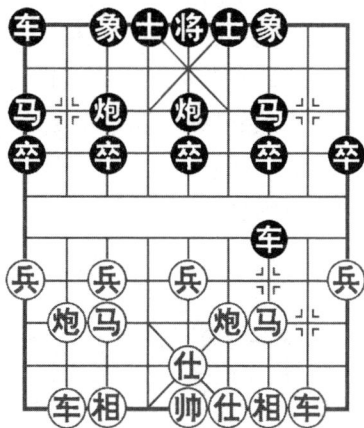

图17

14.炮八平五　象3进5

15.车八进九　马1退2

16.车二平一　车7进5

17.炮五平九　……

红方炮打边卒欠妥,应改走兵七进一活通马路。

17.……　　　卒3进1

18.车一退二　车7退5

19.车一平八　马2进1

黑方以改走马2进4为宜。

20.炮九平五　车7平5　　21.车八平五　车5平4

22.兵七进一

红方多兵占优。

第二种走法:车二进二

9.车二进二　车1平2　　10.相三进五　车7退1

11.炮八进四　卒1进1　　12.马三进四　马1进2

黑方如改走士4进5,则车二进三,象7进9,炮四平三,红方占优势。又如改走车7平2,则车八进五,马1进2,炮八平五,马7进5,马四进五,炮3进4,车二进六,马2退3,马五退四,红方占优势。

13.马四进五　车7平5

黑方平车捉马嫌软,忽略了红方马五进三后再马三进四踏士的手段。应改走车7平6,红如马五进七,则车2进3,下着有车2退1的手段,黑方形势不错。

14.马五进三　车2进3　　15.马三进四　……

红方弃马踏士,着法犀利。

15.……　　　将5平6　　16.车二进七　车5平4

17.车二平三　将6进1　　18.车三退一　将6退1

19.车八进四　车4进1　　20.兵七进一　车4平8

黑方如果退车,则红方有兵七进一弃兵通车的手段,黑方难以应付。

21. 车三进一　将6进1　22. 车三退一　将6退1
23. 车八退一　炮3平4　24. 车三进一　将6进1
25. 车三平六　炮4进1　26. 车六退一　将6退1
27. 兵五进一

红方胜势。

第18局　红卸中炮对黑平炮3路

1. 炮二平五　炮8平5　2. 马二进三　马8进7
3. 车一平二　车9进1　4. 马八进七　车9平4
5. 兵三进一　马2进1　6. 炮五平四　……

红方炮五平四卸中炮,比较少见,含有出其不意之举。

6. ……　炮2平3　7. 车九平八(图18)　……

如图18形势,黑方有两种走法:(一)车1平2;(二)卒3进1。分述如下:

第一种走法:车1平2

7. ……　车1平2

黑方出车,习惯性的走法。

8. 炮八进四　……

红方进炮封车,正着。如改走车二进五,则车2进6,相七进五,车4平6,仕六进五,车6进5,马三进二,车6平8,车二进三,炮5平4,马二进一,车8平6,马一进三,炮3平7,兵七进一,士4进5,兵七进一,车6退1,双方互缠。

8. ……　车4进3

9. 仕四进五　车4平6

黑车瞄炮,试探红方应手。如改走卒1进1,则马三进四,车4平2,车八进五,马1进2,炮八平五,马7进5,马四进五,也是红方占优势。

10. 车八进四　卒1进1　11. 马三进四　车2进3

黑如逃车,显然吃亏,所以只好一车换双了。

12. 车八进二　车6进1　13. 相七进五　炮5平4

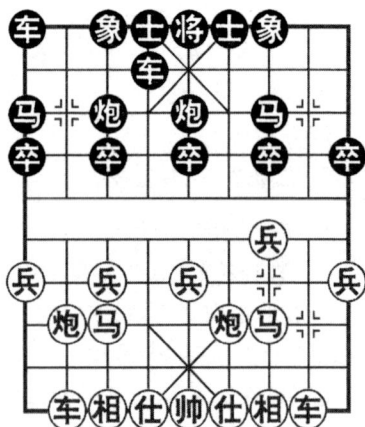

图18

黑方卸炮,调整阵势。如改走车6退1,则车二进六,红亦占优。

14.车二进五　……

红车抢占骑河要道,形势立趋有利。如改走车二进六,则象7进5,车二平三,炮4进1打双车。

14.……	象7进5	15.车二平九	士6进5
16.兵七进一	炮3退1	17.车八进二	炮4退1
18.车八退一	炮4进1	19.车九退一	车6退1
20.车九平八	卒7进1	21.兵三进一	车6平7

22.前车平七　……

红方前车平七走八"暗道",似笨实佳之着,下伏车八进四谋子手段,顿令黑方进退维谷。

| 22.…… | 卒3进1 | 23.车八进四 | 卒3进1 |

24.车七平九　……

红方擒得一子,为取胜奠定了物质基础。

| 24.…… | 炮3进3 | 25.车九退三 | 卒3进1 |

26.马七退九

红方多子胜势。

第二种走法:卒3进1

| 7.…… | 卒3进1 | 8.相七进五 | 车1平2 |

9.炮八进四　……

红方亦可改走车二进五,黑如接走卒7进1,则车二退一,马7进6,兵三进一,马6进4,炮八进二,卒3进1,炮八平六,车2进9,炮六平三,车2退5,炮三进五,士6进5,炮三平一,车2平7,马三进四,车4进2,车二进五,士5退6,车二平四,将5进1,车四退一,将5退1,炮四平二,炮5平8,车四退一,炮8进1,车四平七,红方大占优势。

| 9.…… | 车4进2 | 10.炮八进二 | 卒5进1 |

经过以上几个回合的转换,演变成了先手反宫马对五七炮的阵势。黑方冲中卒,是寻求变化的走法。如改走炮5平4调整阵势,则局面相对平稳。

| 11.仕四进五 | 卒5进1 | 12.兵五进一 | 马7进5 |

黑方进马,准备抢攻。如改走车4平5,则车二进五,车5退2,车二平七,马7进5,车七退一,车5平3,兵七进一,炮3进5,炮四平七,马5进4,炮七进一,马1进3,炮八退二,红方占优势。

13. 车二进九　　······

红方乘机沉车攻象,不甘示弱的走法。

13. ······　　　马5进4　　14. 马三进四　　马4进3

15. 车八进二　　······

红方不用炮打追回失子,而升车逼马,实出黑方所料,是扩大主动的精彩之着! 如改走炮四平七,则车4平6,局势相对缓和。

15. ······　　　士4进5　　16. 车二平三　　马3退5

17. 车三退三　　······

红方在少一子的情况下,主动退车吃卒邀兑大子,力求发挥己方子力灵活和多兵多相的优势,是大局感极强的走法。

17. ······　　　车4平7　　18. 马四进三　　炮3进4

19. 车八进五　　炮3平9

黑可考虑改走士5进4,似较为顽强。

20. 炮四进三　　炮9进3　　21. 相三进一　　马5进7

22. 马三进五　　象3进5　　23. 车八平五　　······

红方车砍中象,迅速控制了局面。黑如接走马1进3,则炮四平三,马7进8,相五退三,将5平4,车五退一,红方胜势。

23. ······　　　将5平4　　24. 炮四平三　　马7进8

25. 相五退三　　将4进1　　26. 车五平九　　······

红方平车吃马,得回失子,其势更盛。

26. ······　　　车2平3　　27. 车九进一

红方大占优势。

小结:黑方进边马,系旧式走法。黑方右马屯边,优点是子力可以灵活调动,缺点是中路较为薄弱。

第二节　　黑挺3卒变例

第19局　　红进马捉卒对黑进马弃卒(一)

1. 炮二平五　　炮8平5　　2. 马二进三　　马8进7

3. 车一平二　　车9进1　　4. 马八进七　　车9平4

5. 兵三进一　　卒3进1

黑方挺3卒活通右马,不让红方演成两头蛇的变例,也是布局中的常规战术。

6.车二进五 ……

红方进车捉卒,同时控制了黑方的巡河要道,是一种积极有力的走法。

6.…… 马2进3

黑方进马弃卒,加快大子的出动速度,以此来弥补物质上的损失。

7.车二平七 马3进4(图19)

如图19形势,红方有两种走法:(一)车九进一;(二)兵七进一。分述如下:

第一种走法:车九进一

8.车九进一 ……

红方高横车,准备平肋攻击黑方河口马。

8.…… 象3进1

黑方飞边象驱车,势在必行。

9.炮八进四 ……

红方如改走车七退一,则炮2平4,红无便宜可占。

9.…… 车4进2

10.车九平六 炮2平4

黑方平炮保马,与红方相互牵制,是正确的选择。如改走车4平2,则车六进四,车2进5,车七进二,红方占优势。

11.车七退一 ……

红方如改走马三进四,则车1平2,马四进六,车2进3,炮五平六,车2退2,黑方占优势。

11.…… 车1平2 12.炮八退六 车2进3

黑方联车,细腻。如改走士4进5,则马三进四,车2进3,马四进三,马4进5,车六进五,车2平4,炮五平六,车2平4,马七进五,炮5进4,仕四进五,红方占优势。

13.相七进九 ……

红方如改走车六进三,则士4进5,炮五平六,卒5进1或炮4退2,均是黑方易走。

13.…… 士4进5 14.仕六进五 马4进5

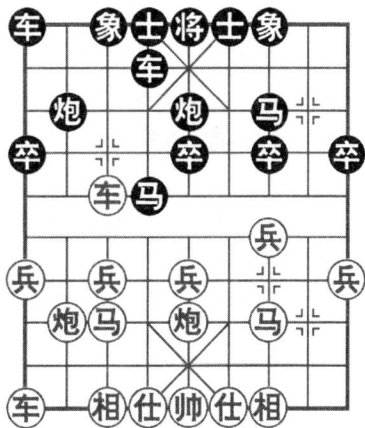

图19

41

黑方马踩中兵,强行兑换,迅速打开僵持局面,是机警的走法。否则被红方炮八平六拴住车马炮三子,黑方将难以摆脱牵制。

15. 车六进五　马5退3　　16. 车六平八　炮5进5

17. 相三进五　马3退2

双方经过大量兑子,局面趋向和势。

18. 兵七进一　马2进4　　19. 炮八进七　炮4退1

20. 马七进五　马4进5　　21. 马三进五　卒5进1

22. 马五进四　马7进5　　23. 炮八退一　卒7进1

24. 炮八平一　卒1进1

和势。

第二种走法:兵七进一

8. 兵七进一　……

红方挺七兵,是改进后的走法。

8. ……　　象3进1　　9. 车七平八　……

红方平车兑炮,是上一回合挺七兵的后续手段。

9. ……　　炮2进5　　10. 炮五平八　卒5进1

黑方挺中卒,准备从中路展开攻势。

11. 相七进五　马7进5　　12. 仕六进五　车1进1

13. 车八退二　……

红方退车兵线,含蓄有力之着。

13. ……　　车4平6　　14. 车九平六　马5退3

15. 兵七进一　……

红方弃兵,抢先之着。

15. ……　　象1进3　　16. 车八进三　炮5平4

17. 车八平六　车1平2　　18. 后车平八　炮4平5

19. 炮八进四　车6平4　　20. 车六平七　卒5进1

21. 车八平六　马3退1　　22. 炮八平三　马4进3

23. 车六进八　车2平4　　24. 车七退一

红方占优势。

第20局　红进车捉卒对黑进马弃卒(二)

1. 炮二平五　炮8平5　　2. 马二进三　马8进7

3.车一平二　车9进1　　4.马八进七　车9平4

5.兵三进一　卒3进1　　6.车二进五　马2进3

7.车二平七　车4进1

黑方高车,保马。

8.炮八进四　炮5退1　　9.炮八平七　……

红方如改走炮八平三,则象7进5,车七平四,车4进5,车九进二,炮5平3,车九平八,车1进2,仕四进五,车4退3,车四平六,马3进4,车八进三,马4进3,车八退五,炮3进6,马三进四,马3进5,相三进五,炮2平4,黑方多子占优。

9.……　　　象3进5

10.车七退一　车1平2

11.车九平八(图20)　……

如图20形势,黑方有三种走法:(一)炮2进6;(二)车4进1;(三)炮2进4。分述如下:

第一种走法:炮2进6

11.……　　　炮2进6

黑方进炮封车,力争主动的走法。

12.仕四进五　车4进1

13.炮五平四　……

红方卸炮调整阵势,灵活有力之着。

13.……　　　车2进3

14.炮四进五　……

红方进炮打马,准备兑子争先,取势要着。

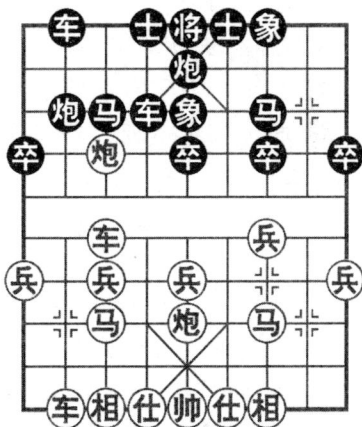

图 20

14.……　　　车4平3　　15.炮四平七　象5退3

16.马三进四　车3进2　　17.兵七进一　车2平3

18.马四进六　车3进2　　19.车八进一　车3退2

20.炮七退四　炮5进5　　21.帅五平四　炮5退2

22.相三进五

红方主动。

第二种走法:车4进1

11.……　　　车4进1

黑方进车牵制红方车炮,是力求稳健的走法。

12.马三进四	炮2平1	13.车八进九	马3退2
14.炮七进二	炮1平3	15.炮五平三	炮5平8
16.马四进三	炮8进5	17.相七进五	炮8平7
18.兵三进一	车4进1	19.车七平八	马2进4
20.炮七进一	士4进5	21.炮七平九	炮3平2
22.兵三平四	炮2进2	23.马三退四	

红方大占优势。

第三种走法:炮2进4

11.……	炮2进4	12.仕六进五	……

红方如改走车八进二,则卒7进1,兵三进一,象5进7,仕四进五,车4进1,炮七退一,象7退5,车七平三,车4进1,兵七进一,象5进3,车三进三,炮2平3,车八退二,象3退5,兵五进一,车4进2,相七进九,车2进9,马七退八,炮5平3,马八进七,士4进5,车三退一,前炮平2,炮五平四,车4平3,黑方主动。

12.……	车4进1	13.炮五平六	卒7进1
14.兵三进一	象5进7	15.相七进五	马7进6
16.马三进四	炮5进5	17.炮六进一	……

红方进炮邀兑,巧妙之着。

17.……	炮2平4	18.车八进九	马3退2
19.马七进五	马6进4	20.炮七进三	士4进5
21.车七平八	马2进3	22.炮七平九	马4退2
23.兵七进一	车4进2	24.马四进五	马3进5
25.车八进一			

红方大占优势。

第21局　红进车捉卒对黑退中炮(一)

1.炮二平五	炮8平5	2.马二进三	马8进7
3.车一平二	车9进1	4.马八进七	车9平4
5.兵三进一	卒3进1	6.车二进五	炮5退1

黑方退炮是以弃卒为代价,目的是准备给红方的七路线施加一定的压力。

7.车二平七　车4进1

黑方升车士角,看起来是白送底象给红车吃,其实是给红方设下了一个陷阱。

8. 马三进四 ……

红方跳马助攻，正着。如误走车七进四，则炮2平3，马七退五，象7进5，车七退一，马2进4，黑方大占优势。

8. …… 马2进3

形成顺炮直车对横车的常见阵势。这种直车骑河吃卒对横车士角保马的变例是胡荣华擅长使用的布局。

9. 炮八进四 炮5平3

黑方平炮打车，次序井然。另有两种走法：①象3进5，炮八平三，炮5平3（如炮5平7，车七进一，炮7进2，马四进三，炮2退1，车九平八，炮2平3，车七平八，马3进4，前车平七，炮3平7，炮五平三，红方较优），车七平四，车4进5，炮五平三，黑不能续走车4平3吃马，否则马四退五打死车，红方易走。②象7进5，车七进一，炮5平3，炮八平五，士4进5，车七平八，车1进2，前炮平六，马3进2，车八退一，车4进1，马七退五，炮3平2，车八平六，车4进1，马四进六，前炮进5，车九进二，车1平2，兵五进一，卒1进1，炮五平三，卒1进1，相三进五，前炮平7，马五进三，炮2平1，车九平六，卒1进1，马六退四。经过一番兑子，红虽兵种不全，但双马灵活，且占多兵之利。

10. 炮八平七 象3进5 11. 车七退一 炮3进2

12. 车九平八 ……

红方出车，老练。如改走车七进二，则炮2退1，黑方炮位灵活。

12. …… 炮2退2

13. 车七进二 炮2平3

14. 车七平八 马3进4

15. 马四进六 车4进2

16. 前车平七（图21） ……

如图21形势，黑方有两种走法：（一）车1进1；（二）卒7进1。分述如下：

第一种走法：车1进1

16. …… 车1进1

17. 仕六进五 ……

红方补仕，稳健的走法。也可改走兵七进一，活通马路。

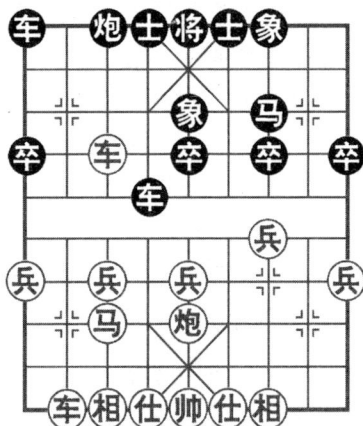

图21

17. ……　　　卒7进1　　18.车八进四　车1平6

19.兵五进一　……

红方硬冲中兵,似攻得有些勉强。不如改走炮五平四稳健。

19. ……　　　车6进5　　20.兵五进一　车4平5

21.兵三进一　车6平7　　22.兵七进一　士6进5

23.兵三进一　车7退3　　24.车八退一　车7进6

25.车八平六　马7进6

至此,黑方白得一相,已呈反先之势。这着跃马有嫌冒进,给红方可乘之机。应改走车7退5,马七进五,车5平2,黑方易走。

26.车六进五　……

红方抓住黑方跃马冒进的弱点,进车点穴,一击中的,使局势迅速逆转。

26. ……　　　马6进7

黑方进马,无奈。如改走炮3平2,则炮五进四,马6退7,炮五进二,黑方难以应付。

27.炮五进四

红方占优势。

第二种走法:卒7进1

16. ……　　　卒7进1　　17.车八进四　车1进2

18.仕六进五　车4进5　　19.炮五平三　马7进8

20.相七进五　马8进9　　21.炮三进一　象7进9

22.炮三平二　马9退8　　23.兵三进一　车4平7

24.炮二进一　象9退7　　25.马七退九　……

红方回马,以退为进,走得十分稳健得法。

25. ……　　　马8退7　　26.马九退七　卒1进1

27.炮二平六　车1平4　　28.炮六退四　车4进2

29.马七进六　车4平2　　30.车八平六　车7平3

31.车七平九

红方稍优。

第22局　红进车捉卒对黑退中炮(二)

1.炮二平五　炮8平5　　2.马二进三　马8进7

3.车一平二　车9进1　　4.马八进七　车9平4

5.兵三进一　卒3进1　　6.车二进五　炮5退1

7.车二平七　车4进1　　8.兵七进一　……

红方挺七兵,着法新颖。

8.……　　　　象3进5

9.车七进一(图22)　……

如图22形势,黑方有两种走法:(一)马2进1;(二)马2进3。分述如下:

第一种走法:马2进1

9.……　　　　马2进1

10.车七平九　炮5平3

11.炮八平九　炮3进6

12.前车进一　车1进2

13.炮九进五　炮2退2

14.马三退五　炮3平2

15.炮九退三　车4进2

16.车九进二　前炮退6

17.炮九进五　……

红方沉炮,抢先之着。

17.……　　　　后炮平3

黑方如改走车4平1,则车九平八,车1退4,车八进六,红方多兵占优。

18.车九平八　炮2平9　　19.炮五平七　将5进1

20.炮七进七　象5退3　　21.车八平二　将5平4

22.马五进七　炮9平5　　23.兵七进一　车4退2

24.炮九退五

红方大占优势。

第二种走法:马2进3

9.……　　　　马2进3　　10.车九进一　……

红方如改走马三进四,则炮5平3,车七平八,炮2进5,炮五平八,马3进4,马四进六,车4进2,车八平七,车1平3,相七进五,红方稍好。

10.……　　　　炮5平3　　11.车七平八　炮2进5

黑方如改走马3进4,则兵七进一,炮2进5,车八退四,象5进3(如马4进3,兵七进一,马3进5,相七进五,车4进5,兵七平八,红方多兵占优),车九平

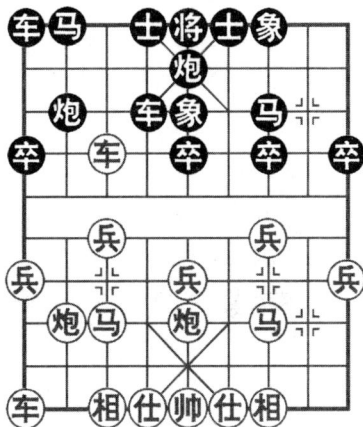

图22

47

六,士 4 进 5,车六进三,红方易走。

12.车八退四　　车 4 进 2

黑方如改走炮 3 进 4,则相七进九,炮 3 进 1,车九平二,红方占优势。

13.兵五进一　　车 4 进 2　　14.相七进九　　车 4 平 7

15.马七退五　　马 3 进 4　　16.车九平六　　马 4 进 6

17.车六进七　　炮 3 平 1　　18.炮五进一　　士 4 进 5

19.炮五平四

双方互缠。

第23局　　红进车捉卒对黑退中炮(三)

1.炮二平五　　炮 8 平 5　　2.马二进三　　马 8 进 7

3.车一平二　　车 9 进 1　　4.马八进七　　车 9 平 4

5.兵三进一　　卒 3 进 1　　6.车二进五　　炮 5 退 1

7.兵七进一　　……

红方兑兵,创新之着。

7.……　　　　卒 7 进 1

黑方弃 7 卒,不甘示弱的走法。如改走卒 3 进 1,则车二平七,红方先手。

8.车二退一(图 23)　……

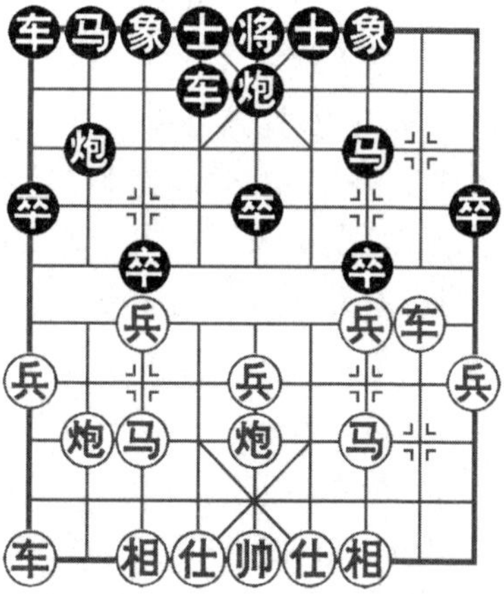

红方退车,正着。如误走车二平三,则象 7 进 5,车三进一,卒 3 进 1,黑方占优势。

如图 23 形势,黑方有两种走法:(一)卒 7 进 1;(二)卒 3 进 1。分述如下:

第一种走法:卒 7 进 1

8.……　　　　卒 7 进 1

9.车二平三　　象 7 进 5

10.兵七进一　　炮 5 平 7

11.车三平八　　……

图 23

红方如改走车三平六,则车 4 平 3,黑方反先。

11.……　　　　炮 2 进 5　　12.炮五平八　　马 2 进 1

13.车九进一　　车 1 进 1　　14.车九平四　　车 1 平 3

15.车四进六　　车 3 进 3　　16.车四平三　　……

红方如改走车四平五,则马7退5,马七进六,车3平4,以下黑方有马1进3踩双车的手段。

16.……　　　　车3进3　　17.相七进五　炮7进6

18.车三退五

双方均势。

第二种走法:卒3进1

8.……　　　　卒3进1　　9.兵三进一　卒3进1

10.马七退八　……

红方如改走马七退五,则马2进3,红方窝心马易受威胁。

10.……　　　　马2进3　　11.兵三进一　马7退9

12.仕四进五　车4进7　　13.车二平七　马3进4

14.马三进四　……

红方逼兑黑马抢占肋道,争先取势的要着。如改走马八进九,则炮2平3,红方反而不好。

14.……　　　　马4进6　　15.车七平四　车1进2

黑方如改走车4平2,则车九进二,车1进2,炮五进四,炮5进5,帅五平四,炮2平6,炮八平四,车2退3,车四进二,车2平5,炮四进五,炮5退3,炮四平五,炮5平3,车四进三,将5进1,车九平八,炮3进6,帅四进一,车1平3,车八平二,马9进8,车二进四,红方占优势。

16.炮五进四　炮2平5　　17.炮八平五　后炮进2

18.炮五进四　士4进5

红方占优势。

第24局　红进马捉卒对黑飞边象

1.炮二平五　炮8平5　　2.马二进三　马8进7

3.车一平二　车9进1　　4.马八进七　车9平4

5.兵三进一　卒3进1　　6.车二进五　象3进1

面对红车捉卒,选择用飞象保卒,黑方右翼的大子受到红方的牵制,不容易展开子力。

7.炮八平九　……

红方平边炮迅速开动主力,正着。

7.……　　　　车4进2

黑方如改走马2进3,则炮九进四,车1平2,炮九平八,车2平3,炮八平三,象7进9,车九平八,红方主动。

8.车九平八　　马2进4

9.马三进四(图24)　……

如图24形势,黑方有两种走法:(一)车4进2;(二)车1平3。分述如下:

第一种走法:车4进2

9.……　　　　车4进2

10.车二平六　……

红方亦可改走马四进六,黑如卒7进1,则车二平三,象7进9,炮九进四,车1平2,炮九平六,红方占优势。

10.……　　　　车4平6

11.车六进三　　炮2平3

12.车八进六　　车1平3

13.车八平七　　士6进5

14.仕六进五　　炮3平4　　15.车七进三　　象1退3

16.车六平七　　象3进1　　17.炮五平四　　车6平7

18.炮九进四　　车7平2

黑方如改走车7进4,则炮九平八,也是红方主动。

19.车七退二　　卒7进1　　20.相七进五

红方易走。

第二种走法:车1平3

9.……　　　　车1平3

黑方平象位车,似嫌消极。

10.车二平六　……

红方以往曾走炮五平六,卒5进1,炮六进六,卒5进1,马四退五,炮2平3,炮六平二,卒5进1,马七进五,车4平5,马五进六,车5进4,仕四进五,车5退4,马六进五,象7进5,炮九平五,卒3进1,车八进六,卒3进1,相七进九,车5进2,炮二平三,卒7进1,车二进四,炮3进1,车二退二,炮3平5,车二平三,炮5进4,相三进五,车3进1,兵三进一,车5进2,车八平四,红胜。

10.……　　　　车4进1　　11.马四进六　　卒3进1

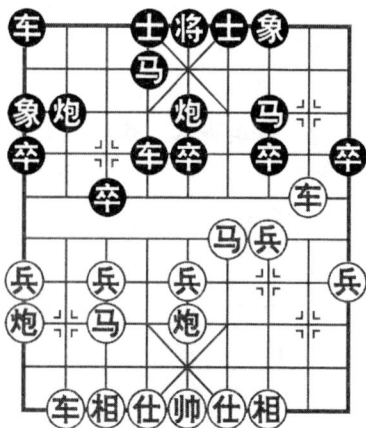

12.兵七进一　车3进5　　13.炮五平六　车3进2

黑方如改走车3退1,则马六进五,象7进5,马七进六,车3进1,炮六进六,车3平4,车八进七,车4退4,车八平五,红方胜势。

14.炮六进六　炮2平4　　15.炮六平九　车3退3

16.车八进八　炮5进4　　17.前炮进一　车3退4

18.前炮平八　炮4平5　　19.炮九平七　后炮退1

20.马六进八　……

红马奔槽,获胜关键之着。

20.……　　　　前炮平4　　21.炮七平五　象7进5

22.炮五进五　炮5平9　　23.车八平三

红胜。

小结:黑方第5回合卒3进1变例,黑方反弹力稍弱,易演变成红方稍优的局面,因而近年实战中很少出现。

第三节　黑进车骑河变例

第25局　红进三兵对黑进车骑河捉兵

1.炮二平五　炮8平5　　2.马二进三　马8进7

3.车一平二　车9进1　　4.马八进七　车9平4

5.兵三进一　车4进4(图25)

如改走车4进3,则仕六进五,马2进1,炮五平四,炮2平3,相七进五,车1平2,炮八平九,车4平6,车二进六,炮5平6,炮四进五,车6退2,兵五进一,车6进2,车二平三,象7进5,马七进五,卒1进1,炮九平七,士6进5,车九平六,车2进6,相五退七,车6进2,炮七平五,马1进2,兵五进一,卒5进1,炮五进三,马2进3,兵三进一,红方占优势。

如图25形势,红方有三种走法:(一)炮五平四;(二)仕六进五;(三)车二进二。分述如下:

第一种走法:炮五平四

6.炮五平四　……

红方卸中炮,准备飞相调整阵形,攻击黑方"骑河车"。

6.……　　　　车4平7

黑方如改走卒5进1(如马2进1,则相七进五,红方易走),则相七进五,卒5进1,兵七进一,车4进1,炮四进一,车4退2,兵五进一,卒3进1,兵七进一,车4平3,马七进六,马2进3,仕六进五,卒7进1,车二进六,卒7进1,车二平三,车3平4,车九平六,马7进5,兵五进一,车4平5,马六进五,车5退1,车三退二,炮2平1,炮四平三,象7进9,车三平七,车1平2,车七进三,车2进7,双方各有顾忌。

7.车二进二 ……

红方高车保马,好棋。以后红方有炮八退一,再炮八平三打车的攻击手段。

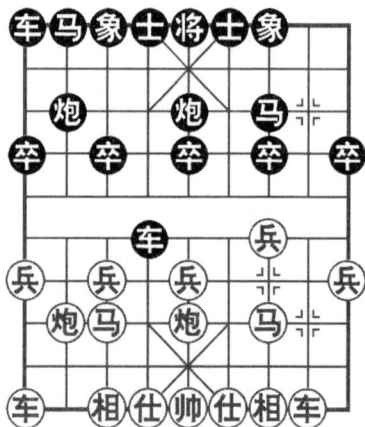

图25

7.…… 炮2平4

黑方如改走马2进1,则相七进五,车7进1,炮八退一,红方先手。

8.相七进五 车7退1

红方阵形工整,局面比较有弹性。黑方出子缓慢,局势落后,布局失利。

9.炮八退一 车7平6 10.马三进二 车6平8

11.炮八平三 马2进3 12.兵七进一 车1平2

黑方双马呆滞,容易成为红方攻击的目标。

13.仕六进五 车2进4 14.车九平六 士6进5

15.车六进四 卒3进1 16.车二平三 卒3进1

黑方如改走马3进4,则炮三平二,红方主动。

17.车六平七 马3进4 18.车三进一 马4退2

红方进车保中兵,着法细腻,是全局的关键,红方优势扩大。

19.炮四平二 车2进3 20.车七平四 马2进4

21.车四平七 马4退2 22.车七平四 车8平3

黑方不能长捉,只有变着。7路线压力巨大,形势不利。

23.车四进一 车2退3 24.车四平七 车2平3

25.车三进三 炮4平3

红方占优势。

第二种走法:仕六进五

6. 仕六进五　……

红方补仕,以逸待劳。

6. ……　　　车4平7　　7. 马三进二　马2进3

8. 炮五平四　炮2平1　　9. 相七进五　车7退1

10. 炮八进二　……

红方升炮,准备右移助攻,灵活的走法。

10. ……　　　车1平2　　11. 炮八平三　马3退5

12. 车九平六　车7平8　　13. 车六进八　车2进4

14. 马二退三　……

红方退车邀兑,过于稳健。可改走炮三平七,黑如车2平3,则炮四进三,炮5平3,兵五进一,车3平6,马二进四,车8进5,炮七进三,红占优势。

14. ……　　　车8进5　　15. 马三退二　卒7进1

16. 炮三平七　车2平3　　17. 马二进三　马7进6

18. 帅五平六　炮1退2　　19. 马三进二　……

红方应改走马三进四,黑如马5进7,则马四退六,车3平2,炮七进五,士4进5,兵七进一,红方得象较为易走。

19. ……　　　马5进7　　20. 炮四平三　卒7进1

21. 相五进三　士6进5　　22. 炮三进五　马6退7

23. 相三退五　炮5平4　　24. 帅六平五　象3进1

25. 炮七平九　……

红方平炮捉象,过于乐观。以改走车六平九,炮1平2(如炮1平3,则车九退一),车九平八,活通大车为宜。

25. ……　　　马7进8　　26. 炮九进三　车3平2

27. 马二退三　车2进3　　28. 马七退六　马8进7

29. 兵五进一　……

红方虽得一象,但大子松散,反落被动。献兵活通右马,除此之外别无好棋可走。

29. ……　　　马7退5　　30. 马三进四　卒5进1

31. 车六平七　车2退4　　32. 相五退七　炮4平5

33. 相三进五　卒3进1　　34. 马六进七　车2平6

35. 马四进二　马5退7

黑方子力灵活,占优。

第三种走法:车二进二

6.车二进二	马2进1	7.炮八进四	炮5退1
8.仕六进五	象3进5	9.炮八退四	卒7进1
10.兵三进一	炮5平7	11.炮五平四	炮7进3
12.相七进五	士4进5	13.车二进二	……

红方兑车,简明有力。

13.……	车4平8	14.马三进二	卒3进1
15.炮四平三	炮2平3	16.炮八进五	马7进8
17.炮三平二	马8退7	18.马二进三	士5退4
19.车九平六	车1平2	20.炮八平五	炮3进1
21.车六进六	象7进5	22.马三进五	炮3进3
23.车六退一	炮7进2	24.车六平三	马7退8
25.车三进四	士4进5	26.车三平二	

红方大占优势。

小结:黑进骑河车,准备吃兵攻马,但耗费步数。

第四节　黑进车过河变例

第26局　黑进车过河对红右马盘河

1.炮二平五	炮8平5	2.马二进三	马8进7
3.车一平二	车9进1	4.马八进七	车9平4
5.兵三进一	车4进5		

黑方进车过河,准备攻击红方左马,似嫌急躁。

6.马三进四(图26)　……

如图26形势,黑方有两种走法:(一)车4退1;(二)车4平3。分述如下:

第一种走法:车4退1

| 6.…… | 车4退1 | 7.马四进五 | …… |

红方马踏中卒交换,简化局面,先得中卒。

| 7.…… | 马7进5 | 8.炮五进四 | 士4进5 |
| 9.相七进五 | 卒9进1 | | |

黑方挺边卒,正着。如改走马2进3,则炮五平一,红方占优势。

　　10. 兵七进一　……

红方挺兵捉车,力争主动的走法。如改走仕六进五,则马2进3,炮五退一,卒3进1,黑可应付。

　　10. ……　　　车4进1

黑方如改走车4退1,要比实战走法好。

　　11. 仕六进五　车4平3

　　12. 车九平七　炮2进4

　　13. 炮八进七　……

红方炮轰底马,减弱黑方的防御力量,是似笨实佳的走法。

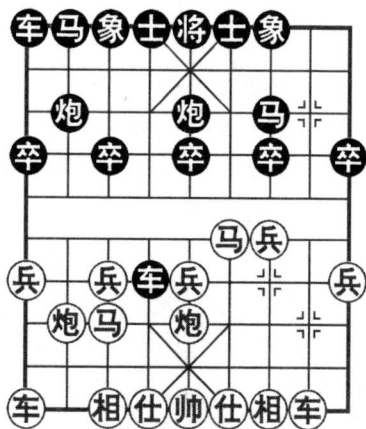

图26

　　13. ……　　　车1平2　　14. 车二进五　象3进1

　　15. 车二平六　车2平4　　16. 车七平六　……

红方弃马平车邀兑,构思十分精巧,是迅速扩大优势的有力之着!

　　16. ……　　　车4平3

黑方躲车,无奈。如改走车4进4,则车六进五,车3进1,帅五平六,红胜。

　　17. 后车进二　前车平5　　18. 炮五退一　车5平3

　　19. 帅五平六　炮2退6　　20. 前车进三　前车平5

　　21. 后车进三　车5退1　　22. 马七进八　……

红方七路马跃出助战,红如虎添翼;黑难抵抗。

　　22. ……　　　卒3进1　　23. 马八进七　车5退1

　　24. 马七退五　炮2进4　　25. 马五进四　……

红方弃马挂角,再兑车,形成有车杀无车之势,且使黑将不安于位,简明有力之着。

　　25. ……　　　士5进6　　26. 前车进一　车3平4

　　27. 车六进四　将5进1　　28. 车六平八　炮5进2

　　29. 车八退三

红方大占优势。

第二种走法:车4平3

6.……　　　车4平3　　7.马七退五　车3平5

黑方如改走炮5进4,则马四进六,车3平4,马六退五,车4平5,马五进三,车5退1,车二进六,红方占优势。

8.车二进六　……

红方进过河车,是改进之着。以往曾走炮八平七,马2进1,车九平八,炮2进4,马五进三,车5平7,炮五进五,象3进5,车二进六,车1平2,车二平三,卒5进1,车三进一,卒5进1,炮七平五,士4进5,炮五进五,象7进5,车三平五,卒5平6,车五平九,卒6平5,黑方反夺主动。

8.……　　　车5退1　　9.马五进三　炮2进3

10.车二平三　炮2平6　　11.车三进一　炮6进1

黑方进炮准备打车攻相,争取对攻。不如改走炮6退1,攻防两用。

12.车三进二　……

红方乘机掠象,谋取实惠。

12.……　　　炮6平7　　13.车三平二　炮7进3

14.仕四进五　马2进1

黑方如改走马2进3,则炮八平七,马3退5(如车5平3,则车九进二),车二退二,车1进2,车二平四,马5退7(如车5进2,则帅五平四),车四进一,红方易走。

15.车二退三　车1平2　　16.炮五进四　士4进5

黑如改走车5退2,则车二平五,车2进7,车九进二,车2退2,车九平六,也是红方占优势。

17.炮八平五　车2进6　　18.车九进二　车2平4

19.前炮平一　车5平7

黑方如改走将5平4,则炮一进三,将4进1,炮五平六,士5进4(如炮5平4,则车九平八,炮4进5,车八进六,将4进1,车八退一,将4退1,车二平七,红胜),帅五平四,也是红方占优势。

20.车二平五　……

红方车平中路暗中护马,是保持优势的巧妙之着。

20.……　　　炮5进5　　21.车九平五　车7退5

22.后车进一　……

红方兑车抢占要道,紧凑的走法。

22.……　　　车4退5　　23.马三进四　炮7平9

24.炮一平三　车4进4　　25.前车平四

红方占优势。

小结:黑方进车过河,准备攻击红方左马,似嫌急躁,实战效果欠佳。

第五节　其 他 变 例

第27局　　黑进正马对红挺三兵(一)

1.炮二平五　炮8平5　　2.马二进三　马8进7

3.车一平二　车9进1　　4.马八进七　马2进3

5.兵三进一　卒3进1　　6.车二进五　象3进1

7.炮八进四(图27)……

如图27形势,黑方有两种走法:(一)车9平4;(二)卒7进1。分述如下:

第一种走法:车9平4

7.……　　　车9平4

8.炮八平三　……

红方如改走车二平七,则车1平3(如马3进4,则车九进一,车4进2,车九平六,车4平2,车六进四,红方先手),车七进一,车4进4,相三进一,马3退5,车七进三,象1退3,炮八平三,炮2平3,红方多兵,黑方先手,双方各有千秋。

8.……　　　象7进9

9.车九平八　车4进4

黑方如改走炮2进2,则车二进一,士4进5,仕四进五,红方先手。

10.兵五进一　……

红方冲中兵,既拦黑车,又活通了马路,一举两得。如改走兵三进一,则炮2进2,红无后续手段。

10.……　　　炮2进2

黑方应改走车1平2,红如车八进六,则炮2退1,车二平七,马3进4,兵七

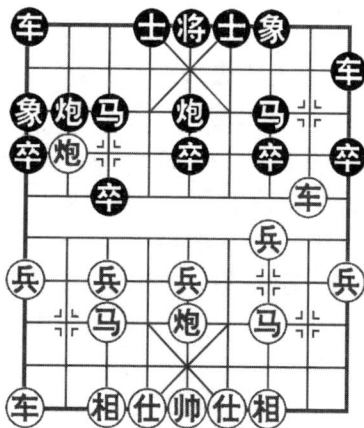

图27

进一,车4进1,兵五进一,炮5进2,马三进五,马4进5,炮五进三,卒5进1,车七平五,炮2平5,车八进三,马5退7,车五进三,士6进5,仕六进五,前马退9,车八退三,马9进8,车八平四,车4平3,马七退六,车3退3,双方各有顾忌。

11.车二进三　　炮5进3　　12.仕四进五　　卒5进1

13.车二退一　　马7进5　　14.车二平一

红方占优势。

第二种走法:卒7进1

7.……　　　　卒7进1

黑方冲7卒,新的尝试。

8.车二平三　　马3进2　　9.车三平六　　车9平3

10.车六进二　　炮2平3　　11.炮八平七　　车3平2

12.车九平八　　车1平2　　13.炮五退一　　士4进5

14.车六退四　　马2进3　　15.车八进八　　车2进1

黑方计算精确,马入虎口竟置之不理,暗藏先弃后取的巧妙手段。

16.炮七退三　　车2进5　　17.马三进四　　炮3进4

18.相七进五　　卒3进1　　19.马四进六　　　……

红方曾走兵三进一,车2进1,车六退一,炮3平9,相五进七,炮9平1,炮五平三,炮1进3,帅五进一,马7退9,马四进六,炮5平4,马六进四,车2退3,马四进三,将5平4,车六平三,炮4退1,马三退四,马9进8,相七退九,马8进9,相九退七,象7进5,帅五退一,车2平4,仕四进五,象1进3,兵三进一,红方稍好。

19.……　　　　炮5平4　　20.马六进四　　马7进6

21.车六进二　　马6进4　　22.相五进七　　马4进3

23.炮五进五　　士5进6

黑方扬士,好棋。如改走将5平4,则炮五平六,炮4平5,相三进五,黑方难应。

24.炮五退二　　炮4进7

黑方炮轰底仕,石破天惊! 这是连攻带守的佳着。

25.车六退三　　车2进1

黑胜。

第28局　黑进正马对红挺三兵(二)

1.炮二平五　　炮8平5　　2.马二进三　　马8进7

3.车一平二　车9进1　　4.马八进七　马2进3

5.兵三进一　车9平6

黑车抢控左肋,是新的尝试。

6.兵七进一　车1进1(图28)

如图28形势,红方有两种走法:(一)车二进六;(二)仕六进五。分述如下:

第一种走法:车二进六

7.车二进六　车6进7

黑方左车探伸至红方下二路,是力争主动的走法。如改走车1平4,则炮八平九,车4进3,车九平八,卒3进1,车八进四,炮2退1,车二平三,炮2平3,兵七进一,车4平3,马七进六,马3进4,车三进一,炮3进8,仕六进五,炮3平1,炮九平七,车3进3,马六退七,马4进2,炮五进四,士4进5,马七进八,车6进2,炮五平七,车6平4,马三进四,炮5平4,仕五进四,车4进2,马四进六,象3进5,车三退一,红方多子,处胜势。

8.炮八平九　车6平2　　9.马三进四　……

红方进马,失策。应改走车二平三,黑如接走炮5退1,则兵三进一,炮5平7,车三平四,炮7进3,再马三进四,红方较易掌握主动。

9.……　　车1平6　　10.马四进六　车2平3

11.马七进八　……

红方进外马,忽略了黑方弃子取势的战术手段。应改走马六退八,较为顽强。

11.……　　车6进3

黑方升车捉马,伏有弃子取势的手段,是迅速反夺主动的巧妙之着。

12.马六进七　车3退3　　13.仕六进五　……

红方补仕,弃还一子,出于无奈。如改走马八进九,则炮5进4,仕六进五,车3平6,帅五平六,前车平4,炮五平六,炮2进2,车二退三,车6进5,帅六进一,车6退1,车二平五,炮2平4,车五退一,车6退2,车五平二,车6平2,车九进一,车2进1,帅六退一,车4进2,帅六平五,车4平8,炮九平二,车2平8,也是黑方占优。

13.……　　车3平2　　14.车二平三　炮5进4

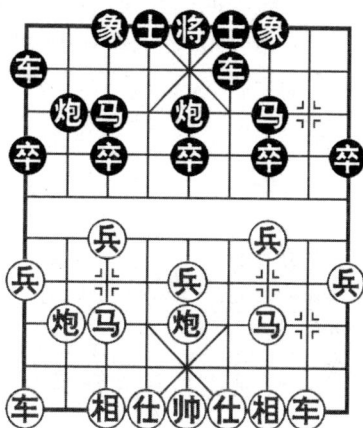

15. 马七退五　　象7进5　　16. 兵三进一　　……

红方如改走马五进三吃马,则车2平6,帅五平六,后车平4,炮五平六(如帅六平五,则炮2平7,车三进一,士6进5,车三平二,将5平6,绝杀,黑胜),炮2平4,炮六退一,炮5平7,车三平七,炮7退4,黑亦大占优势。

16.　　……　　　　车6平4　　17. 兵三平四　　马7进5

18. 车三平五　　车2进1　　19. 炮九进四　　车2平4

20. 相七进九　　士4进5　　21. 车五平七　　将5平4

黑方胜势。

第二种走法:仕六进五

7. 仕六进五　　车1平4　　8. 炮八进二　　……

红方如改走相七进九,则车4进5,车九平六,车4平3,车六进二,卒5进1,车二进六,炮2进1,炮八退二(如炮五进三,士6进5,炮八退二,炮2进4,炮八平七,炮2平4,炮七进三,炮4平1,炮七进三,马3进5,双方各有千秋),卒3进1,车六进四,炮2平4,炮五进三,马7进5,炮五进二,炮2平7,炮五平六,车3进1,车六平五,车6平5,车五进二,士4进5,炮六退五,车3平1,兵七进一,车1平3,炮八进四,车3退3,车二退三,象3进5,相三进五,炮7进1,兵五进一,马3进4,炮八进五,马4进3,仕五进四,炮7平1,黑方易走。

8.　　……　　　　卒3进1　　9. 兵七进一　　车6进3

10. 兵七进一　　马3退5　　11. 炮五平四　　车4进7

12. 相三进五　　车6平3　　13. 炮四退一　　车4退2

14. 马三进四　　车4平3　　15. 炮四进一　　炮5进4

16. 炮八退三　　卒5进1　　17. 炮八平七　　前车进1

18. 炮七进四　　车3退3

红方一车换双,可以对抗。

19. 兵七平八　　炮2平4　　20. 相七进九　　卒5进1

21. 车九平六　　炮4进3　　22. 马四退三　　车3平6

23. 车二进三　　马7进5　　24. 炮四退一　　前马进3

25. 马三进五　　炮4进1　　26. 马五退三　　车6进4

27. 相九进七　　……

红方如改走车二平六,则马3进4,车六进三,车6退5,双方大体均势。

27.　　……　　　　卒5平4　　28. 马三进二　　马5进4

黑方足可一战。

第29局　黑进正马对红挺三兵(三)

1.炮二平五	炮8平5	2.马二进三	马8进7
3.车一平二	车9进1	4.马八进七	马2进3
5.兵三进一	车1进1	6.兵七进一	车1平4(图29)

黑方如改走车9平8,则车二进八,车1平8,炮八平九,车8进3,车九平八,炮2进2,马七进六,车8平4,兵三进一,车4进1,兵七平八,卒3进1,炮五平七,马7退5,相三进五,卒3进1,炮七进五,马5进3,兵八平七,卒5进1,兵七进一,马3退5,车八进五,卒5进1,仕四进五,卒5进1,车八平五,卒5平6,车五平四,车4进1,马三进四,红方易走。

如图29形势,红方有两种走法:(一)炮八进二;(二)仕六进五。分述如下:

第一种走法:炮八进二

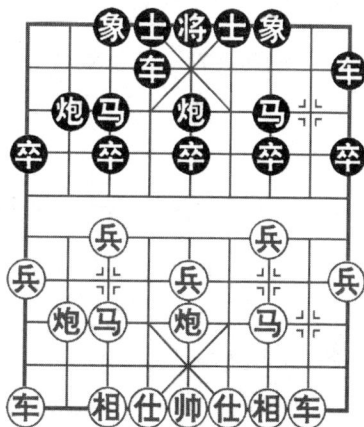

图29

7.炮八进二	车4进5
8.炮五平四	卒5进1
9.相七进五	卒3进1
10.兵七进一	卒5进1
11.炮四进一	车4进2
12.炮八平七	车4平6
13.兵七进一	车9平4
14.车九平八	车4进6
15.兵七进一	车4平5
16.马三退五	车5平4
17.马五退七	……

红方退马捉车,巧妙之着!

17.……	车4退4	18.兵七平八	车6退2
19.仕六进五	马7进5	20.兵八平七	象3进1
21.兵七平六	车4退1	22.车八进六	卒5平4
23.车八平五	卒4平3	24.车五平七	卒3平4
25.车二进二	车6退1	26.车七平三	卒4进1
27.车三平五			

红方多子较优。

第二种走法:仕六进五

7. 仕六进五　……

红方补仕,稳健的走法。

7. …… 车4进5	8. 炮五平四　车9平6
9. 相七进五　车6进5	10. 马三进二　车6退3
11. 炮四平三　炮5退1	12. 炮八平九　车4平2
13. 车九平六　卒5进1	14. 炮九进四　车6进5
15. 炮九平三　象3进5	16. 前炮平六　马3进5
17. 马二进三　炮5平4	18. 车六平七　炮2平3
19. 车七平八　车2进3	20. 马七退八　车6退4
21. 车二进三　炮4平7	22. 马八进九　炮7进2
23. 炮三进四　车6进1	24. 炮六进一　士4进5
25. 炮六平三　炮3平7	26. 车二进三

红方占优势。

第30局　黑进正马对红挺七兵(一)

1. 炮二平五　炮8平5	2. 马二进三　马8进7
3. 车一平二　车9进1	4. 马八进七　马2进3
5. 兵七进一　车9平6	

黑方如改走车1进1,则马七进六,车1平4,马六进四,马7退5,炮八平七,车4进3,马四进五,炮2平5,车九平八,象3进1,仕四进五,红方易走。

6. 仕六进五　……

红方如改走车二进四,则车1进1,仕六进五,车1平4,相七进九,车4进5,车九平七,车4平3,马七退六,车3进3,相九退七,炮2进4,炮五平七,炮2平3,相七进五,车6平2,炮八退一,车2进5,兵九进一,马3退1,车二平六,马1进2,兵三进一,士4进5,炮八进五,车2退3,车六退一,炮3平2,炮七平八,炮2平3,车六平七,车2进4,兵七进一,双方平稳。

6. …… 车1进1	7. 炮八进二　车1平4
8. 马七进六　卒3进1	9. 炮五平六(图30)　……

如图30形势,黑方有两种走法:(一)炮5平4;(二)卒3进1。分述如下:

第一种走法:炮5平4

| 9. …… 炮5平4 | 10. 马六进七　卒3进1 |

黑方冲卒弃车,是力求一搏的走法。

11. 炮六进六　　卒3平2

12. 车二进四　　卒2进1

13. 车二平八　　车6平4

14. 兵三进一　　炮4平6

15. 相七进五　　车4进3

16. 车九平七　　卒7进1

17. 马三进四　　车4平6

18. 兵三进一　　车6平7

19. 马七退六　　象3进5

20. 车八进三　　卒2平1

21. 马六进七

红方多子胜势。

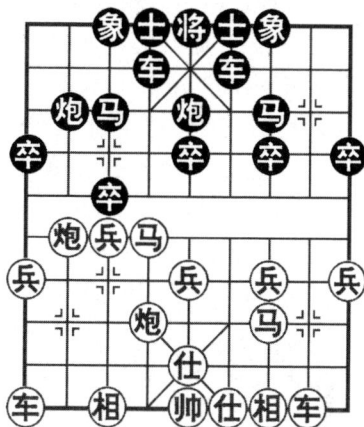

图30

第二种走法:卒3进1

9. ……　　　　卒3进1　　　　10. 炮六进六　　车6平4

11. 马六进四　　卒3平2　　　　12. 马四进三　　马3进4

13. 前马进四　　……

红方舍马踩士,取势要着。

13. ……　　　　车4平6　　　　14. 车九进二　　马4进5

15. 车二进四　　将5平6　　　　16. 车二进五　　车6平7

17. 车九平六　　士4进5　　　　18. 马三进五　　炮5进4

19. 相七进五

红方主动。

第31局　　黑进正马对红挺七兵(二)

1. 炮二平五　　炮8平5　　　　2. 马二进三　　马8进7

3. 车一平二　　车9进1　　　　4. 马八进七　　马2进3

5. 兵七进一　　卒7进1　　　　6. 车二进四　　车1进1

7. 炮八平九(图31)　　……

如图31形势,黑方有两种走法:(一)炮2进4;(二)炮2平1。分述如下:

第一种走法:炮2进4

7. ……　　　　炮2进4

黑方如改走车1平2,则兵三进一,卒7
进1,车二平三,炮5退1,车九平八,炮5平
7,车三进三,炮2平7,车八进八,士4进5,
车八退三,后炮进6,车八平三,车9平7,马
七进六,前炮平1,炮五平三,象3进5,车三
进一,炮1平2,炮三进五,炮2退5,车三退
五,马3退2,车三平八,炮2平7,车八进
八,士5退4,相七进五,炮7平9,双方平
稳。

8.兵三进一　卒7进1

9.车二平三　马7进6

黑方如改走马7进8,则车九平八,炮2
平3,车三平二,马8退7,炮五退一,车9平
8,车二平三,马7进6,车三平四,车8进3,炮五平三,象7进9,相七进五,炮5
平6,车四平三,车8进4,炮九退一,车8退1,兵一进一,车1平4,仕六进五,马
6退8,车三进三,士6进5,车八进三,炮3平4,炮九平六,炮4退4,炮六进七,
炮4平7,炮三进六,炮6进4,车八进四,车8平7,车八平七,红方得子胜势。

図31

10.车三平四	马6退8	11.炮五退一	车9平7
12.车九平八	车1平2	13.炮五平三	炮5平7
14.炮三进六	车7进1	15.车八进一	士4进5
16.马三退五	车7进4	17.兵九进一	象3进5
18.相七进五	车2退1	19.炮九进一	车7进2
20.车四进二	马8退7	21.车四退一	

红方稍好。

第二种走法:炮2平1

7.……　　　炮2平1

黑方平炮,创新的走法。

8.车九平八　车1平2

黑方兑车正确,防止红方进车卒林压制3路线。

| 9.车八进四 | 车9平4 | 10.仕四进五 | 士4进5 |
| 11.车八进四 | 车4平2 | 12.兵三进一 | 车2进3 |

双方形成相持局面,红方稍占主动。

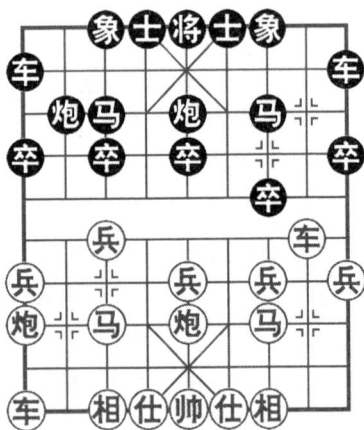

64

13. 炮五平四　　炮 5 平 4　　14. 相三进五　　象 3 进 5

15. 炮九退一　　……

红方退炮是控制局面的佳着,可以防止黑方 3 路卒挺起。

15. ……　　　　炮 1 退 2　　16. 马三进四　　炮 1 平 3

17. 仕五退四　　卒 3 进 1　　18. 兵七进一　　卒 7 进 1

19. 车二平三　　车 2 进 4

黑方进车拦截红方边炮正确,如改走炮 3 进 4,则炮九平三,黑方 7 路压力很大,局势不利。

20. 马四退六　　车 2 平 4　　21. 马六进八　　炮 3 进 4

22. 仕六进五　　炮 3 平 5

红方子力活跃,形成连环马之势,仍然保持主动。

23. 炮九进一　　炮 5 平 8　　24. 炮四平三　　马 7 进 6

25. 车三平四　　马 6 退 7　　26. 车四平七　　马 3 进 2

27. 炮九进四

红方占优势。

第六章 顺炮直车正马进七兵对横车

顺炮直车对横车红方第5回合抢挺七兵开通马路,是顺炮直车正马对横车布局中又一种布局阵势。其目的是避开俗套,寻求新的变化。本章列举了7个典型局例,分别介绍这一布局中双方的攻防变化。

第一节 黑跳边马变例

第32局 红右车巡河对黑肋车过河(一)

1.炮二平五 炮8平5 2.马二进三 马8进7
3.车一平二 车9进1 4.马八进七 车9平4
5.兵七进一 ……

红方采用进七兵走法,其目的是避开俗套,寻求新的变化。

5.…… 马2进1

黑方跳边马,留有炮2平3的反击选择。也可改走马2进3,加强中路的攻防力量。

6.车二进四 ……

红方升车巡河,着法稳健。如改走兵三进一,则炮2平3,车九平八,车1平2,车二进五,车2进6,炮五平四,卒3进1,车二平七,炮3进1,炮四进一,车2退3,马三进四,炮3退2,仕六进五,卒5进1,炮八进二,车4进2,双方对抢先手。

6.…… 车4进5

黑方如改走车1进1,则炮八平九(如仕六进五,车1平3,相七进九,卒3进1,车九平六,车4进8,仕五退六,卒3进1,车二平七,车3进4,相九进七,卒7进1,马七进六,炮5退1,黑方满意),车4进5,车九平八,炮2平3,仕六进五,车4平3,车八进二,卒3进1,炮五平四,车1平6,相三进五,马1进3,兵七进一,炮3进2,炮九退一,车3平4,车八进四,马3退4,车二平七,炮3平7,马三退二,象3进1,双方对峙。

7.相七进九(图32) ……

如图32形势,黑方有两种走法:(一)炮2平4;(二)车1进1。分述如下:

第一种走法:炮2平4

7.……　　　　炮2平4

黑方如改走炮2平3,则红方有两种走法:①马七进六,车1平2,炮八平七,士4进5,仕六进五,卒1进1,车九平六,车4平3,炮七退二,车2进7,车六进二,车2平4,仕五进六,炮3平2,马六退七,车3平2,兵七进一,卒3进1,车二进一,马1进2,车二平七,象3进1,车七平六,卒7进1,车六平三,炮5平4,车三退一,象7进5,黑方较好。②炮八进四,车1平2,车九平八,士4进5,马七进六,卒7进1,车二平四,红方子力开扬,仍占先手。

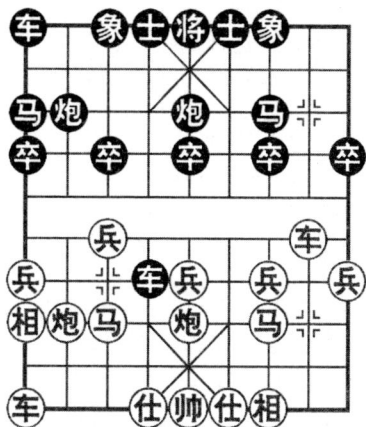

图32

8.车二平六　……

红方如改走马七进六,则车1平2,炮八平七,车2进4,马六进五,马7进5,炮五进四,士4进5,仕六进五,将5平4,炮七平五,卒1进1,前炮平一,炮5进5,相三进五,炮4平5,相九退七,车4进2,车九进二,车2进5,车九平六,车4退1,仕五进六,车2平3,帅五进一,车3退1,帅五退一,车3平7,马三退一,车7退2,车二退一,车7退1,黑方易走。

8.……　　　　车4退1　　9.马七进六　车1平2

10.炮八平七　卒7进1

黑方如改走士4进5,则仕六进五,车2进4,马六进五,卒7进1,车九平六,卒1进1,兵七进一,卒3进1,炮七进七,车2退1,马五退四,车2平3,炮七平九,马1退3,炮五平七,车3平1,炮七进六,车1退3,车六进六,车1平3,炮七平九,车3平2,相九退七,车2进5,马四进三,车2平4,炮九平七,卒3进1,马三进五,象7进5,炮七退一,红方占优势。

11.仕六进五　士4进5　　12.车九平七　卒1进1

13.马六进五　马7进6　　14.兵七进一　卒3进1

15.炮七平六　马6进7　　16.车七进五　卒7进1

17.车七退二　马7进5　　18.相三进五　卒7进1

19.马三退二　卒7平6　　20.马二进四　卒6平5

21.马四进五　炮5进4　　22.车七平五　象7进5

双方平稳。

第二种走法:车1进1

7.……　　　车1进1　　8.仕六进五　……

红方如改走车二平六,则车1平4,车六进四,车4退5,兵三进一,车4进3,马三进四,车4平6,炮八进二,卒7进1,兵三进一,车6平7,仕六进五,炮2退1,车九平六,炮2平8,黑优。

8.……　　　车4平3		9.车九平七　车1平6	
10.车二平六　车6进5		11.马七退六　车3平2	
12.炮八进五　车2退4		13.炮五平七　车6平7	
14.马六进五　车7退2		15.车六进四　……	

红方以改走车七平六为宜。

15.……　　　士4进5	16.马三进四　车7平6
17.马四进六　炮5平4	18.兵七进一　卒3进1
19.马五进七　卒5进1	

黑方较好。

第33局　红右车巡河对黑肋车过河(二)

1.炮二平五　炮8平5	2.马二进三　马8进7
3.车一平二　车9进1	4.马八进七　车9平4
5.兵七进一　马2进1	6.车二进四　车4进5

7.炮八进四　……

红方进炮,窥视黑方中卒。

7.……　　　士4进5(图33)

黑方如改走车1进1,则炮八平五,马7进5,炮五进四,士4进5,相七进五,炮2进2,兵三进一,车4退2,车二进五,车4平5,炮五平一,象7进9,炮一退二,车1平4,仕六进五,卒7进1,马三进二,车4进2,车九平八,炮5平2,车八平六,车4进6,仕五退六,卒7进1,炮一平三,象3进5,马二进三,车5退1,马三退四,车5平6,车二退五,象9退7,炮三退三,车6进1,兵九进一,红方多兵占优。

如图33形势,红方有两种走法:(一)兵九进一;(二)车二平六。分述如下:

第一种走法:兵九进一

8.兵九进一　……

红方如改走马七进六,则车 4 平 2,炮八平五,马 7 进 5,马六进五,车 1 平 2 或炮 5 进 4,红马出击变化,红方无便宜可占。

8.……　　　卒 7 进 1

黑方如改走车 4 平 2,则炮八平五,马 7 进 5,炮五进四,炮 2 进 1,炮五退二,卒 3 进 1,兵七进一,车 2 平 3,兵七平八,车 3 进 1,兵八进一,车 3 平 7,兵八进一,车 7 退 1,车九进三,卒 1 进 1,车二进一,卒 1 进 1,车九平六,炮 5 进 1,仕六进五,象 3 进 5,车六进三,红方占优势。

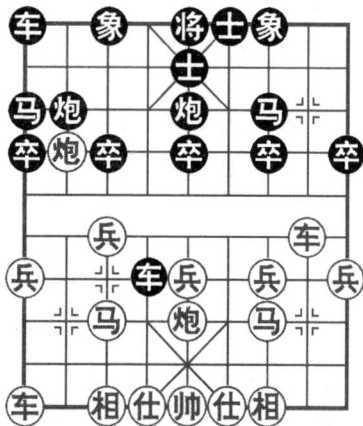

9.车二平六　……

应改走兵三进一,比较简明有力。

9.……　　车 4 平 3　　10.车九进二　卒 3 进 1

11.车六进二　……

进车,寻求变化。如改走兵七进一,炮 2 平 3,黑不难走。

11.……　　　卒 3 进 1　　12.炮八平五　车 1 平 2

13.马七退五　炮 2 进 5　　14.车九退一　马 1 退 3

15.车六平七　炮 2 平 7

应改走马 3 进 1,车七平六,炮 2 进 1 拦车。

16.前炮平三　……

红方平炮叫杀,灵活有力。如改走马五进三,则马 7 进 5,炮五进四,车 2 进 3,黑方易走。

16.……　　　炮 5 进 5　　17.相三进五　象 7 进 9

18.马五进三　马 3 进 5　　19.车七平九　马 5 进 4

应改走车 2 进 2,局面尚无大碍。

20.后车平四　马 4 进 5　　21.马三进五　车 3 平 5

22.车九平四

红方占优势。

第二种走法:车二平六

8.车二平六　车 4 平 3

黑方如改走车 4 平 2,则炮八平五,马 7 进 5,炮五进四,炮 2 进 1,炮五退

图 33

一,卒3进1,兵七进一,车2平3,马三退五,车3退2,炮五退一,车1平2,车九平八,卒1进1,车八进四,车3平6,车八平七,马1进2,车六进四,炮2平5,双方对峙。

9.车九进二　卒1进1　　10.炮八平五　……

红方如改走车六进一,则马1进2,兵七进一,车3退2,车六平七,卒3进1,炮八平三,象7进9,马七进六,卒3进1,纠缠中黑方可下,红如接走马六进四,卒5进1,车九平七,马2进4,马四进五,象3进5,车七进二,马4进5,局面简化,和意较浓。

10.……　　　马7进5　　11.炮五进四　马1进2

12.车六进一　……

红方如改走车六进三,则炮2进1,炮五退一,车3退1,车六退二,车3退1,车六平七,卒3进1,黑可战。

12.……　　　马2退3　　13.炮五退一　卒3进1

14.车六平七　马3进5　　15.炮五进二　象3进5

16.车七平五　车1进3

黑方满意。

第34局　　红右车巡河对黑肋车过河(三)

1.炮二平五　炮8平5　　2.马二进三　马8进7

3.车一平二　车9进1　　4.马八进七　车9平4

5.兵七进一　马2进1

6.车二进四　车4进5(图34)

如图34形势,红方有三种走法:(一)车二平六;(二)车九进二;(三)炮五平四。分述如下:

第一种走法:车二平六

7.车二平六　车4平3

8.车六退二　车1进1

9.炮五退一　……

红方退炮,灵活之着。

9.……　　　车1平6

10.兵三进一　车3平2

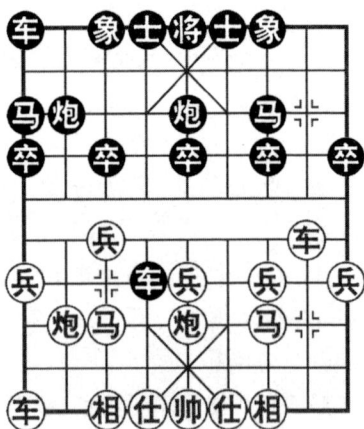

图34

11. 炮八进五　车2退4　　　12. 兵九进一　车2进2

13. 车九平八　车2平6　　　14. 炮五平七　前车进3

15. 车六平五　后车进3　　　16. 马七进六　前车平5

17. 相三进五　车6平4　　　18. 马六退四　士4进5

19. 马四进二　炮5平4　　　20. 马二进三　卒1进1

21. 前马退四　车4进4　　　22. 炮七进二　卒1进1

23. 兵三进一　象7进5　　　24. 兵三进一　马7退8

25. 车八进七　卒5进1　　　26. 炮七进三　车4退5

27. 炮七进二

红方大占优势。

第二种走法：车九进二

7. 车九进二　……

红方高边车,似嫌急躁。

7. ……　　　卒1进1　　　8. 兵七进一　卒3进1

9. 马七进六　炮2平4　　　10. 仕四进五　车1平2

11. 车二平四　车2进3　　　12. 炮八平七　士4进5

13. 兵九进一　卒1进1　　　14. 车九进二　车4平3

15. 兵三进一　卒3进1　　　16. 炮七进二　炮4退1

17. 马六进四　炮4平1　　　18. 车九进三　象3进1

19. 马四进三　炮5平6　　　20. 炮七平五　将5平4

21. 前炮平九　象1退3　　　22. 车四平六　将4平5

23. 炮五平九　炮6平3　　　24. 相三进五　炮1平3

25. 仕五退四　象3进5

黑方占优势。

第三种走法：炮五平四

7. 炮五平四　炮2平4

黑方如改走车1进1,则车二平四,车1平4,仕六进五,卒5进1,相七进五,后车进2,车九平六,前车进3,仕五退六,卒1进1,仕四进五,士4进5,兵三进一,炮5平3,车四进一,象3进5,车四平五,炮2进2,车五退一,车4进3,炮八退二,车4退3,车五平六,车4进2,马七进六,卒7进1,兵三进一,象5进7,炮四进四,红方占优势。

8. 相七进五　车1平2　　　9. 炮八平九　炮5进4

10. 马七进五　车4平5　　　11. 车二平六　士6进5

12. 兵三进一　车5平7　　　13. 马三退二　车7平1

14. 仕六进五　车2进4　　　15. 车九平七　象7进5

16. 炮九平六　炮4平2　　　17. 马二进三　车1平7

18. 炮四退一　卒1进1　　　19. 炮四平三　车7平2

20. 车六平四　后车平8　　　21. 兵一进一　车8进2

22. 车四平五　马1进2　　　23. 马三进四　马2进3

24. 车五平六　炮2进3　　　25. 车六退一　马3进2

26. 车六平八　车8平2

黑方多卒易走。

第35局　红右车骑河对黑肋车过河

1. 炮二平五　炮8平5　　　2. 马二进三　马8进7

3. 车一平二　车9进1　　　4. 马八进七　车9平4

5. 兵七进一　马2进1　　　6. 车二进五　……

黑方右车骑河抢占要津,着法积极。

6. ……　　　车4进5

黑方另有两种走法:①炮5退1,车二平八,炮2进5,炮五平八,卒7进1,相七进五,象7进5,车九进一,卒1进1,车八退二,车4进3,兵五进一,马7进6,车九平二,车1进1,车二进三,车1平4,仕四进五,炮5平7,马七进五,马6进7,车二平四,士4进5,车四进二,后车进2,炮八平六,车4平2,车八进二,马1进2,兵七进一,卒3进1,兵五进一,红方占优势。②炮2平3,车九平八,车1平2,炮八进四,车4进5,车八进二,车4平3,相七进九,车2进3,车八进四,车3进1,兵三进一,车3平1,车八退三,炮3进3,兵三进一,炮3进4,仕六进五,卒7进1,车二平三,马7退9,炮五进四,士4进5,帅五平六,车1进2,车八平六,炮3平6,帅六进一,炮6退1,仕五退四,车1退1,帅六退一,红胜。

7. 相七进九(图35)　　　……

如图35形势,黑方有三种走法:(一)炮2平4;(二)炮2平3;(三)炮5退1。分述如下:

第一种走法:炮2平4

7. ……　　　炮2平4　　　8. 炮八进四　士4进5

9. 车九平八　车1平2　　　10. 仕六进五　车4平3

11. 车八进二　车2进3

以车砍炮,黑方企图通过一车换双来打开僵持局面。

12. 车八进四　车3进1

13. 车八退六　……

红方退车预防,伏车八平七邀兑的手段,老练的走法。

13. ……　　　车3平1

14. 兵七进一　……

红方乘势兑兵,由此先手渐趋扩大。

14. ……　　　车1退1

15. 兵七平八　马1退3

16. 兵八进一　车1平3

17. 车二平六　……

红方平车占据肋道,控制黑方右马的出路,紧凑的走法。

17. ……　　　炮4进1　　18. 兵八进一　炮5平4

19. 车六平八　马3进5　　20. 兵八平七　后炮退2

21. 兵三进一　卒3进1　　22. 前车进三　卒3进1

23. 前车平六　炮4进2　　24. 马三进四　车3平5

25. 马四进六　后炮进4　　26. 车六退三

红方胜势。

第二种走法:炮2平3

7. ……　　　炮2平3　　8. 炮八进四　士4进5

9. 车九平八　车1平2　　10. 兵三进一　车4平3

11. 车八进二　炮5平4

黑方卸炮,调整阵势。如改走车2进3,则车八进六,车3进1,一车换双,也是红方易走。

12. 马三进四　卒7进1

13. 车二平三　象3进5　　14. 车三平八　车3平1

15. 马四进六　车2平3　　16. 炮八进一　……

红方进炮强行邀兑,紧凑有力之着。

16. ……　　　炮4进1　　17. 兵三进一　卒1进1

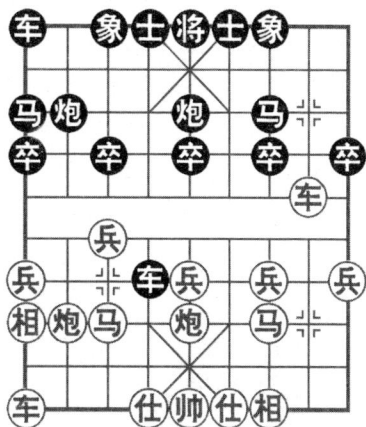

图35

73

18. 前车退二　车1平2　　19. 车八进一　卒3进1

20. 车八进三　炮3进1

黑方进炮打车，无奈。如改走车3平2(如炮4退2，车八平七)，则车八平六，车2进2，马六进四，红方亦大占优势。

21. 车八退四　车3进2　　22. 兵七进一　炮3进4

23. 兵七进一　……

红方冲兵捉车，构思巧妙，是迅速扩大优势的有力之着。

23. ……　　　　车3进1　　24. 炮八平三　炮4退1

25. 炮三平六　士5进4　　26. 马六退八

红方得子胜势。

第二种走法:炮5退1

7. ……　　　　炮5退1

黑方退中炮调整阵形，灵活之着。

8. 兵三进一　卒7进1

黑方弃7卒活通左马，不失为灵活机动的走法。

9. 车二平三　象3进5　　10. 车三平八　炮2进5

11. 车八退三　马7进8　　12. 车九平八　马8进7

13. 仕六进五　马7进5

黑方以驱驰多步之马兑掉红方中炮，目的是简化局面，以达到局势的均衡，否则红方炮五平四或炮五平六，纠缠下去对黑方不利。

14. 相三进五　车4平1

黑方车吃边兵牵制红方边相，不失为实惠的走法。

15. 后车平六　前车平3　　16. 车六进八　卒3进1

17. 兵七进一　车3退2　　18. 马七进六　马1退2

黑方回马捉车，以退为进，不怕红方车六平八捉死马，因伏有车3平4的巧妙兑马手段，实战中弈来煞是精细得法。如改走马1进3，则车六退二，马3进1，马三进四，红占主动。

19. 车六平八　车3平4　　20. 后车进二　马2进4

21. 马三进四　炮5平2　　22. 马四进六　马4进3

23. 车八平七　马3进4　　24. 车七平六　车1平3

双方经过一番拼兑，局势迅速趋向简化。

25. 马六进四

红方易走。

小结:红方先挺七兵,使右车保留进四和进五的选择,因车二进四,仕六进五的变化差别很微妙,似更为灵活一些。黑方第5回合马2进1边马,第6回合红方车二进四升车巡河,着法稳健。红方第6回合车二进五,右车骑河,着法比较积极。

第二节　黑进正马变例

第36局　黑进正马对红右车巡河

1.炮二平五　炮8平5　　2.马二进三　马8进7

3.车一平二　车9进1　　4.马八进七　车9平4

5.兵七进一　马2进3

黑方进马,加强中路的攻防力量。

6.车二进四(图36) ······

红方升车巡河,着法稳健。如改走兵三进一,车1进1,则形成顺炮直车对两头蛇的布局阵势。

如图36形势,黑方有两种走法:(一)车4进5;(二)车1进1。分述如下:

第一种走法:车4进5

6.······　　　车4进5

7.相七进九　······

红方飞边相活通左车,稳健的走法。

7.······　　　炮2平1

黑方平边炮,正着。如改走卒1进1,车二平六,车4平3,车九平七,卒1进1,兵九进一,车1进5,炮八退一,红方先手。

8.炮八退一　······

红方退炮,是改进后的走法。以往多走车二平六,则车4平3,车九平七,车1平2,双方另有不同攻守。

8.······　　　车4进2　　9.车九平八　车4平3

10.马三退五　······

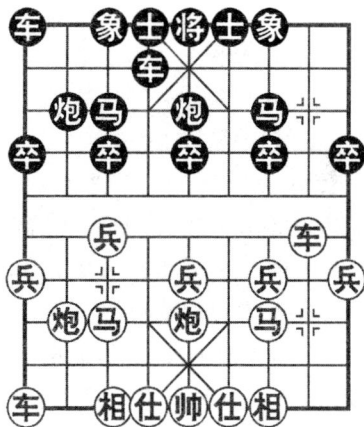

图36

红方退窝心马,是改进后的走法。如改走马七进八,则炮1进4,炮八进一,车3退2,马八进七,车1平2,炮八进三,炮5进4,仕四进五,象3进5,黑方反先。

10.……　　　车1进1　　11.炮八进二　车3平4

12.炮八平七　卒5进1

黑方如改走车1平6,则炮七进三,马3退1,兵七进一,也是红方先手。

13.炮七进三　马3进5　　14.炮七平三　象7进9

15.马五进三　车1平6　　16.仕六进五　卒5进1

17.车八进六　炮1平3　　18.车八平七　车4平7

19.马七进八　车6平2　　20.车七平八　车2平4

21.马八进七　炮5退1　　22.炮五进二　炮5进4

23.兵五进一　马5进7　　24.马七退五　炮3平5

25.车八平六　车4平6　　26.相三进五　士6进5

27.炮三平九　前马进6　　28.相九退七　车3退2

29.帅五平六　马6退5　　30.兵五进一　车3平7

31.车二平三　车7退1　　32.相五进三

红方占优势。

第二种走法:车1进1

6.……　　　车1进1　　7.炮八平九　炮2进4

黑方如改走车4进5,则车九平八,炮2进4,车二平四,车1平2,炮五平四,车4平3,车八进二,车2退1,炮四进一,炮2平5,车八进七,车3进1,车八平七,马7退5,车七退一,车3平7,帅五进一,卒3进1,兵七进一,车7平3,帅五平四,马3进4,车四进四,前炮平4,仕四进五,马4进5,帅四退一,炮4进2,炮九进四,车3平7,相三进五,车7平9,帅四平五,红方大占优势。

8.车九平八　……

红方如改走车二平三,则车4进5,车三进二,车4平7,车九平八,马3退5,伏炮5平2攻车,黑方易走。

8.……　　　炮2平3　　9.车二平三　车1平2

10.车三进二　车2进8　　11.马七退八　车4平2

12.马八进七　炮3进3　　13.仕六进五　炮3平1

14.炮九平八　炮1退2　　15.炮八进二　炮1平5

16.相三进五　马3退5　　17.兵七进一　卒3进1

18. 炮八平三　炮5平3　19. 马七进六　车2平4

20. 马六进五　马7进5　21. 车三平五　车4进2

22. 车五退一　炮3平5　23. 车五平七　炮5进5

24. 仕五退六　马5进6　25. 车七进四　炮5平1

26. 车七退七　炮1进2　27. 仕六进五　车4平2

黑方易走。

小结:黑方第5回合进右马,加强中路的攻防力量,待红方车二进四升车巡河后,黑方应车1进1双横车,可与红方抗衡。

第三节　黑肋车过河变例

第37局　黑肋车过河对红飞边相

1. 炮二平五　炮8平5　2. 马二进三　马8进7

3. 车一平二　车9进1　4. 马八进七　车9平4

5. 兵七进一　车4进5　6. 相七进九(图37)　……

如图37形势,黑方有三种走法:(一)卒7进1;(二)马2进1;(三)炮2平3。分述如下:

第一种走法:卒7进1

6. ……　　　卒7进1

7. 车二进四　马2进3

黑方如改走马2进1,则炮八进四,车4平3,车九平七,士4进5,车二平六,卒1进1,炮八平五,马7进5,炮五进四,马1进2,车六进三,炮2进1,炮五退一,马2退4,仕六进五,马4退6,炮五退一,红方易走。

8. 车九平七　车1进1

9. 兵三进一　卒7进1

10. 车二平三　炮5退1

11. 马三进四　车4进2

12. 炮五平三　炮5平7

13. 车三平二　象7进5

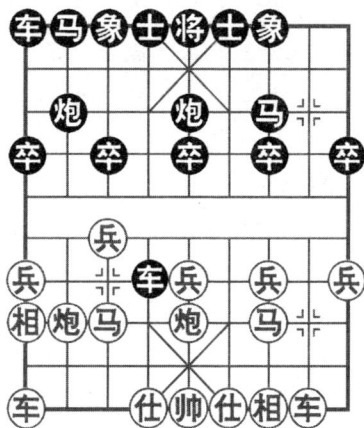

图37

14. 仕六进五　车4平2　　15. 炮三进六　车1平7

16. 炮八进二　车7平4　　17. 马四进三　车2退1

18. 兵七进一　卒3进1　　19. 炮八平三　马7退9

20. 炮三退二　车2退1　　21. 马七进六　车2退1

22. 车七平六　车4进3　　23. 马三进二　士6进5

24. 炮三进六　马9进8　　25. 车二进二　车4进1

26. 车六进四　车2平4

黑方足可一战。

第二种走法:马2进1

6. ……　　马2进1　　7. 仕六进五　　……

红方如改走车二进四,则炮2平3,炮八进四,车1平2,炮八平五,马7进5,炮五进四,士4进5,马七进六,炮3平2,马六进四,炮2进1,马四进五,炮2平5,车二平五,象7进5,车五进二,车2进7,马三退五,车4平1,马五退七,车2平3,仕六进五,车3进1,车五平三,卒1进1,车三平六,卒1进1,兵五进一,车1平2,兵五进一,卒1进1,黑方主动。

7. ……　　车4平3　　8. 车九平七　车1进1

9. 马七退六　车3进3　　10. 相九退七　车1平4

11. 马六进七　车4进5　　12. 炮五平四　卒7进1

13. 车二进四　卒1进1　　14. 兵三进一　车4平3

15. 相七进五　炮2进3　　16. 车二进二　卒7进1

17. 车二平三　卒7进1　　18. 车三退三　马7进6

19. 车三进六

双方各有顾忌。

第三种走法:炮2平3

6. ……　　炮2平3　　7. 车二进五　　……

红方伸车骑河,势在必行。

7. ……　　车1进1　　8. 兵三进一　车1平6

9. 仕六进五　车4平3　　10. 车九平七　车6进5

11. 马七退六　车3平2

黑方如改走车3进3,则相九退七,车6平7,相三进一,红方先手。

12. 炮八平六　车6平7　　13. 马六进七　车7退1

14. 车七平八　车2进3　　15. 马七退八　车7退1

黑方退车避兑,正着。如误走卒7进1,则车二进一,马2进1,马八进七,卒1进1,相三进一,车7进1,马七进六,红方占优势。

16. 车二进一　士4进5

红方子力集中,准备以中线打开局面。黑方补士稍缓,应改走卒1进1,马八进七,马2进1,及时跃出边马,谋求对攻。

17. 马八进七　炮3平4　　18. 马三进四　卒1进1

19. 炮六进四　马2进1　　20. 车二平三　车7平6

21. 炮五平三　车6进1　　22. 炮三进五　炮4平7

23. 车三进一　车6进1

黑方进车勉强对攻,应改走马1进2,则炮六平一,马2进4,形成和局。

24. 车三进二

红方得象略优。

小结: 针对黑方第5回合肋车过河,红方飞边相,正着。

第四节　黑挺7卒变例

第38局　黑挺7卒对红高车巡河

1. 炮二平五　炮8平5　　2. 马二进三　马8进7

3. 车一平二　车9进1　　4. 马八进七　车9平4

5. 兵七进一　卒7进1　　6. 车二进四　……

红方高车巡河,稳健的走法。

6. ……　　　马2进3

黑方如改走马2进1,则兵三进一,车4进3,车九进一,炮2平4,马三进四,车4平6,兵三进一,车6平7,车九平六,士4进5,车六进四,车7进5,炮八进四,车1平2,炮八平五,马7进5,炮五进四,将5平4,相七进五,车7退3,马四进二,马7退3,车六进一,车2进7,车二平六,将4进1,炮五退一,车7平4,车六进二,车2退3,炮五平六,红方大占优势。

7. 兵三进一　……

红方如改走仕六进五,则车1进1,炮八进二,马7进6,车二平四,车4进3,兵五进一,马6退7,双方互缠。

7. ……　　　卒7进1

黑方如改走车4进3,则马三进四,车4平6,炮八进二,卒3进1,炮五平四,车6平5,兵七进一,车5平3,相七进五,红方易走。

8.车二平三　炮5退1(图38)

如图38形势,红方有两种走法:(一)马七进六;(二)车三平六。分述如下:

第一种走法:马七进六

9.马七进六　炮5平7

10.车三平四　马7进8

黑方如改走炮2进3,则车四进三,车4进4,车四平三,炮7进6,炮八平三,象7进5,炮三平一,红方稍好。

11.车四平二　马8退7

12.炮八平六　车4平2

13.车九平八　车1进1

14.车八进六　炮2平1

15.车八平七　车2进1

16.车二进三　炮7平3

17.车七平六　马3进4　　18.相七进九　车2进1

19.车六平八　炮1平8　　20.炮六进三　炮3平7

21.炮五进四　马7进5　　22.车八平五　炮8平5

23.相三进五

红方多子胜势。

第二种走法:车三平六

9.车三平六　车1进1　　10.炮八平九　炮2进4

黑方如改走炮5平7,则车九平八,炮2平1,车八进七,炮7进6,车八平七,炮7平3,车六进四,车1平4,车七平三,红方稍好。

11.炮五平六　车4进4　　12.马七进六　卒5进1

13.兵七进一　炮2进1　　14.兵七进一　卒5进1

15.兵七进一　卒5平4　　16.相七进五　卒4进1

17.车九平八　炮2平3　　18.炮六退一　炮3平7

19.炮九平三　马7进5　　20.车八进六　炮5进5

黑方炮打中兵,应改走马5退3或马5退6。

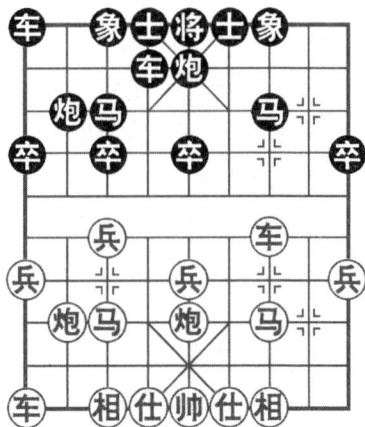

21. 相五进三　……

红方扬相,取势要着。

21. ……　　　马5进6　　22. 炮三进七　士6进5

23. 车八平四　马6进5

黑方以改走象3进5为宜。

24. 仕四进五　马5退3　　25. 帅五平四　士5进6

26. 车四进一　车1平7　　27. 车四进二　将5进1

对攻中红方占优。

小结:黑方第5回合挺7卒,红方车二进四高车巡河,着法稳健,可望保持先行之利。

第七章 顺炮直车正马巡河车对横车

顺炮直车对横车红方第5回合车二进四升车巡河,另辟蹊径,是有意避开俗套的走法。本章列举了3个典型局例,分别介绍这一布局中双方的攻防变化。

第一节 红升巡河车变例

第39局 黑进右马对红补左仕

1.炮二平五　炮8平5　　　2.马二进三　马8进7

3.车一平二　车9进1　　　4.马八进七　车9平4

5.车二进四……

红升巡河车,力求稳健的走法。

5.……　马2进3　　　6.仕六进五(图39)……

红方补仕,待机而动。如改走炮八进二,则卒3进1,炮八平三,马3进2,车二进一,象3进1,兵七进一,车1平3,仕四进五,车4进2,红方仍持先手。

如图39形势,黑方有三种走法:(一)卒7进1;(二)车1进1;(三)车4进7。分述如下:

第一种走法:卒7进1

6.……　卒7进1

7.兵七进一　车1进1

黑方另有两种走法:①车4进5,炮五平四,车1进1,相七进五,车1平6,兵三进一,车6进3,炮八进二,车4进2,马三进四,车6平5,炮四平三,马3退5,马四进三,车5平6,兵三进一,车6平7,车二平三,车7平6,车九平六,车4进1,帅五平

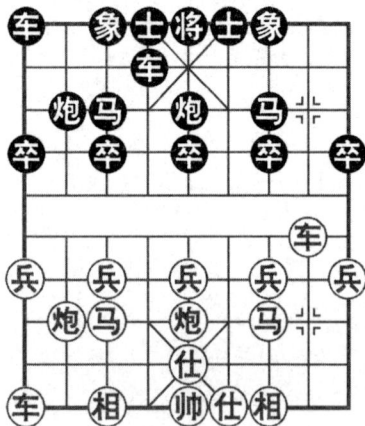

图39

六,炮5平4,帅六平五,象3进5,炮八退四,红方占优势。②马7进6,车二平四,车4进3,兵五进一,马6退7,马三进五,车4进2,炮八进二,车1进1,炮五平三,卒5进1,兵五进一,炮5进4,炮三平五,车4进1,车九进二,马3退5,兵七进一,卒3进1,车四退一,炮5退1,车四平五,炮5进2,仕五进六,炮2平5,车五平六,前炮平3,仕六退五,双方各有顾忌。

8.炮八进二　马7进6　　9.车二平四　车4进3

10.兵五进一　……

红方冲中兵,正着。如改走马七进六,则马6进4,炮八平六,炮2进4,黑不难走。

10.……　　马6退4

黑方如改走马6退7,则马三进五,车4进2,相七进九,车1平4,兵三进一,卒7进1,车四平三,炮5退1,车三平四,后车进1,车九平六,前车进3,仕五退六,车4平6,车四进三,炮2平6,马五进三,马7进6,双方均势。

11.马三进五　……

红方应改走炮八进二,黑如接走卒3进1,则炮八平五,马3进5,炮五进四,士4进5,马七进五为宜。

11.……　　车4进2　　12.相七进九　炮2平1

13.车九平六　车4进3　　14.仕五退六　车1平2

黑方趁机出车牵住红方巡河炮,形势渐趋有利。

15.车四进一　卒5进1　　16.车四平五　士4进5

17.车五平六　……

红方曾走马五退三,黑如卒1进1,则车五平六,马4退6,兵七进一,卒1进1,兵九进一,炮1进5,兵七进一,炮1平5,兵七进一,前炮平6,仕六进五,车2进2,兵五进一,红方多兵占优。

17.……　　马4退6

黑方先弃中卒,再补士牵制红方中路,继之退马士角,走得十分机动灵活。

18.车六退二　车2进3　　19.炮八退四　马3进5

20.炮八平七　马5进6　　21.仕六进五　炮5进1

22.兵七进一　……

红方弃兵准备兑子简化局势,舍此亦别无好棋可走。

22.……　　卒3进1　　23.马七进六　车2退1

24.马六进五　车2平5　　25.车六进一　前马进5

26.相三进五　象3进5

黑方占优势。

第二种走法:车1进1

6.……　　车1进1　7.相七进九　……

红方飞边相,似不如改走炮八平九准备亮出左车,更具针对性。

7.……　　卒7进1　8.兵七进一　卒1进1

黑方如改走炮5退1,则炮八进二,炮2平1,兵三进一,炮5平7,兵三进一,车1平2,马三进四,炮7进3,车九平六,车4进8,仕五退六,车2进3,炮五退一,象3进5,炮五平八,车2平5,后炮平五,车5平2,车二退二,炮7平5,相三进五,卒3进1,炮五平八,车2平1,马七进六,车1进2,马六进七,红方占优势。

9.车九平七　炮5平6　10.兵三进一　……

红方邀兑三兵,虽可活通右马,但黑方退炮后红方右翼车马被拴链,似嫌得不偿失。似不如改走炮八进四威胁黑方中卒。

10.……　　卒7进1　11.车二平三　炮6退1

12.马三进四　炮6平7　13.马四进三　卒1进1

14.兵九进一　车1进4　15.炮八退一　车1退1

16.炮八平七　车1平2　17.炮五平三　……

红方卸炮,加强对右马的掩护。如改走兵七进一,则卒3进1,马七进六,车2进1,黑方占优。

17.……　　车4进7　18.炮三退一　车4退2

19.相三进五　马3退5

黑方退窝心马,弥补了右翼的缺陷,局势愈趋有利。

20.兵七进一　卒3进1　21.马七进六　卒3进1

22.马六进七　……

红方如改走相九进七,则车2平4,也是黑方占优。

22.……　　卒3进1　23.马七进六　象3进1

24.马六退八　车2退2

黑方易走。

第三种走法:车4进7

6.……　　车4进7

黑方伸车红方下二路,积极寻求变化的走法。

7. 相七进九　炮2平1

黑方如改走车1进1,则炮八进二,卒3进1,兵七进一,卒3进1,车二平七,马3进4,车九平六,车4进1,仕五退六,车1平6,仕六进五,炮2平3,车七平六,车6进3,兵三进一,士6进5,炮八进一,马4退2,炮八退五,马2进4,炮八进五,马4退2,炮八退五,马2进4,车六平七,炮5平4,炮八进五,马4退6,炮八进一,炮3进5,车七退二,象7进5,车七进二,马6退7,炮八平三,后马进9,炮三平九,卒9进1,兵九进一,红方多兵占优。

8. 车二平八　卒7进1　　9. 车九平六　车4平3

10. 车六平七　车3平2

黑方如改走车3平4,则红可兵七进一活通左马。

11. 兵七进一　炮1进4　　12. 车八退一　炮1退1

13. 车八进三　车1平2　　14. 车八进三　……

红方吃车应兑,稳健的选择。如改走车八平七,则黑方有炮1进1,下伏炮1平3打双车的手段。

14. ……　　马3退2　　15. 车七平六　士6进5

16. 车六进五　炮5平3　　17. 车六平三　象7进5

18. 车三平八　马2进1　　19. 炮五平四　……

红先吃卒,再平车捉马,然后卸炮(伏炮四退一打死车手段)调整阵势,走得甚有章法。

19. ……　　车2平4　　20. 相三进五　卒5进1

21. 兵三进一　……

红方挺兵活通右马,而不贪吃黑方中卒,机警之着。如改走车八平五,则卒3进1,兵七进一,炮3进5,炮四平七,车4平2,炮八进三,车2退1,炮七平六,炮1退1,车五退一,炮1平3,炮八退一,车3平1。红方多兵少相,也有所顾忌。

21. ……　　马7进8　　22. 炮八进一　车4平2

23. 车八平五　马8退7

黑方如改走车2退2,则车五平二,车2平3,车二进四,士5退6,马三进四,红亦大占优势。

24. 炮八平六　卒3进1　　25. 兵七进一　炮1退1

黑方退炮打车,稳健的走法。如改走炮3进5,则炮四平七,车2退1,炮七进二,车2平5,炮六进五,红可抢攻在先。

26.车五退一　象5进3　　27.马七进八　炮3平4

28.炮六平七

红方占优势。

第40局　黑进右马对红挺七兵(一)

1.炮二平五　炮8平5　　2.马二进三　马8进7

3.车一平二　车9进1　　4.马八进七　车9平4

5.车二进四　马2进3　　6.兵七进一　车1进1

黑方如改走车4进5,则相七进九,车4进3,车九平七,炮2平1,炮八退
一,车1平2,炮八平四,红方主动。

7.炮八平九　炮2进4(图40)

如图40形势,红方有两种走法:(一)车九平八;(二)车二平三。分述如下:

第一种走法:车九平八

8.车九平八　炮2平3

黑方如改走炮2平7,则相三进一,卒7
进1,车八进六,红优。

9.车二平三　车1平2

10.车三进二　车2进8

11.马七退八　车4平2

12.马八进七　炮3进3

13.仕六进五　炮3平1

14.炮九平八　炮1退2

15.炮八进二　炮1平5

16.相三进五　马3退5

双方互有顾忌。

第二种走法:车二平三

8.车二平三　车4进5

黑方如改走炮5退1,则车九平八,炮2平3,车三平四,卒7进1,兵三进
一,卒7进1,车四进三,炮5进1,车四平三,卒7进1,兵五进一,卒7进1,车三
退四,卒7平6,车三平七,卒6平5,炮九平五,红方先手。

9.车九平八　……

红方如改走车三进二,则车4平3,车九平八,马3退5,伏炮5平2攻车,黑

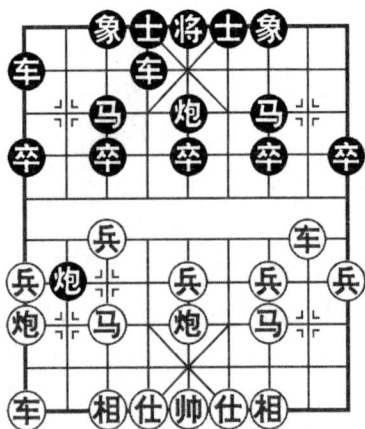

图40

86

方易走。

9.……　　　车1平6　　　10.马七进八　车4平3

11.车三进二　车6进1　　　12.马八进九　炮5退1

13.马九进七　车6平3　　　14.仕四进五　炮5平2

15.车八平九　前炮退3　　　16.车三退二　卒3进1

17.兵七进一　前车退2

红方虽多两兵,但九路车被赶回原位,黑方子力更具活力,局面呈反先之势。

18.炮五平四　……

红方可考虑炮九平六,保留中炮对黑方的牵制。以后相七进九,弥补自己左翼的缺陷。

18.……　　　马7进6　　　19.车三平五　……

红方如改走相三进五,则马6进5,炮四进一,马5进3,黑方占优势。

19.……　　　卒5进1　　　20.车五平四　前车进5

黑方弃马杀仕相,右翼车双炮展开攻势,算度深远。

21.车九平七　车3进7　　　22.相三进五　……

红方如改走车四进一吃马,由车3退2,仕五进六,前炮进6,仕六进五,车3进2,仕五退六,车3退1,仕六进五,后炮进7,黑方弃子后,车双炮有强大攻势。

22.……　　　车3退5　　　23.炮九平八　卒5进1

24.车四平五　后炮平5　　　25.兵三进一　马6进7

26.车五进二　炮2进3

双方各有顾忌。

第41局　　黑进右马对红挺七兵(二)

1.炮二平五　炮8平5　　　2.马二进三　马8进7

3.车一平二　车9进1　　　4.马八进七　车9平4

5.车二进四　马2进3　　　6.兵七进一　车1进1

7.仕六进五　……

红方补仕,着法稳健。

7.……　　　车4进5　　　8.相七进九　车1平6

9.车二平六　车4平3　　　10.车九平七(图41)　……

如图41形势,黑方有两种走法:(一)车6进3;(二)卒7进1。分述如下:

第一种走法:车6进3

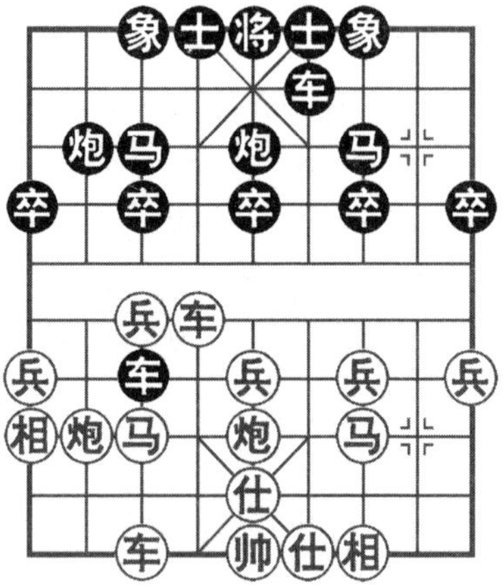

10. ······   车6进3

11. 马七退六   车3进3

12. 相九退七   炮2平1

13. 炮八平七   炮1进4

14. 车六退一   炮1进3

15. 炮七进四   象3进1

16. 车六进四   马3退2

17. 炮七平三   士6进5

18. 车六平八   炮5平3

19. 车八退七   车6平1

20. 炮五平七   ······

红方平炮邀兑,着法简明。

20. ······   象7进5   21. 相三进五   炮3进5

22. 马六进七   马2进3   23. 兵三进一   象1退3

24. 仕五退六   炮1退4   25. 车八平九   马3进4

26. 车九进一   卒5进1   27. 仕四进五

红方占优势。

第二种走法:卒7进1

10. ······   卒7进1   11. 马七退六   车3进3

12. 相九退七   炮2平1   13. 马六进七   车6平2

14. 兵七进一   卒3进1   15. 马七进八   马7进6

16. 车六平二   车2平4   17. 炮八平七   马6进4

黑方跃马弃子抢攻,着法积极。如改走马3退1,则炮五进四,士4进5,炮五退一,红方占优势。

18. 炮七进五   炮1进4   19. 马八退七   炮1平7

20. 相三进一   马4进2   21. 马七退八   车4进1

22. 炮七进一   车4退1   23. 炮七退一   马2退4

形成红方多子,黑方占势,各有顾忌的局面。

小结:红方车二进四升巡河车,是偏重于防守的走法,在战略上含有出其不意的意图,近年大赛中比较少见。

图41

第八章 顺炮直车两头蛇对横车平边炮

顺炮直车两头蛇对横车平边炮变例,兴起于20世纪70年代中后期。红方第8回合马三进四进马咬车,是较为流行的一种变例,现在已有较为深入的发展。本章列举了5个典型局例,分别介绍这一布局中双方的攻防变化。

第一节 红沉底炮变例

第42局 黑炮打中兵对红补右仕(一)

1.炮二平五 炮8平5   2.马二进三 马8进7
3.车一平二 车9进1   4.马八进七 车9平4
5.兵三进一 马2进3   6.兵七进一 炮2平1

形成顺炮直车两头蛇对横车平边炮的布局阵势。黑方平边炮,是寻求变化的走法。

7.车九平八 车4进5

黑方肋车过河,正着。如改走车1平2,则炮八进四,车4进6,车八进二,车4退3,车二进八,卒7进1,车二平三,马3退5,炮八进一,象7进9,炮八平三,车2进7,炮三平九,车2退5,炮九平五,车2平5,兵五进一,红方占优势。

8.马三进四 ……

红方进马咬车,针锋相对,毫不退让。

8.……   车4平3   9.马四进六 ……

红方进马抢攻,正着。如改走马七退五,则卒3进1,红方无便宜可占。

9.……   车3进1   10.马六进七 炮1进4

黑方如改走士6进5,则仕四进五,车3退2,炮八进七,车3平6,相三进一,炮1进4,车八进八(如车二平四,车6进4,帅五平四,炮5平4,车八进三,炮1退2,车八进二,车1进2,马七退九,炮4进1,双方大体均势),炮1平3(如炮5进4,车八退五,炮5退2,车八平九,炮5平3,马七退五,马7进5,炮八退三,红方得子),马七退五,车6退2,马五退六,红方主动。

11.炮八进七 ……

红方沉底炮,寻求变化的积极走法。如改走炮八平九,则车1进2,马七退五,车3退1,仕四进五,车3平5,马五退六,炮5进5,相三进五,马7进5,马六进五,车5退3,车八进三,炮1退2,车二进六,象7进5,局势立趋平稳。

11.……   炮5进4

黑方另有两种走法:①车1进2,马七进六,炮5进4,仕四进五,炮1平3,相七进九,车3平1,车二进五(应马六退七,象3进5,帅五平四),前车平2,车八平七,炮3平9,黑方大占优势。②炮1平3,相七进九(如车二进八,炮5进4,仕六进五,马7退5,马七进五,车1平2,马五进三,士4进5,帅五平六,车3平4,仕五进六,车2进9,炮五进四,象3进5,仕六退五,车2平3,帅六进一,炮5平4,车二退三,卒7进1,车二平三,炮4进4,双方各有顾忌),车3平1,车二进八,炮5进4,仕四进五,马7退5,炮八平六,后车进2,车二平四,后车平3,帅五平四,马5进6,车四退二,士6进5,炮六退七,车1退3,炮五进四,将5平4,兵七进一,红方攻势猛烈。

12.仕四进五 炮1平3   13.相七进九 车3平1

黑方如改走车1进2,则马七进六,车3平1,帅五平四,后车平6,炮五平四,以下黑方有两种走法:①炮5退1,车二进二,炮3平6,炮四平五,炮6平4,炮五平四,车1退2,车八进八,车6平4,马六退七,象3进5,车八平七,炮4平6,炮四平五,炮5平6,帅四平五,前炮平3,车七进一,将5进1,车二进六,炮6退4,车七退一,将6退1,帅五平四,红胜。②车1平6,仕五进四,车6平5,帅四平五,炮5退1,马六进七,象3进5,炮八退五,炮5退1,兵七进一,炮5进1,帅五进一,卒3进1,车二进三,炮3平5,帅五平六,车6进1,帅六进一,车6退7,炮八平六,车6平3,车八进九,象5退3,马七进九,马7退5,马九退八,车3进2,车二平五,卒5进1,帅六退一,红方多子胜势。

14.车二进七 ……
红方进车捉马,力争主动的走法。如改走帅五平四,详见下局。

14.……   马7退5
黑方退马,准备通过兑马化解红方的攻势。如改走前车平2,则车八平七,炮3平9,车二平三,炮9进3,相三进一,车2平5,车七进三,红方占优势。

15.炮八平六 ……
红方如改走帅五平四,则马5进3,车二进七,后车平2,车八进九,炮3进3,帅四进一,车1平5,车七进二,士6进5,车八退六,形成各有顾忌的局势。

15.……   后车进2
黑方进车捉马,牵制红方右车。如改走象3进5,则炮六平四,将5平6,车

90

二平四,将6平5,帅五平四,马5进3,车八进八,红方占优势。

16.炮六退一　前车平4　　17.帅五平四　……

红方出帅助攻,紧凑有力之着。如改走车二平四,则车4退6,帅五平四,马5进7,车八进三,车1平3,车四平七,车4平6,炮五平四,马7退5,车八平七,马5进3,车七平五,车6进4,相三进五,车6退1,车五平六,马3退5,帅四平五,卒3进1,兵七进一,车6平3,炮四平三,卒1进1,炮三进四,车3平5,车六平四,马5进3,黑不难走。

17.……　　车4退6(图42)

如图42形势,红方有两种走法:(一)车二平四;(二)车八进三。分述如下:

第一种走法:车二平四

18.车二平四　……

红方平车叫杀,看似凶狠,实则黑方有马5进7献马解围的手段。不如改走炮五进四,黑如接走马5进7,则车二平三,车4平6,仕五进四,车6进6,帅四平五,炮5退1,帅五进一,炮3平5,帅五平六,前炮退3,车八进九,车1平3,车三平七,象7进5,车七平六,士6进5,车六进一,将5平6,车八平七,将6进1,车七退三,红方胜势。

18.……　　马5进7

黑方进马弃还一子,稳健有力的走法。

19.车四平三　车4平6　　20.帅四平五　车6平3

黑方也可改走车6进5,抢占要津。

21.车三退一　卒5进1　　22.车三平六　车1平2

23.车八平七　炮3平9　　24.车六平一　炮9平8

25.车一平二　炮8平9　　26.车二退三　炮9进3

27.相三进一　车2进4　　28.马七退五　炮5平7

黑方如改走象7进5,则车二平四,车3平8,帅五平四,士6进5,炮五进三,红方占优。

29.马五退三　车2平5　　30.车二平三　车5进1

31.车七进三　象7进5

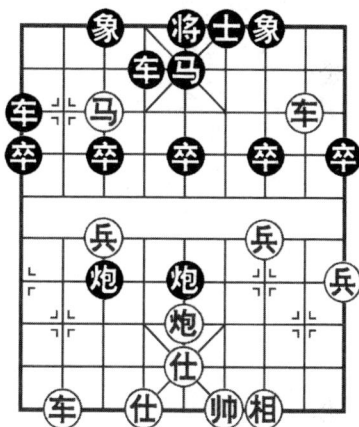

图42

— 91 —

黑方飞象捉车,漏算了红方平车弃马的手段。应改走车5平8,红方如接走帅五平四,则车3平6,车七平四,车6进5,车三平四,士6进5,黑不难走。

32.车七平四 ……

红方平车舍马,构思巧妙!黑如接走象5进7吃马,则帅五平四,士6进5(如车3平8,车四进六,将5进1,车三平八,车8进8,帅四进一,车5平9,车八进五,将5进1,车四退二,红胜),车三平二,将5平4,车二进六,将4进1,车四平六,士5进4,车二退一,红方得车胜定。

32.…… 车3平8

黑方应改走车5平8,较为顽强。

33.马三进四 车8平6　　34.马四退五 车6进5

35.马五进六 将5平4　　36.车三平四

红方占优势。

第二种走法:车八进三

18.车八进三 车4进5　　19.车二平四 马5进7

黑方应改走炮5平6,红方有以下两种走法:①车八退五,车1平3,车四平七,象7进5,车七平八,炮3进3,帅四进一,炮6退4,黑方主动。②车八进六,车4平5,炮五进四,马5进3,车八平七,马3退4,车四平九,车5退3,黑占主动。

20.车八进五 车1平3　　21.车四平七 象7进5

22.车八平四 士6进5　　23.车七进一 炮5平6

24.兵三进一 卒7进1　　25.炮五平三 炮6退2

26.炮三进五

红方胜势。

第43局　黑炮打中兵对红补右仕(二)

1.炮二平五 炮8平5　　2.马二进三 马8进7

3.车一平二 车9进1　　4.马八进七 车9平4

5.兵三进一 马2进3　　6.兵七进一 炮2平1

7.车九平八 车4进5　　8.马三进四 车4平3

9.马四进六 车3进1　　10.马六进七 炮1进4

11.炮八进七 炮5平4　　12.仕四进五 炮1平3

13.相七进九 车3平1　　14.帅五平四 ……

红方帅五平四,也是一种常见的走法。

14.……　　　　后车进2　15.马七进六　后车平6

16.炮五平四　……

红方如改走帅四平五,则车1平2,黑方占优势。

16.……　　　　车1平6

黑方弃车砍炮,力争主动,否则被红方车二进二后,黑方难应。

17.仕五进四　车6进5　　18.帅四平五　炮5退1

19.马六退七(图43)　……

红方如改走帅五进一,则炮3平5,帅五平六,车6进1,仕六进五,车6平5,帅六进一,后炮平4,马六退七,象3进5,炮八退五,炮4退1,兵七进一,炮4进1,绝杀,黑胜。

如图43形势,黑方有两种走法:(一)象3进5;(二)象3进1。分述如下:

第一种走法:象3进5

19.……　　　　象3进5

20.炮八退五　炮5退1

21.兵七进一　卒3进1

黑方如改走炮5进1,则帅五进一,炮3平5,帅五平六,车6进1,帅六进一,车6退3,炮八平5,红方胜势。

22.车二进三　……

红方进车捉炮弃马,大局感极强的走法。如改走炮八平六,则象5退3(如炮3退4,炮六进四,士6进5,车八进九,士5退4,炮六平九,卒3进1,炮九进一,炮3退2,车八退一,红方有攻势),车八进九,马7退5,马七进五,士6进5,黑方虽少一子,但红方有顾忌。

22.……　　　　卒3进1

黑方如改走车6平5,则帅五平四,车5平6,帅四平五,卒3进1,车二平七,卒3进1,炮八进五,士6进5,炮八平九,将5平6,车八进九,将6进1,车八平三,红方下伏炮九退一的攻杀手段,黑方难以应付。

23.车二平七　……

红方弃车砍炮抢攻,凶悍!如改走车二平六,则炮3退4,黑可战。

23.……　　　　卒3进1　24.炮八平六　象5退3

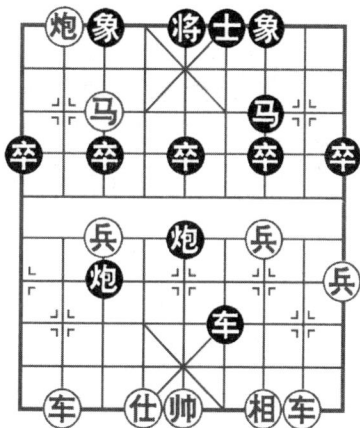

图43

25. 车八进九　象 7 进 5　　26. 炮六进四　炮 5 平 3

27. 炮六平九　炮 3 平 1　　28. 炮九平六　炮 1 平 3

29. 马七退六　将 5 进 1　　30. 炮六平九　炮 3 平 1

31. 马六进七　将 5 退 1　　32. 炮九平六　炮 1 平 3

双方各有顾忌。

第二种走法:象 3 进 1

19. ……　　　象 3 进 1　　20. 炮八退五　炮 5 退 1

21. 帅五进一　……

红方进帅,是改进后的走法。如改走兵七进一,则卒 3 进 1,马七退六,炮 3 退 1,帅五进一,车 6 退 1,车八进二,炮 3 平 5,帅五平六,车 6 平 4,车八平六,前炮平 4,车二进三,车 4 平 8,黑方大占优势。

21. ……　　　炮 3 平 5　　22. 帅五平六　车 6 进 1

23. 仕六进五　车 6 平 5　　24. 帅六进一　前炮平 4

25. 兵七进一　马 7 退 5　　26. 马七进五　炮 4 退 5

黑方如改走士 6 进 5,则兵七平六,红方占优势。

27. 炮八平九　车 5 退 3　　28. 车八进九　将 5 进 1

29. 车二进七　车 5 平 4　　30. 帅六平五　车 4 平 5

31. 帅五平四　车 5 平 6　　32. 帅四平五　车 6 平 1

33. 车二平四

红方大占优势。

小结:顺炮直车两头蛇对横车平边炮,红方第 8 回合马三进四进马咬车,针锋相对,第 11 回合炮八进七变化,双方对攻激烈,变化复杂。

第二节　红进炮邀兑变例

第 44 局　黑炮打边兵对红进炮邀兑

1. 炮二平五　炮 8 平 5　　2. 马二进三　马 8 进 7

3. 车一平二　车 9 进 1　　4. 马八进七　车 9 平 4

5. 兵三进一　马 2 进 3　　6. 兵七进一　炮 2 平 1

7. 车九平八　车 4 进 5　　8. 马三进四　车 4 平 3

9. 马四进六　车 3 进 1　　10. 马六进七　炮 1 进 4

11.炮八进五(图44)　……

红方进炮邀兑,稳健的走法。

如图44形势,黑方有三种走法:(一)车 3 退 1;(二)炮 5 平 2;(三)车 1 进 2。分述如下:

第一种走法:车 3 退 1

11.……　　　　车 3 退 1

12.车二进八　……

红方如改走炮八平五,则象 3 进 5,车二进七,炮 1 平 5,炮五平八,车 1 进 2,炮八进七,士 4 进 5,炮八退二,炮 5 退 1,帅五进一,车 1 退 1,炮八平九,车 1 平 3,车八进九,士 5 退 4,车二进一,前车平 5,帅五平四,车 5 平 6,帅四平五,马 7 退 5,双方各有顾忌。

12.……　　　　车 3 平 4

黑方应改走炮 5 平 2,红如接走车八进七,车 1 进 2(如炮 1 平 5,仕四进五,象 3 进 5,车二平三,马 7 退 5,帅五平四,马 5 进 3,车八平七,士 4 进 5,炮五进四,将 5 平 4,车三平四,车 3 平 4,炮五平一,红方占优势),车八平九,炮 1 退 4,黑方尚可一战。

13.炮八进二　……

红方沉底炮,展开攻击。

13.……	车 1 进 2	14.车二平七	炮 5 进 4
15.炮五平六	炮 1 退 2	16.帅五进一	炮 1 平 5
17.帅五平四	前炮进 1	18.仕四进五	车 1 平 3
19.车七退一	后炮平 6	20.仕五退四	马 7 退 5
21.车七退一	炮 6 平 5	22.仕四进五	车 4 平 6
23.仕五进四	前炮退 2	24.车八进五	车 6 平 5

25.炮六平五

红方多子占优。

第二种走法:炮 5 平 2

11.……　　　　炮 5 平 2　　12.车八进七　车 1 进 2

黑方曾走车 3 进 2,车二进八,车 1 进 2,车八平九,炮 1 退 4,车二平七,车 3

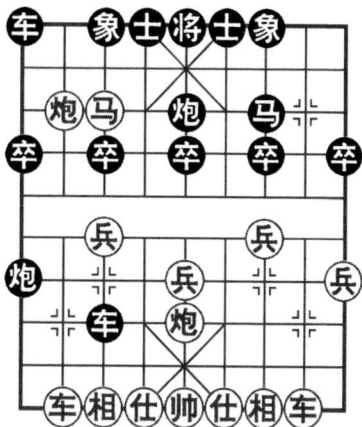

退4,车七进一,士6进5,马七进六,士5退4,车七退二,马7退5,车七平九,车
3平7,炮五进四,马5进4,相三进五,车7进1,车九平五,将5平6,车五平四,将
6平5,黑方易走。

　　13. 车八平九　　炮1退4　　　14. 车二进六　　炮1平2

　　黑方如改走车3进2,则车二平三,车3退4,马七进八,炮1平2,车三进
一,象3进5,炮五进四,士4进5,车三退一,炮2进7,帅五进一,车3进3,帅五
进一,红方多子占优。

　　15. 车二平三　　车3进2　　　16. 兵三进一　　车3退4

　　17. 兵三平四　　马7退5　　　18. 马七进五　　炮2进7

　　19. 仕六进五　　车3进4　　　20. 仕五退六　　士4进5

　　21. 兵四进一　　象3进5　　　22. 兵四平五　　将5平4

　　23. 前兵进一　　车3平4　　　24. 帅五进一　　象7进5

　　25. 炮五进五　　卒3进1　　　26. 相三进五　　车4退1

　　27. 帅五退一　　车4退2　　　28. 兵五进一

双方各有顾忌。

　　第三种走法:车1进2

　　11. ……　　　　车1进2　　　12. 马七进八　　……

　　红方如改走马七退五(如马七进六,炮5进4,仕四进五,炮1平3,相七进
九,车3平1,黑方占优),炮5进4,仕四进五,马7进5,车八进三,车1平2,车
八平五(如车八进四,炮1平3,相七进九,车3平1,车八退七,象3进5,黑方易
走),炮1进3,车五平八,车3平5,车八进四,车5退1,车八退七,炮1退3,车
八进二,马5进6,黑方易走。

　　12. ……　　　　炮5进4　　　13. 仕四进五　　车1退2

　　黑方如改走车1退1,则车八进三,炮1进3,车八平五,士4进5,马八退
七,红方占优势。

　　14. 马八退七　　炮1平3

　　黑方如改走车1进2,则车二进七,炮1平3,相七进九,车3平1,帅五平
四,红方占优势。

　　15. 炮八平三　　炮3进3　　　16. 车八平七　　车3进2

　　17. 车二进三　　炮5退2

　　黑方如改走车3退3,车二平四,再出帅,黑方胜。

　　18. 帅五平四

红方占优势。

小结:红进炮邀兑,稳健的走法,黑方可与红方抗衡。

第三节　红右车过河变例

第45局　红右车过河对黑平车压马

1.炮二平五　炮8平5　　2.马二进三　马8进7

3.车一平二　车9进1　　4.马八进七　车9平4

5.兵三进一　马2进3　　6.兵七进一　炮2平1

7.车九平八　车4进5　　8.车二进六　……

红方右车过河,改进后的走法。另有两种走法:①炮八进六,车4平3,车八进二,车1平2,车二进八,卒5进1,车二平三,马3进5,马三进四,卒5进1,马四进五,马7进5,炮八平五,车2进7,前炮退二,士4进5,后炮平八,车3平2,炮八平九,车2进1,马七退五,卒5进1,双方各有顾忌。②炮五平四,卒5进1,炮四进一,车4退2,相三进五,卒5进1,兵五进一,卒3进1,马三进五,车1平2,仕四进五,马7进5,炮八进二,车4平6,车二平四,车2进4,车八进三,马3进4,兵七进一,车2平3,炮八进一,炮5进3,炮八平六,车6平4,车八进三,马5进4,车八平五,士4进5,车五退二,马4进3,马五退七,车3进3,炮四平五,炮1平5,双方均势。

8.……　　　　车4平3

9.车二平三(图45)　……

如图45形势,黑方有两种走法:(一)车3进1;(二)马3退5。分述如下:

第一种走法:车3进1

9.……　　　　车3进1

10.车三进一　车1平2

黑方出车,是保持变化的走法。如改走炮5进4,则马三进五,车3平5,相七进五,炮1平7,马五进四,红方占优势。

11.炮八进四　卒3进1

黑方如改走士4进5,则车三进二,炮1

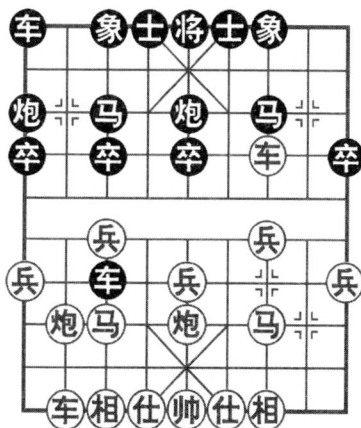

图45

进4,车三退四,车3退2,仕四进五,炮1退2,相七进九,车3平1,车八进二,车2进2,炮五平七,炮1平3,相三进五,红方易走。

12.兵七进一 ……

红方如改走车三进二,则炮5平7,马三退五,车3退2,车三退一,车3平7,相三进一,车7平8,马五进三,车8平4,炮五平七,车4平3,炮七平四,卒9进1,炮四进四,士4进5,仕四进五,车3平4,炮四平一,炮7平9,炮一平二,炮9平8,炮二平一,炮8平9,炮一平二,炮9平8,双方不变,作和。

12.…… 车3退3 13.车三退二 ……

红方退车邀兑,抢占骑河要道,争先之着。

13.…… 车3进2 14.仕四进五 象7进9

15.车三平四 炮1进4 16.兵三进一 士4进5

17.炮八进二 炮5平7

黑方卸中炮攻马,寻求对攻的走法。如改走炮1平5,则局势相对平稳。

18.马三进四 炮7进7 19.炮八退一 象9退7

20.帅五平四 ……

红方出帅,伏有马四进六兑马争先的手段,含蓄有力之着。

20.…… 炮1平2

黑方可考虑走象3进5,红如接走马四进六,则马3进4,炮五进四,将5平4,车四平六,将4平5,车六平四,将5平4,车八进六,车3平4,红虽占优,但要比实战走法好。

21.马四进六 ……

红方进马邀兑,可使黑方中卒脱根,争先取势的有力之着。

21.…… 马3进4 22.炮五进四 士5进4

23.车八进二 ……

红方不平车吃马,而升左车助攻,是大局感极强的走法,令黑方顿感难以应付。如改走车四平六,则车3平5,黑可对抗。

23.…… 车3退3 24.车八平四 将5平4

25.前车平六 士6进5 26.炮五平六 车3平4

黑方如改走将4平5,则炮八退二,也是红方主动。

27.车六进一 车2进2 28.车四平三 炮7平9

29.兵三平四 象3进5 30.车三平八

红方占优势。

第二种走法:马3退5

9.……　　　马3退5	10.炮八进四　卒3进1
11.车八进二　卒3进1	12.马三进四　炮5平2
13.车八平九　马5进3	14.炮八退五　……

红方退炮,灵活的走法。

14.……　　　士4进5	15.炮五平三　炮2进1
16.车三退一　象3进5	17.车三进二　马3进2
18.车三进一　炮2进5	19.车三平四　炮2平7
20.马四退五　车3平2	21.车九退一　车1平4

22.车九平三

红方多子占优。

小结:顺炮直车两头蛇对横车平边炮,红方第8回合车二进六右车过河,老谱翻新,孰优孰劣,尚难定论,有待棋手们进一步实践与探讨。

第四节　红巡河炮变例

第46局　黑平边炮对红升炮巡河

1.炮二平五　炮8平5	2.马二进三　马8进7
3.车一平二　车9进1	4.马八进七　车9平4
5.兵三进一　马2进3	6.兵七进一　炮2平1

7.炮八进二(图46)　……

红方升巡河炮,力求稳健的走法。

如图46形势,黑方有两种走法:(一)车1平2;(二)卒1进1。分述如下:

第一种走法:车1平2

7.……　　　车1平2

黑方出右车,被红方平炮邀兑后,局势立趋简化。

8.炮八平九　……

红方另有两种走法:①马三进四,卒1进1,车九平八,车4进6,车八进二,炮1进4,仕四进五,车4进1,炮八进二,卒1进1,车二进五,炮1平3,相七进九,卒1进1,马四进六,卒1进1,车八平九,炮3平9,马六进七,车2进3,前马退五,卒3进1,马七进六,马7进5,马六进五,卒1进1,车二平四,炮9进3,相

三进一,炮 9 平 4,黑方占优势。②车二进
五,车 4 进 5,兵七进一,卒 3 进 1,车二平
七,车 4 退 4,车九平八,车 2 进 4,车七平
八,马 3 进 2,炮五平四,车 4 进 4,相三进
五,车 4 平 3,炮八平七,马 2 进 4,车八进
七,马 4 进 3,炮七退二,炮 1 进 4,仕四进
五,炮 1 平 5,马三进四,前炮退 1,马四进
三,士 6 进 5,兵三进一,车 3 退 2,马三进
五,象 7 退 5,兵三进一,马 7 退 8,车八退
三,卒 5 进 1,车八进二,卒 9 进 1,车八平
九,双方大体均势。

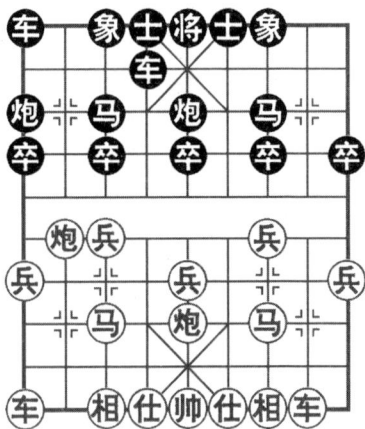

图 46

   8.……　　　车 2 进 4

   9.炮九进三　炮 5 平 1

黑方以炮吃炮,力求保持阵势的协调性。如改走象 3 进 1,则车二进六,卒
3 进 1,车二平三,马 7 退 9,兵七进一,车 2 平 3,车九进二,红方易走。

   10.炮五平四　卒 3 进 1　　11.兵七进一　车 2 平 3

   12.相七进五　马 3 进 2　　13.仕六进五　车 3 进 2

黑方进车压马,似嫌急躁。应改走象 7 进 5 巩固阵势(如炮 1 平 3,车九平
八,黑无便宜可占),然后再图进取。

   14.车二进五　马 2 进 4　　15.车九平六　……

红先进车捉马,然后再平车拴链黑方车马,乘机将双车位置走好,紧凑有力的
走法。

   15.……　　　炮 1 平 3　　16.马七退九　车 3 平 5

黑方如改走象 7 进 5,则炮四进一,车 3 退 3,马九进八,车 3 平 4,马八进
六,前车进 2,局面立即简化成平稳之势。

   17.车二平七　……

红方抓住黑方车吃中兵的缝隙,乘机将右车左移捉炮,是迅速扩大先手的有力
之着。

   17.……　　　炮 3 平 5　　18.马九进七　车 5 退 1

黑方退车保马,准备弃子一搏。如改走车 5 平 7,则车六进四,车 4 进 4,马
七进六,车 7 进 1,马六进四,红亦占优。

   19.车七退一　马 4 进 5　　20.相三进五　车 4 进 8

   21.帅五平六　车 5 进 2　　22.马三进四　车 5 退 3

23.马四进三　车5平2　　24.车七进五

红方多子占优。

第二种走法:卒1进1

7.……　　卒1进1

黑方挺边卒避免红方炮八平九兑炮,是保持变化的走法。

8.车九平八　炮1平2　　9.车八平九　车4进5

黑方挥车过河,是积极寻求变化的走法。如续走炮2平1,车九平八,炮1平2,车八平九,双方不变作和。

10.炮五平四　卒5进1　　11.相七进五　炮2平1

12.炮四进一　车4进2　　13.车九平七　车4平6

黑方平车捉炮,并不能对红方构成威胁。似不如改走车1平2出动右车。

14.车二进三　车6平2　　15.仕四进五　车1平2

16.兵五进一　炮1进4

黑方炮打边兵,失算,造成丢子落后之势。可改走卒5进1,红如接走炮四平八(如炮八平五,马3进5,炮五进三,象3进5,双方大体均势),则后车进5,马七进八,炮1进4,炮八退一,车2退1,马八进七,卒1进1,黑方一车换双并有二卒渡河,比实战走法好。

17.炮四退二　前车退1　　18.车二平九　后车平1

19.炮四进六　卒1进1　　20.车九退三　车1进2

21.炮四平七　车1平3

黑方如改走马7进5,则炮七进一,卒1平2,车九进七,象3进1,马三进四,红亦多子占优。

22.车九进四　卒3进1　　23.兵五进一　卒3进1

24.马七进五　……

红方硬出中马,弃还一子后可以获得较大先手,是简明有力的一种走法。

24.……　　卒3平2　　25.车七进七　卒2平1

26.马五进四　马7退9

黑方如改走马7退5,则车七平六,黑方亦难应付。

27.兵五进一　炮5平9　　28.车七进二

红方占优势。

小结:红方巡河炮变例,着法稳健,是创新的走法。

第九章 顺炮直车两头蛇对双横车

顺炮直车两头蛇对双横车,是顺炮布局中的一个主流变例。其布局特点是:先手方运用直车进三七兵活通马头,占得空间优势;而黑方则起双横车抢占四六路要线,以弃卒抢先的战术来进行反击。顺炮直车两头蛇对双横车,是顺炮布局中最为繁复、争斗最为激烈的变例。黑方双横车应对红方两头蛇有多种方法。本章列举了40个典型局例,分别介绍这一布局中双方的攻防变化。

第一节 红右马盘河变例

第47局 红右马盘河对黑进车下二路(一)

1.炮二平五	炮8平5	2.马二进三	马8进7
3.车一平二	车9进1	4.马八进七	车9平4
5.兵三进一	马2进3	6.兵七进一	车1进1

7.马三进四 ……

至此,形成顺炮直车两头蛇对双横车的布局阵势。红方右马盘河防止黑方车4进5侵占兵线,这是20世纪70年代流行的战法。

7.…… 车4进7

黑方进车下二路威胁红方左马,是针对红方两头蛇较为流行的走法。如改走车1平3,则车二进五,车4进7,相七进九,卒7进1,车二平三,象7进9,车三进一,马3退5,仕六进五,炮2进1,马四进五,马7进5,炮五进四,车4退5,马七进六,车4进2,炮五平八,车4进1,车九平六,车4进3,帅五平六,车3平4,炮八平六,车4进5,兵五进一,车4平5,兵七进一,车5退1,兵七进一,卒9进1,车三平六,炮5平2,炮六平五,红方胜势。

8.炮八进二 ……

升炮巡河掩护右马,是红方常见的一种走法。

8.…… 卒3进1

黑方弃卒准备打破红方巡河炮保马的阵势,是这一布局变例的常见战术手段。

9. 兵七进一　车 1 平 6　　10. 马四进三　……

红方进马踩卒,是保持变化的走法。如改走炮八平七,则车 6 进 4,炮七进三,局势相对平稳。

10. ……　　　车 6 进 2

黑方进车逼马,寻求变化的走法。

11. 兵三进一　卒 5 进 1

12. 炮八平七　马 3 进 5(图 47)

如图 47 形势,红方有三种走法:(一)车九平八;(二)兵七进一;(三)仕六进五。分述如下:

第一种走法:车九平八

13. 车九平八

红方出车瞄炮,稳健的选择。

13. ……　　　马 5 进 3

黑方舍象进马吃兵,已是成竹在胸。

14. 仕四进五　士 4 进 5

15. 车二进四　卒 5 进 1

黑方如改走车 4 退 2,则车八进五,象 3

图 47

进 1,车二平三,车 4 平 3,炮五平三,卒 5 进 1,兵三平四,车 6 进 1,相三进五,卒 5 进 1,马三进五,象 7 进 5,马七进五,车 3 平 5,炮三进五,车 6 退 2,炮三退一,车 5 平 9,黑方稍好。

16. 炮五进二　……

红方炮打中卒,正着。如改走兵五进一,则炮 5 进 5,相三进五,炮 2 平 5。黑占攻势,易走。

16. ……　　　马 7 进 5　　17. 炮五进三　象 3 进 5

18. 车八进六　车 4 退 4

黑方退车捉兵,机警之着。否则红方有马七进六谋子的手段。

19. 车二平三　象 7 进 9

黑方飞象捉兵,精巧有力之着。

20. 兵五进一　象 9 进 7　　21. 车八平五

红方舍车砍马,暗藏先弃后取手段,是保持局势均衡的巧妙之着。

21. ……　　　车 6 平 5　　22. 兵五进一　车 4 平 5

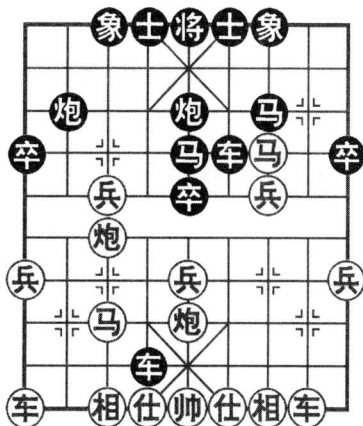

23.马三退五　车5进1　　24.相三进五

双方均势。

第二种走法:兵七进一

13.兵七进一　卒5进1　　14.兵五进一　炮5进3

15.仕四进五　炮2平5　　16.车九平八　……

红方如改走炮七进五,则士4进5,车九平八,马5进4,马七进六,车4退3,车二进四,将5平4,相七进九,马7进5,炮七平九,马5进6,车二平四,车6进2,马三进五,对攻中红方稍优。

16.……　　　马5进3　　17.车八进三　士4进5

18.车二进三　车4退4　　19.车二平三　马7进5

20.车八平六　车4进2　　21.车三平六　前炮平8

22.车六平二　马5进6　　23.车二进一　马6进7

24.兵三平四　车6平7　　25.车二平六　马7进5

26.马七进五　马5进3　　27.炮五进五　象3进5

28.相三进五　车7平5

双方各有顾忌。

第三种走法:仕六进五

13.仕六进五　马5进3　　14.车二进四　……

红方右车巡河,稳健的走法。

14.……　　　士4进5

黑方如改走卒5进1,则炮五进二,马3进5,车二平五,马7进5,车五平三,红方占优势。

15.车九平八　马3退4　　16.相七进九　……

红方飞边相,意在防止黑方马4进2先手捉车。

16.……　　　炮2平3　　17.炮七平三　马4进3

18.炮三平七　马3退4　　19.炮七平三　象7进9

黑方飞边象,求变之着。如改走马4进3,则炮三平七,双方不变作和。

20.炮三退三　车4退2　　21.炮三进二　车4进2

22.车二平三　象9进7　　23.车三进一　马4进3

24.相九进七　车4平3　　25.炮三退一

红方易走。

第48局　红右马盘河对黑进车下二路(二)

1.炮二平五	炮8平5	2.马二进三	马8进7
3.车一平二	车9进1	4.马八进七	车9平4
5.兵三进一	马2进3	6.兵七进一	车1进1
7.马三进四	车4进7	8.炮八进二	卒3进1
9.兵七进一	车1平6	10.马四进三	车6进2
11.兵三进一	卒5进1	12.车九进一	······

红方升车邀兑,是改进后的走法。

12.······　车4退1

黑方退车捉马,新的尝试。如改走车4退2,则兵七进一,马3进5,炮八平二,车4平3,兵七平六,车6进2,兵六平五,马7进5,炮二进二,马5进3,炮五进三,士4进5,车二进二,马3进4,马三进五,象3进5,车九平八。红方多子,大占优势。

13.车九平七　······

红方平车保马,创新的走法。以往红方曾走车九进一,则马3进5,仕四进五,车4退1,炮八平二,马5进3,炮二进二,车6进5,马三退五,车4进2,车九退一,炮2进6,炮二平七,士4进5,车二进四,马3进2,车九退一,将5平4,炮七退三,炮5进4,马五退六,车4退2,黑胜。

13.······　马3进5　14.仕四进五　车4退1

15.炮八平二　······

红方左炮右移,取势要着。

15.······　车4平3

黑方平车压马,逼走之着。如改走马5进3,则马七进八,车4平2,车七进四,车2退1,炮二进二,车6进5,马三进五,象3进5,炮五进三,士6进5,兵三进一,红方占优势。

16.兵七平六　卒5进1(图48)

黑方如改走炮2平3,则兵六进一,炮3进5,相七进九,车6进5,马三进五,象3进5,兵六平五,马7进5,炮二退二,马5进7,车七进一,车3平5,炮二进七,马7进8,车二进二,车6平7,相三进一,红方优势。

如图48形势,红方有两种走法:(一)炮二进二;(二)兵六进一。分述如下:

第一种走法:炮二进二

17.炮二进二 ……
红方进炮打车,力争主动。

17.…… 　　　车6进3
18.马三进五 　　象3进5
19.兵三进一 　　马5进4
20.炮五进二 　　士4进5
21.车二进二 　　马4进2
22.车七平六 　　炮2平3
23.相七进九 　　马7退8
24.炮二平九 　　炮3进5
25.炮九平五 　　车6平7
26.兵三平四 　　马8进7
27.兵四进一 　　车7进3　　28.仕五退四 　　马7进6
双方混战。

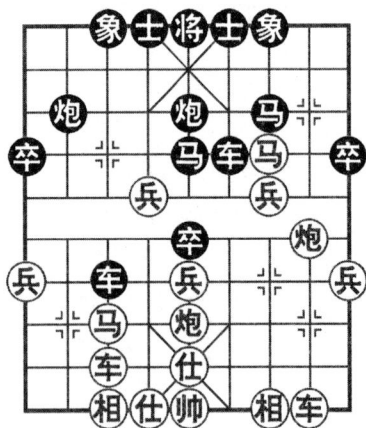

图48

第二种走法:兵六进一

17.兵六进一 ……
红方进兵捉马,改进后的走法。

17.…… 　　　车6进5
黑方进车弃马,无奈之举。如改走马5进4(如马5进6,炮五进二,士4进5,炮二进二,车6退2,马三进五,象3进5,车七平八,红优),炮五进二,士4进5,炮二平六。红方多子占优。

18.马三进五 　　象3进5　　19.炮五进二 　　士6进5
20.兵六平五 　　马7进5　　21.兵三进一 　　马5进3
22.炮二进五 　　象7进9　　23.炮二平一 　　将5平6
24.炮五平二
红方占优势。

第49局　红右马盘河对黑进车下二路(三)

1.炮二平五 　　炮8平5　　2.马二进三 　　马8进7
3.车一平二 　　车9进1　　4.马八进七 　　车9平4
5.兵三进一 　　马2进3　　6.兵七进一 　　车1进1

7. 马三进四　车 4 进 7　　8. 炮八进二　卒 3 进 1

9. 兵七进一　车 1 平 6　　10. 马四进三　车 6 进 3

黑方升车捉兵,是 20 世纪 70 年代比较流行的走法。

11. 兵七进一　马 3 退 5

12. 炮八平五(图 49)　……

正着。如改走炮八平四,则车 6 退 1,
炮五平三,卒 5 进 1,黑方占优势。

如图 49 形势,黑方有两种走法:(一)
车 6 平 3;(二)炮 5 进 3。分述如下:

第一种走法:车 6 平 3

12. ……　　车 6 平 3

黑方平车捉双,不甘示弱的走法。如
改走车 4 退 1,则车九平八,炮 5 进 3,炮五
进二,炮 2 平 5,马七进八,车 6 平 2,仕四进
五,车 4 进 1(如车 4 退 2,马八退七,红方占
优势),炮五进三,象 3 进 5,车二进八,红方
占优势。

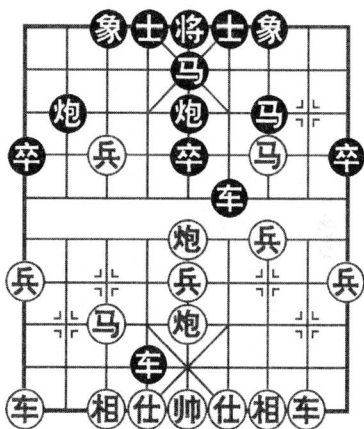

图 49

13. 车九平八　炮 2 平 4

黑方如改走炮 2 进 6,则前炮进三,象 3 进 5,车二进八,车 3 进 3,马三进
一,马 5 退 3,马一进三,将 5 进 1,仕四进五,车 3 退 2,相三进一,车 3 退 2,炮五
平二,车 3 平 2,炮二退一,车 4 退 2,车八进一,车 2 进 5,炮二平八,车 4 平 5,车
二退一,马 7 进 6,兵三进一,红方攻势猛烈。

14. 车八进八　……

红方进车,准备采取弃子抢攻战术。

14. ……　　车 3 进 3　　15. 车八平六　炮 5 平 6

黑方卸中炮伏炮 6 退 1 打死车的手段,是改进后的走法,也是敢于选择此
变例的原因之一。以往曾走炮 5 进 3,炮五进二,车 3 退 4,马三进五,车 4 平 6,
车二进一。红方有攻势,占优。

16. 车二进八　车 3 进 2　　17. 仕四进五　车 3 退 6

18. 车二平四　……

红方如改走后炮平八,则炮 6 进 1,炮八进五,卒 5 进 1,炮八平三,卒 5 进
1,车二平四,炮 4 平 6,车四平五,士 6 进 5,车六退七,卒 5 进 1,车六进三,前炮

进3,马三退五,前炮平1,车六平九,炮6平1,车九平八,前炮进3,车八退四,车3平2,车八平七,车2平5,黑方胜势。

18.……　　炮4平2

黑方平炮闪击,解围必走之着。

19.车六平八　车3退1　　20.后炮平三　炮2进6

21.炮三退一　……

红方可改走马三退四,黑如接走炮2平3,则车八退八,较为积极有力。

21.……　　炮2平3　　22.车八退八　车4退6

23.炮三平七　……

红方还应改走马三退四,黑如车3平2,则马四进五,车2进7,炮三平七,红方虽少一车,但有攻势,黑方也有所顾忌。

23.……　　车3进6　　24.车八进五　炮6平5

黑方平中兑炮,逼使红方换子,是解除中路压力,保持多子之优的简明有力之着。

25.炮五进三　……

红方如改走马三进五,则象3进5,兵三进一,马5进3,车八进一,卒5进1,也是黑方多子占优。

25.……　　象3进5　　26.车八平四　象5退3

27.前车平三　马5进3　　28.车三进一　马3进4

黑方大占优势。

第二种走法:炮5进3

12.……　　炮5进3

黑方兑炮,稳健的走法。

13.兵五进一　……

红方中兵去炮,新的尝试。如改走炮五进二,则卒5进1,炮五进四,士6进5,车九平八,炮2平6,仕四进五,车6退1,兵三进一,车4退2,黑方易走。

13.……　　车6退1　　14.马三退二　……

红方如改走兵三进一,则车4退4,车二进五,炮2进2,车九平八,炮2平7,兵五进一,车4平5,马七进五,车5平3,兵七平六,车6平7,黑方多子占优。

14.……　　马7进6　　15.兵七进一　马5进3

黑方进马踩兵嫌软,应改走炮2进6。

16.车九平八　……

红方出车捉炮,错失良机。应改走兵五进一,马6进7,兵五进一,马7退5,马七进五,车6进2,马二退三,红方多子胜势。

16.……　　　马6退4　　17.车八进六　马3进2

18.兵五进一　炮2平5　　19.马七进五　卒5进1

20.马五进七　车4平6　　21.仕六进五　马4进3

黑方胜势。

第50局　红右马盘河对黑平车捉马(一)

1.炮二平五　炮8平5　　2.马二进三　马8进7

3.车一平二　车9进1　　4.马八进七　车9平4

5.兵三进一　马2进3　　6.兵七进一　车1进1

7.马三进四　车4平6

黑方平车捉马,是后中先的走法。

8.马四进六　……

红方进马骑河,引而不发。

8.……　　　车1平3

黑方平车保马,颇有新意。

9.马六退八　……

红方退马兑炮,其意图是防止黑方冲3卒的先手,稳健的走法。

9.……　　　炮2进5

10.炮五平八　卒5进1

11.马八进七(图50)　……

红方如改走相七进五,则马3进5,仕六进五,卒3进1,兵七进一,马5进3,车九平六,马3进2,马七进六,马2退4,车六进四,炮5进4,黑方略先。

如图50形势,黑方有两种走法:(一)炮5退1;(二)马3进5。分述如下:

第一种走法:炮5退1

11.……　　　炮5退1

黑方退炮,常见的走法。

12.相七进五　……

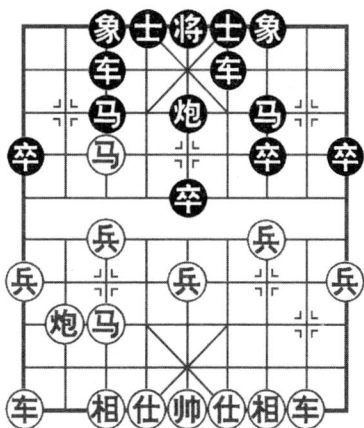

图50

红方飞左相,改进后的走法。如改走相三进五,则卒 5 进 1,兵五进一,马 3 进 5,前马退五,车 3 平 2,炮八进二,炮 5 平 3,车九平八,炮 3 进 6,车二进六,车 6 进 5,仕六进五,炮 3 退 1,车八进三,车 2 平 6,炮八进二,卒 7 进 1,兵三进一,马 5 进 7,车二平六,士 6 进 5,炮八进三,炮 3 平 9,车八进五,炮 9 进 3,相五退三,前车进 3,仕五退四,车 6 进 8,帅五进一,前马进 6,帅五进一,马 6 进 7,黑胜。

12.……	马 3 进 5	13. 后马进八	卒 5 进 1
14. 炮八平七	象 3 进 1	15. 兵五进一	炮 5 进 4
16. 仕六进五	车 6 进 5	17. 炮七退二	车 3 平 6
18. 车九平八	士 6 进 5	19. 车八进二	卒 7 进 1
20. 兵三进一	马 5 进 7	21. 车二进四	前车平 3
22. 马八退七	车 3 平 4	23. 车二平三	后马进 5
24. 车八进三	象 1 进 3	25. 兵七进一	车 6 进 4
26. 前马退五	车 6 平 7	27. 马五退三	车 4 进 1
28. 马三退五	车 4 进 1	29. 相五进三	车 4 退 1

红方占优势。

第二种走法:马 3 进 5

11.……	马 3 进 5	12. 后马进六	……

红方如改走前马进五,则车 3 进 4,车二进二,象 3 进 5,双方大体均势。

12.……	卒 5 进 1	13. 马七进五	象 3 进 5
14. 马六进五	马 7 进 5	15. 车二进五	车 3 进 4
16. 车二平五	车 6 进 2	17. 兵五进一	马 5 进 3
18. 炮八进七	士 4 进 5	19. 车九平八	车 3 平 4
20. 炮八平九	将 5 平 4	21. 仕六进五	马 3 进 4
22. 车八进九	将 4 进 1	23. 车八平七	马 4 进 6
24. 仕五进四	车 4 进 4	25. 帅五进一	车 6 进 3
26. 车七退一	将 4 退 1	27. 车七进一	将 4 进 1
28. 车七退七	车 4 退 1		

黑胜。

第51局 红右马盘河对黑平车捉马(二)

1. 炮二平五	炮 8 平 5	2. 马二进三	马 8 进 7

3.车一平二　　车9进1　　4.马八进七　　车9平4

5.兵三进一　　马2进3　　6.兵七进一　　车1进1

7.马三进四　　车4平6　　8.马四进六　　车1平3

9.车二进五　　……

红方右车骑河,正着。

9.……　　　　卒3进1(图51)

黑方挺卒兑马,开辟3路车道。如改走象7进9,则炮八进四,卒7进一,车二进一,车6进3,马六进五,炮2平5,车二平三,马7退8,兵三进一,象9进7,双方大体均势。

如图51形势,红方有两种走法:(一)马六进五;(二)马六进七。分述如下:

第一种走法:马六进五

10.马六进五　　……

红方如改走兵七进一,则马3进4,车二平六,炮2进2,兵七进一,炮2平1,车九平八,车3进2,马七进六,也是红方占优势。

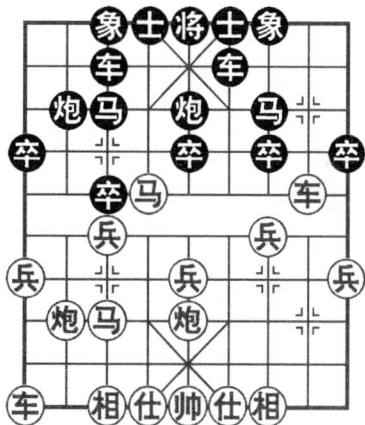

图51

10.……　　　　象3进5

11.兵七进一　　卒7进1

黑方如改走车6进4,则炮八退一,卒7进1,车二退三,马3退5,炮八平七,车3平4,炮五平六,车4进5,兵三进一,象5进7,仕六进五,马5进6,车九平八,炮2进4,炮六平三,车6平7,相七进五,红方占优势。

12.车二退三　　车6进3

黑方如改走马3退5,则马七进六,车3进3,马六进五,马7进5,炮五进四,车6进2,炮八平五,卒7进1,车九平八,炮2进3,相七进九,车3退1,车八进四,卒7平6,车八平六,炮3平2,仕六进五,车3平5,炮五进四,车6平5,帅五平六,马5进3,车二平七,象5进3,车七进三,红方占优势。

13.炮八退一　　车6平3　　14.车九进二　　后车平6

15.炮五平四　　卒7进1　　16.炮八平四　　车6平4

17.后炮平七　　车3平7　　18.炮七进六　　车4进1

19. 炮四平三　卒7平6　　20. 炮三进五　车7退2

21. 炮七退一　车7进7　　22. 车九平八　炮2平3

23. 车八进四　卒1进1　　24. 车八进一　车7退5

25. 相七进五　卒9进1　　26. 炮七平九　士6进5

27. 炮九进三　象5退3　　28. 车八进二

红方多子易走。

第二种走法:马六进七

10. 马六进七　车3进1　　11. 车二平七　车3进2

12. 兵七进一　车6进4

黑方如改走车6平3,则炮八退一,车3进3,车九进二,炮2进4,炮八平七,炮2平3,炮七进二,车3进2,炮五退一,象3进1,兵九进一,炮5退1,车九平八,象7进5,炮五平七,车3平4,炮七平三,卒5进1,相七进五,卒5进1,兵五进一,炮5进4,炮三平五,炮5进3,仕六进五,双方均势。

13. 相七进九　车6平7　　14. 仕六进五　炮5平3

15. 兵七进一　炮3进5　　16. 车九平七　炮3平1

17. 炮五平九　炮2平5　　18. 车七进三　卒7进1

19. 炮九进四　车7平2　　20. 炮八平五　士6进5

21. 炮九平五　马7进5　　22. 炮五进四　将5平6

23. 车七进二　炮5进4　　24. 仕五退六　车2平4

25. 车七平三　象7进5　　26. 车三进一

红方易走。

第52局　红右马盘河对黑平车捉马(三)

1. 炮二平五　炮8平5　　2. 马二进三　马8进7

3. 车一平二　车9进1　　4. 马八进七　车9平4

5. 兵三进一　马2进3　　6. 兵七进一　车1进1

7. 马三进四　车4平6　　8. 马四进三　……

红方马踏7卒,谋取实惠。

8. ……　　　　车6进2(图52)

黑方进车逼马,着法紧凑。如改走车6进3,则炮五平三,以下黑方有两种走法:①炮5平6,相七进五,炮6进7,相三进一,车1平6,炮八平九,炮2退1,车九平八,炮6退2,仕六进五,炮6平3,炮三平七,炮2平5,车二进三,卒5进

1,车八进七,后车进1,兵七进一,卒5进1,兵七进一,前车平3,马三退五,车6平5,马五退七,车3平4,马七退六,红方占优势。

②炮5平4,相七进五,卒3进1,马七进六,车6平4,兵七进一,车4平3,马三退四,象7进5,马六退八,车3平6,炮八进五,炮4平2,炮三进五,车6退2,车九平七,马3退5,马四进五,马5进7,马五进三,车6平7,车二进六,红方多兵占优。

如图52形势,红方有两种走法:(一)炮五平三;(二)兵三进一。分述如下:

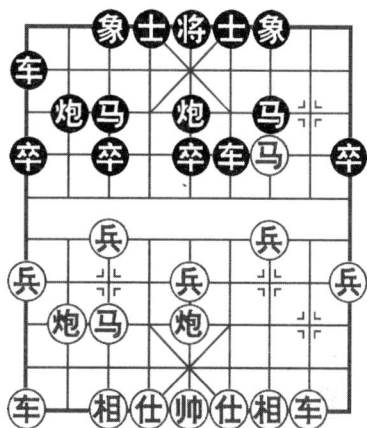

图52

第一种走法:炮五平三

9.炮五平三　　卒5进1

10.仕六进五　……

红方如改走相七进五,则卒5进1,兵五进一,马3进5,仕六进五,炮5进3,炮八进二,炮5平2,马七进八,马5进4,车二进三,炮2平4,马三退二,象7进5,兵三进一,车6进5,车二平五,车6退3,马二进三,士6进5,马三退五,马7进5,兵三平二,红方易走。

10.……　　　　卒5进1

黑方续冲中卒,正着。如改走卒3进1,则兵七进一,卒5进1,相七进五,马3进5,兵七平六,红方占优势。

11.兵五进一　　马3进5

黑方如改走卒3进1,则相七进五,马3进5,炮八进四,马5退3,兵七进一,车6平2,马三进五,炮2平5,炮三进五,马3进5,车二进六,车1平2,兵七平八,前车平3,车九平八,车2平3,兵八进一,红方占优势。

12.相七进五　　炮5进3　　13.炮八进一　……

红方如改走炮八进二,则炮5平2,马七进八,马5进4,车九平六,马7进5,车二进七,象3进5,车二退二,炮2平4,车六平七,马4进6,车二退四,车1平2,马八退九,车2进3,车七进三,马5进4,车七平五,车2平8,炮三平四,车8进4,炮四进四,车8退4,仕五进四,士4进5,仕四进五,卒1进1,炮四平一,双方大致均势。

13.……　　　　卒3进1

黑方如改走炮2平5,则炮八平五,卒3进1,兵七进一,马5进3,车二进

—113—

五,后炮进4,马七进五,象3进5,车二平六,红方多兵稍优。

14.炮八平五　卒3进1

红方补架中炮,正着。

15.相五进七　炮2平5		16.相三进五　车1平2
17.车九平六　车2进5		18.车六进六　士6进5
19.车二进三　后炮平3		20.炮五进三　将5平6
21.车二平五　炮3进5		22.车五进一　炮3平7
23.车五平四　车6进2		24.马三退四　马7进5
25.车六平五　车2平7		26.马四进六　士5进6
27.车五平一　车7退1		

双方和势。

第二种走法:兵三进一

9.兵三进一　车1平4　　10.车二进四　象7进9

黑方如改走车4进3,则车二平三,马7退9,兵三平四,马9进8,兵四进一,马8进7,车九进一,马7进5,兵四平五,炮5退1,车九平七,马5进3,车七进一,马3进5,炮八进四,炮2平5,仕六进五,马5进4,车七平六,车4平2,车六进二,后炮进6,帅五平六,车2退1,车六进五,将5进1,马三进二,将5平6,相三进五,红方大占优势。

11.车二平三　象9进7		12.车三进一　马7退9
13.兵七进一　马9进8		14.相三进一　炮5平7
15.车三平二　车6平7		16.兵七进一　炮7平8
17.车二平七　马3退5		18.炮八进四　马5进7
19.车九进一　炮2退1		20.车九平四　士6进5
21.兵七进一　车4进2		22.炮八进一　象3进5
23.车七退一　车7进1		24.车四进五　马8进6

黑方多子占优。

小结:红方右马盘河变例,是20世纪70年代流行的布局。红方第7回合马三进四跃河口马,防止黑方车4进5侵占兵线,这是20世纪70年代流行的攻法。黑方第7回合车4进7进车下二路威胁红方左马,是针对红方两头蛇较为流行的走法,着法积极,可与红方抗衡。黑方第7回合车4平6平车提马,是后中先的走法,红如攻法得当,黑方难有反扑之机。

第二节 红补左仕变例

第53局 黑进车兵线对红飞边相(一)

1. 炮二平五 炮8平5 2. 马二进三 马8进7

3. 车一平二 车9进1 4. 马八进七 车9平4

5. 兵三进一 马2进3 6. 兵七进一 车1进1

7. 仕六进五 ……

红方补仕,巩固阵势,是20世纪80年代初期流行的走法。

7. …… 车4进5

黑方进车兵线,准备平车压马展开对攻。

8. 相七进九 ……

红方飞边相,准备车九平七策应七路马,是比较含蓄的走法。

8. …… 车4平3

黑方平车压马,迫使红方左车定位于七路线。

9. 车九平七 车1平6 10. 马七退六 ……

红方退马兑车,稳健的走法。

10. …… 车3进3

黑方如改走车3平4,则车二进六,车6进5,兵七进一,卒3进1,车七进五,马3进4,车二退一,马4进5,马三进五,炮5进4(如车4平5,车七进四,红方得象较优),车七进二,炮2进4,车七平三,象3进5,马六进七,炮5退1,车三退一,红方占优势。

11. 相九退七 车6进3

12. 炮五平七(图53) ……

红方卸中炮调整阵形,是比较常见的走法。

如图53形势,黑方有三种走法:(一)象3进1;(二)卒5进1;(三)卒7进1。分述如下:

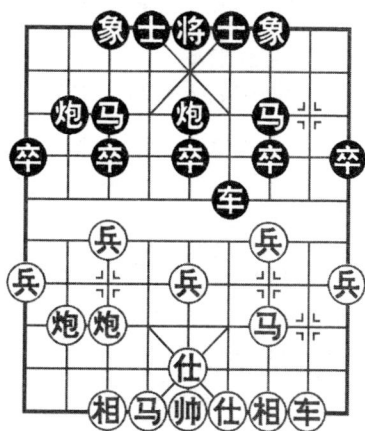

图53

第一种走法:象3进1

12.……　　　　象3进1

黑方飞边象,预做防范,不失为机警的走法。

13.车二进六　炮5退1　　14.炮七进四　……

红炮打卒,被黑方兑掉7路卒后黑势渐趋开朗。似不如改走车二平三,炮5平7,车三平二,较易保持主动。

14.……　　　卒7进1　　15.兵三进一　车6平7

16.马六进七　……

红方如改走车二平三,则炮5平7,车三退一,炮7进3,马三进四,马7进6,黑方也可对抗。

16.……　　　炮5平7　　17.马三退一　车7平4

黑车右移,牵制红方左翼。如改走车7进4,则车二进二,马7进6,炮八退一,黑无便宜可占。

18.车二退二　炮7平4　　19.相七进五　车4退1

20.炮八进一　炮4进1

黑方升炮,保持变化的走法。如改走车4平3,则马七进八(如炮八平七,象1进3,兵七进一,车3进1,相五进七,炮2进3,黑方占优势),车3平4,炮八进四,马7进6,车二进三,车4平2,车二平七,车2进2,马一进三,双方大体均势。

21.车二平三　象7进5　　22.兵七进一　　象1进3

23.炮八平七　马7进6　　24.后炮进一　士4进5

25.马一进三　炮2进5　　26.车三平四　马6退7

27.马三进二　炮2平1　　28.马二进四　……

红方兑马,简明的走法。如改走马二进三,则车4进3,后炮平九,炮1退2,兵九进一,也是红方持先。

28.……　　　马7进6　　29.车四进一　马3退1

30.马七进八　炮1进2　　31.车四平七　炮4平2

黑方平炮二路,下伏马1进2捉马及进车闪击等反击手段,是通过以攻代守保持局势均衡的有力之着。

32.后炮平五　车4进2　　33.车七退一　……

红方退车避兑解围,稳健的走法。如改走炮五进三,则将5平4,红要丢子。

33.……　　　车4平3　　34.相五进七　马1进2

35.相三进五　卒 1 进 1　　36.帅五平六　……

红方出帅,稳健的走法。如改走炮五进三,则将 5 平 4,马八退七,马 2 进 3,红无便宜可占。

36.……　　　　炮 2 进 3　　37.炮五平八

双方和势。

第二种走法:卒 5 进 1

12.……　　　　卒 5 进 1

黑方冲中卒,准备盘中马与红方对抗。

13.兵七进一　……

红方冲七兵,是改进后的走法。如改走炮七进四,则卒 5 进 1,兵五进一,卒 7 进 1,车二进六,马 3 进 5,炮八平五,炮 5 进 3,马六进七,炮 2 平 5,马三进五,车 6 进 1,车二平三,卒 7 进 1,马五退三,车 6 进 1,车三退二,士 4 进 5,车三进二,车 6 平 4,马三进二,车 4 退 2,黑可抗衡。

13.……　　　　卒 5 进 1　　14.兵七进一　马 3 进 5

15.炮七进七　……

红方炮轰底象,攻守两利。

15.……　　　　士 4 进 5　　16.兵五进一　炮 5 进 3

17.相三进五　象 7 进 5　　18.炮七退一　……

红方退炮,着法细腻有力。

18.……　　　　车 6 进 2　　19.马六进七　车 6 平 4

20.车二进六　卒 7 进 1　　21.炮八进四　将 5 平 4

22.马三进五　……

红方进马,正着。如误走炮八平五,则炮 2 进 7 绝杀,黑胜。

22.……　　　　马 5 进 6　　23.兵三进一　象 5 进 7

24.车二平六　车 4 退 3　　25.兵七平六

红方占优势。

第三种走法:卒 7 进 1

12.……　　　　卒 7 进 1　　13.车二进四　马 3 退 5

14.相七进五　炮 2 平 1　　15.炮七进四　炮 1 进 4

16.炮八平九　炮 1 退 1

黑方退炮,限制红方右翼子力活动范围。

17.兵三进一　车 6 平 7　　18.车二进二　马 7 进 6

19. 车二平三　车7退1　　20. 炮七平三　炮5进4

21. 马六进七　炮5退1　　22. 炮九进四　象7进5

23. 炮九退一　马6进4　　24. 马七进六　炮1平4

双方平稳。

第54局　黑进车兵线对红飞边相(二)

1. 炮二平五　炮8平5　　2. 马二进三　马8进7

3. 车一平二　车9进1　　4. 马八进七　车9平4

5. 兵三进一　马2进3　　6. 兵七进一　车1进1

7. 仕六进五　车4进5　　8. 相七进九　车4平3

9. 车九平七　车1平6　　10. 马七退六　车3进3

11. 相九退七　车6进3(图54)

如图54形势,红方有两种走法:(一)车二进八;(二)车二进六。分述如下:

第一种走法:车二进八

12. 车二进八　炮5退1

13. 炮五平七　象3进1

黑飞边象,预做防范,不失为灵活之着。

14. 相七进五　卒7进1

15. 车二退四　卒7进1

16. 车二平三　炮5平7

17. 车三平六　卒3进1

黑方兑卒活通右马,消除最后一个弱点,形势顿见开朗。

18. 车六进二　……

红方进车,保持变化的走法。如改走兵七进一,则车6平3,炮七进五,车3退2,马三进四,士4进5,黑方易走。

18. ……　　　马7退5

黑方退马捉车,巧着。红如接走车六平七,则炮7进2,黑方得车。

19. 车六平九　卒3进1　　20. 车九进一　炮7进1

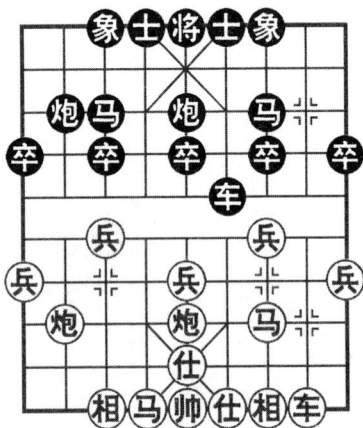

21. 车九退三　……

图54

红方退车捉卒,随手之着。应改走车九退一,虽然被动,但不致丢子。

21.······   卒 3 平 2

黑方抓住红方的失误,弃卒巧妙谋得一子,为取胜奠定了物质基础。

22.车九平八   马 3 进 2   23.马三进二   车 6 平 4

24.车八平五   卒 5 进 1

黑方冲中卒捉车,细腻之着。如即走炮 2 进 5,则车五进二,车 4 平 3,炮七进二,红方有反击之势。

25.车五平四   炮 2 进 5

黑方得子占优。

第二种走法:车二进六

12.车二进六   ······

红方伸车过河,着法有力。

12.······   炮 5 退 1

黑方退炮,正着。如改走卒 3 进 1,则车二平三,炮 5 退 1,兵三进一,车 6 平 4,马三进四,车 4 进 1,车三平四,卒 3 进 1,兵三进一,红方占优势。

13.炮五平七   象 3 进 1

黑方如改走卒 7 进 1,则炮七进四,象 3 进 1,兵三进一,车 6 平 7,相七进五,车 7 平 4,马六进七,车 4 退 1,车二进一,炮 5 平 7,马七进八,炮 2 进 5,车二平三,炮 7 平 6,车三平七,车 4 进 1,炮七平一,车 4 平 9,炮一平二,车 9 进 2,车七平三,车 9 平 5,车三进二,红方占优势。

14.兵七进一   象 1 进 3   15.车二平三   炮 5 平 7

16.车三平二   车 6 平 4   17.相七进五   马 3 退 5

黑方亦可改走马 7 进 6,红如车二平三,则炮 7 平 1,炮八进三,车 4 进 4,炮八平四,炮 2 平 7,炮七退二,炮 1 进 5,相五进七,炮 1 进 3,相七退九,车 4 平 1,相三进五,车 1 退 1,仕五进六,炮 2 平 4,车三进三,车 1 平 3,黑方攻势猛烈。

18.炮七平六   象 3 退 5   19.马六进七   马 5 退 3

20.车二进二   炮 7 平 5   21.车二平四   车 4 平 6

22.车四退三   马 7 进 6   23.马三进四   炮 5 平 3

24.马七退六   马 6 进 4   25.炮八进四   卒 3 进 1

26.马四进六   士 4 进 5

黑方残局易走。

第55局 黑进车兵线对红飞边相(三)

1. 炮二平五　炮8平5　　2. 马二进三　马8进7

3. 车一平二　车9进1　　4. 马八进七　车9平4

5. 兵三进一　马2进3　　6. 兵七进一　车1进1

7. 仕六进五　车4进5　　8. 相七进九　车4平3

9. 车九平七　车1平6　　10. 炮八进二　……

红方升炮巡河,保持变化的走法。

10. ……　　　车6进5

黑方伸车兵线,着法有力。

11. 马三进二　……

红方进外马,含蓄有力之着。如改走马三进四,则卒3进1,车二进五,象3进1(如卒5进1,车二平五,马3进5,马四进五,炮5进2,炮五进三,红方大占优势),马四进六,马3进4,车二平六,卒3进1,黑方反先。

11. ……　　车6平7(图55)

黑方如改走车6退2,则炮五平三,炮5进4(如卒3进1,相三进五,卒3进1,炮三进一,车6进2,车二平三,红优),马七进五,车3平5,炮八退二,卒7进1,炮八平五,马3退5,兵三进一,车6平7,炮三进五,马5进7,车七进三,炮2平5,车七平五,炮5进4,双方均势。

如图55形势,红方有两种走法:(一)马二进三;(二)车二进二。分述如下:

第一种走法:马二进三

12. 马二进三　卒3进1

黑方冲3卒兑兵,是常见的走法。黑方曾走士4进5,马三退四,卒3进1,兵七进一,车3退2,炮八平七,马3进4,马四进六,车3平4,车七平八,炮2进2,炮七进三,马7进8,炮五进四,车7退1,炮七平八,将5平4,炮八进二,象3进1,车二进二,车7进4,炮五平七,马8进6,炮七进三,将4进1,炮七退五,马6进7,黑方占优势。

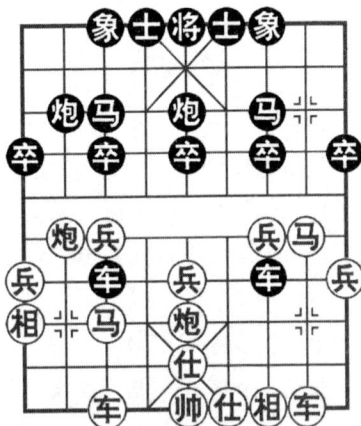

图55

13.兵七进一　……

红兵吃卒,正着。如改走车二进五,则炮 2 进 1,红方反而不好。

13.……　　车 7 退 1

黑方左车吃兵,寻求变化的走法。如改走车 3 退 2,则局势趋向平稳。

14.马三进五　象 3 进 5　　15.炮八平七　马 3 退 5

16.炮五平四　……

红方卸炮既可威胁黑车,又可顺势调整阵形,攻守两利之着。

16.……　　车 7 进 1　　17.车二进四　……

红方升车河口,机警之着。如改走兵七进一,则马 7 进 6,黑方乘机扑出,红方有所顾忌。

17.……　　炮 2 进 3

黑方进炮打车,求变的走法。

18.车二进四　炮 2 进 1

黑方如改走马 7 进 6,则车二平四,马 6 进 4,车七平八,炮 2 进 1,车八平六,马 4 进 3,车六进九,将 5 平 4,车四进一,将 4 进 1,炮四进六,将 4 进 1,车四平六,红方妙手取胜。

19.炮七平八　车 3 退 2　　20.车七平六　……

红方平车弃马叫杀,紧凑有力之着!以下红方针对黑方窝心马的弱点展开了猛烈的攻击,终于一气呵成定胜局。

20.……　　车 3 退 4

黑方退车回防,无奈之着。如改走马 5 进 3,则车二平七,马 3 进 2,车七退三,象 5 进 3,车六进三,炮 2 进 2,炮八平五,象 3 退 5,车六平八,红方得子胜势。

21.车六进三　炮 2 进 2　　22.车六进五　车 7 退 2

23.马七进六　炮 2 进 1　　24.炮四平七　车 3 平 2

25.车二平四　车 7 平 3　　26.炮八平七

红方胜势。

第二种走法:车二进二

12.车二进二　卒 3 进 1　　13.兵七进一　车 3 退 2

14.车二平三　车 7 进 1　　15.马二退三　卒 7 进 1

16.马三进四　卒 7 进 1　　17.炮八平三　车 3 平 6

黑方平车弃象,大局感极强的走法。

18. 炮三进五　士6进5　　19. 马七进六　……

红方进马交换失算,改走马四退二较为顽强。

19. ……　　车6进1　　20. 车七进七　车6平4

21. 车七平八　车4进1　　22. 车八平七　……

红方应改走兵五进一。

22. ……　　马7进8　　23. 车七进二　炮5进4

24. 车七退五　士5进6　　25. 炮三退三　马8进7

26. 炮三平四　马7进8　　27. 炮四退五　将5进1

黑方大占优势。

第56局　黑进车兵线对红飞边相(四)

1. 炮二平五　炮8平5　　2. 马二进三　马8进7

3. 车一平二　车9进1　　4. 马八进七　车9平4

5. 兵三进一　马2进3　　6. 兵七进一　车1进1

7. 仕六进五　车4进5　　8. 相七进九　车4平3

9. 车九平七　车1平6　　10. 炮八进二　卒3进1

黑方冲卒,力争主动的走法。

11. 车二进五　……

红车骑河捉卒,针锋相对之着。

11. ……　　卒7进1

黑方弃卒拦车,对攻之着。如改走卒3
进1,则车二平七,马3进4,炮八进一,马4
进6,马三进四,车6进4,前车进二,车3平
2,前车平八,卒3进1,车七进八,车2进3,
马七退八,车6平2,马八进六,卒3平4,红
方多子,黑有攻势,双方各有顾忌。

12. 车二平三　马7进6

13. 炮五平四(图56)　……

如图56形势,黑方有两种走法:(一)
马6进7;(二)马6进5。分述如下:

第一种走法:马6进7

13. ……　　马6进7

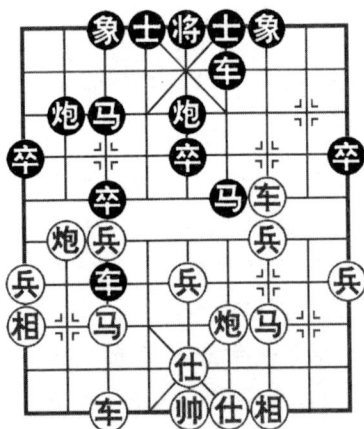

图56

黑方进马,嫌软。

14. 车三平七	车6进1	15. 炮八进二	马3进2
16. 炮八平七	车3平2	17. 后车平六	象3进1
18. 车七平六	士4进5	19. 前车进三	车6进2
20. 前车平八	炮2平3	21. 相九退七	车2进2
22. 车六进三			

红方占优势。

第二种走法:马6进5

13. ……　　　马6进5

黑方马踩中兵,是改进后的走法。

14. 马七进五　……

红方如改走马三进四,则车6进4(如车6平4,车三进四,士4进5,马四退五,车3平2,兵七进一,红方占优势),炮八平四,马5进3,黑方下伏炮2进7再马3进5的战术手段。

14. ……	炮5进4	15. 炮四平五	车3进3
16. 相九退七	象3进5	17. 车三平二	卒3进1
18. 马三进五	卒3平2	19. 马五进四	……

红方如改走马五进六,则马3进4,车二平六,车6进4,相对稳健。

19. ……　　　马3进4

黑方多卒稍优。

第57局　黑进车兵线对红飞边相(五)

1. 炮二平五	炮8平5	2. 马二进三	马8进7
3. 车一平二	车9进1	4. 马八进七	车9平4
5. 兵三进一	马2进3	6. 兵七进一	车1进1
7. 仕六进五	车4进5	8. 相七进九	车4平3
9. 车九平七	车1平6	10. 车二进五	……

红方进车骑河控制要道,是顺炮直车两头蛇变例中的常见战术手段。

10. ……　　　卒7进1

黑方弃卒活马,是这一变例的重要战术手段。如改走车6进5,则马七退六,车3进3,相九退七,红占主动。

11. 车二平三	马7进6	12. 马七退六	……

红方兑车,嫌缓。

12.……　　　车3进3

13.相九退七(图57)　……

如图57形势,黑方有两种走法:(一)象7进9;(二)炮5平7。分述如下:

第一种走法:象7进9

13.……　　　象7进9

14.车三平二　炮2进2

15.炮五平四　……

红方卸炮打车求兑,不失为明智之举。如改走车二退二,则车6平4,黑方易走。

15.……　　　炮2平8

16.炮四进六　马6进5

17.相七进五　……

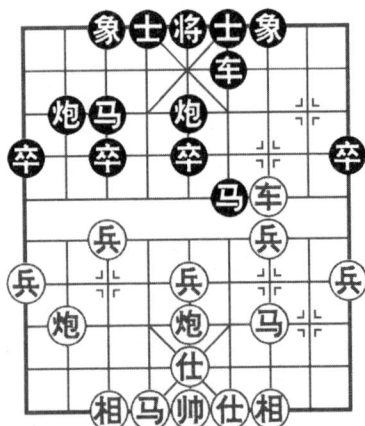

图57

红方补相,保持变化。如改走马三进五,则炮5进4,炮八平五,炮8进3(如士6进5,马六进七,炮5退1,炮四退五,红方易走),炮四退六,卒5进1,马六进七,炮8平5,相七进五,炮5平3,炮四平一,双方大体均势。

17.……　　　卒5进1　　18.马三进四　……

红方进马避兑,继续贯彻求变的策略。如改走马三进五,则炮5进4,马六进七,炮5平3,炮八进二,局势立趋缓和。

18.……　　　炮8平6　　19.马四退六　卒5进1

20.马六进五　马3进5　　21.马五进七　炮5平7

22.炮四退二　……

红方也可改走炮四平三,较为稳健。

22.……　　　前马退3

黑方应改走马5退7。

23.炮八进七　士6进5　　24.马六进七　马3进5

黑方应改走炮6平3,红如接走后马进八,则卒5进1,黑占主动。

25.炮八退三　……

红方抓住黑方进马邀兑的软手,退炮攻黑后马进行交换,是夺回主动的机警之着。仅此一手,红方反夺主动。

25.……　　　前马进3　　26.炮八平五　将5平6

27. 马七退五　马3退5

黑方马退中路,败着。应改走炮6进2,下伏炮7进7轰相再炮6平5抽回一子的手段,黑方尚可对抗。

28. 兵三进一　……

红方弃兵捉炮,为炮五进一催杀埋下伏笔。

28. ……　　炮6进4　　29. 相三进一　象9进7

30. 炮五进一

红方胜势。

第二种走法:炮5平7

13. ……　　炮5平7

黑方卸中炮至7路,灵活的走法。

14. 车三平二　……

红方应改走炮五平四,黑如象7进9(如马6进4,相七进五,象7进9,车三进一,炮7平5,马六进七,马4进3,炮四平七,炮2平1,炮七进四,车6平2,炮七进三,士4进5,炮八平七,红方占优势),炮四进六,象9进7,炮四退二,红方稍好。

14. ……　　象3进5　　15. 相三进一　马6进4

16. 车二进二　炮7退1　　17. 车二进一　炮2退1

18. 车二退三　卒3进1

黑方挺3卒,伏马4进2的战术手段,佳着。

19. 车二进二　车6进3　　20. 车二平三　炮7平3

21. 兵三进一　马4进6　　22. 炮五平四　马6退7

23. 马三进二　车6进1　　24. 马二进三　马3退5

25. 车三平二　车6退2　　26. 车二退一　炮2进2

27. 兵七进一　车6平7

黑方多子,大占优势。

第58局　黑进车兵线对红飞边相(六)

1. 炮二平五　炮8平5　　2. 马二进三　马8进7

3. 车一平二　车9进1　　4. 马八进七　车9平4

5. 兵三进一　马2进3　　6. 兵七进一　车1进1

7. 仕六进五　车4进5　　8. 相七进九　车4平3

9.车九平七　车1平6　　10.车二进五　卒7进1

11.车二平三　马7进6　　12.马三进四(图58)　……

红方右马盘河,是改进后的走法。

如图58形势,黑方有三种走法:(一)
马6进4;(二)炮2进2;(三)象7进9。分
述如下:

第一种走法:马6进4

12.……　　　　马6进4

13.马四进六　车3进1

14.车七进二　马4进3

15.兵七进一　……

红方弃兵争先,是大局感极强的走法,
也是这一变例的精华所在。如改走马六进
七,则车6平4,黑方易走。

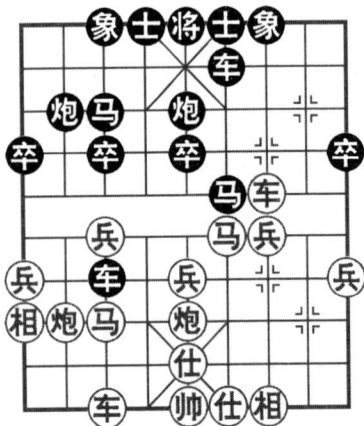

图58

15.……　　　　象7进9

16.车三平二　炮5平7

17.仕五进六　……

红方扬仕捉马解杀,可谓连消带打,巧妙之着。

17.……　　　　马3退4　　18.马六进七　象3进5

19.车二平六　……

红方平车捉马,可以稳占多兵之利,是简明有力的走法。

19.……　　　　炮7平3　　20.车六退一　卒3进1

21.车六进二　士6进5　　22.车六平五　车6进1

23.炮八进四

红方多兵占优。

第二种走法:炮2进2

12.……　　　　炮2进2

黑方升炮打车,试探红方应手。

13.车三进四　……

红方进车吃象,虽可毁去黑方藩篱;但也容易遭到黑方的猛烈反击。如改
走马四进六,则车3平4,兵七进一,炮2平4,兵七平六,车4退2,马七进八,要
比实战走法更好。

13. ……　　　马6进4　　　14. 马四进六　车3进1

15. 车七进二　马4进3　　　16. 车三退三　……

红方退车,无奈之举。如改走马六进七,则炮5进4,马七退五,象3进5,黑方伏有车6平4的杀着,红难应付。

16. ……　　　炮2退1

黑方退炮献炮,构思奇诡,实出乎红方所料。红如接走马六进八,则炮5进4,黑方下伏车6平4杀法,可以速胜。

17. 炮五平二　后马退1　　　18. 兵七进一　卒3进1

19. 炮二进七　将5进1　　　20. 车三平五　车6进3

21. 马六进五　象3进5　　　22. 炮二退一　卒3进1

黑方献卒,伏车6平2捉炮手段,又是一步妙手。

23. 仕五退六　车6平2　　　24. 炮八进四　车2退1

黑方多子占优。

第三种走法:象7进9

12. ……　　　象7进9

黑方飞边象逐车,创新的走法。

13. 车三平二　马6退7　　　14. 马四进三　车6进2

15. 炮五平三　卒5进1　　　16. 车二平五　……

红方车杀中卒,正着。如炮八进二,则马3进5,红方子力受制,难于开展。

16. ……　　　马3进5　　　17. 车五平六　士6进5

18. 车六进一　炮5进4　　　19. 马七进五　车3平5

黑方可抗衡。

第59局　黑进车兵线对红飞边相(七)

1. 炮二平五　炮8平5　　　2. 马二进三　马8进7

3. 车一平二　车9进1　　　4. 马八进七　车9平4

5. 兵三进一　马2进3　　　6. 兵七进一　车1进1

7. 仕六进五　车4进5　　　8. 相七进九　车4平3

9. 车九平七　车1平6　　　10. 车二进三　……

红方升车兵线,另辟蹊径。

10. ……　　　车6进3

黑方升车巡河,静观其变。

11. 炮五平四(图59) ······

如图59形势,黑方有两种走法:(一)炮2进4;(二)炮5平6。分述如下:

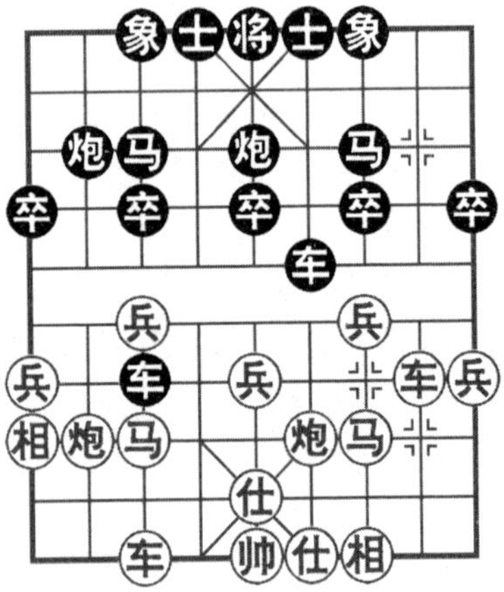

第一种走法:炮2进4

11. ······ 炮2进4

12. 炮四进一 炮2平5

13. 马七进五 炮5进4

14. 炮八平五 ······

红方补架中炮,可以牵制黑方车炮,并乘机扩大先手,此乃紧凑有力之着。如改走马三进五,则车3平5,炮八平五,马7退5,炮四平三,象7进5,红无便宜可占。

14. ······ 车3进3

15. 相九退七 炮5退2

16. 炮四平七 ······

红方右炮左移谋卒,机动灵活之着。

16. ······ 象3进5　17. 炮七进三 卒7进1

18. 马三进五 炮5进3　19. 相三进五 车6平5

20. 兵三进一 车5平7　21. 马五进三 士4进5

22. 车二平八

红方主动。

第二种走法:炮5平6

11. ······ 炮5平6

黑方卸炮兑炮,是新的尝试。

12. 车二进三 卒3进1　13. 马三进二 ······

红方进外马,暗伏弃兵扩先手段,是含蓄有力的走法。如改走车二平三,则炮6进5,炮八平四,卒3进1,兵三进一,车6退2,兵三平四,车6进2,马三进二,车6进1,炮四进一,车6平8,炮四平七,卒3进1,马七退六,车8退3,车七进三,马3进4,车七进六,炮2退1,车七退一,马4退5,车三进一,车8平7,车七平八,车7进7,双方均势。

13. ······ 炮6平4

黑方如改走卒3进1,则兵三进一,车6进1(如车6平7,炮四进一打死

图59

车),兵三进一,红方占优势。

14.车二平三　炮4进1　　15.兵三进一　……

红方冲三兵反捉黑车、紧凑有力的佳着。如改走车三退一,则卒3进1,黑方反夺主动。

15.……　　　车6进1　　16.炮八进二　炮4平7

17.兵三进一　车6进2

黑方如改走车6退4,则炮四进一,车6进5,马二退四,马7退5,兵七进一,车3退2,马七进六,红方有兵过河,占优。

18.仕五进四　卒3进1　　19.炮八退三　马7退9

20.炮八平二　车3平2　　21.马七进六　……

红方硬进肋马,可以打通车路,是迅速扩大优势的巧妙之着。

21.……　　　车2平5　　22.炮二平五　卒3平4

23.车七进七

红方占优势。

第60局　黑进车兵线对红飞边相(八)

1.炮二平五　炮8平5　　2.马二进三　马8进7

3.车一平二　车9进1　　4.马八进七　车9平4

5.兵三进一　马2进3　　6.兵七进一　车1进1

7.仕六进五　车4进5　　8.相七进九　车4平3

9.车九平七　车1平6　　10.车二进三　炮2进4

黑方进炮兵线,创新之着。

11.车二进三　卒5进1(图60)

黑方亦可改走车3退1,红如接走车二平三,车6进1,马三进二,卒3进1,炮五平三,车3进1,炮三进一,车6进4,炮三退一,车6平8,车三进一,车8退1,相三进五,车8进1,车七平六,车8进1,车六进七,车8平7,马七退六,车7退1,车六平七,炮5进4,黑方占优势。

如图60形势,红方有两种走法:(一)炮五进三;(二)马七退六。分述如下:

第一种走法:炮五进三

12.炮五进三　士6进5　　13.车二平三　马3进5

14.炮五进二　象3进5　　15.马七退六　车3进3

16.相九退七　炮2退3

－129－

黑方退炮卒林,含蓄有力之着。

17. 车三平二　卒 3 进 1

18. 车二退三　卒 3 进 1

19. 兵五进一　马 5 进 3

20. 兵五进一　炮 2 进 1

21. 相七进五　炮 2 平 5

22. 车二平五　炮 5 进 1

23. 相五进七　马 7 进 6

24. 车五退一　马 6 退 4

黑方易走。

第二种走法:马七退六

12. 马七退六　车 3 进 3

黑如改走车 3 平 4,则兵七进一,卒 3 进 1,车七进五,炮 5 退 1,车七退一,炮 5 平 3,车七平四,车 6 平 4,车四平八,马 3 进 4,车八进四,炮 3 平 5,炮八平六,炮 2 平 5,马三进五,炮 5 进 5,车二退三,前车进 1,车二平五,前车进 2,仕五退六,马 4 进 5,车八退五,象 3 进 5,车八平五,车 4 进 2,炮五进四,马 7 进 5,和局。

图 60

13. 相九退七　马 7 进 5　　14. 车二平三　卒 5 进 1

15. 兵三进一　车 6 进 5　　16. 炮五进二　车 6 平 7

17. 马六进五　炮 5 进 3　　18. 兵五进一　车 7 退 2

19. 车三退一　马 5 进 7　　20. 兵五进一　象 3 进 5

21. 炮八平七　炮 2 退 5　　22. 马五进六　炮 2 平 1

23. 相七进五　马 3 退 2　　24. 炮七进四　炮 1 进 5

25. 兵五平四　马 7 进 8　　26. 炮七平五　士 4 进 5

27. 兵七进一

红方大占优势。

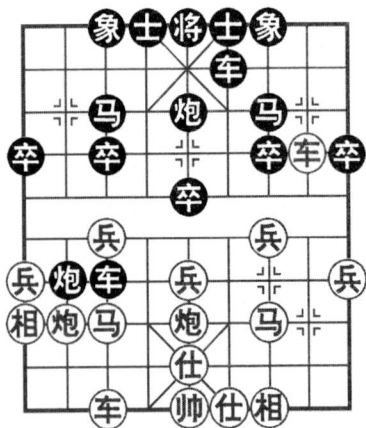

第 61 局　黑进车兵线对红飞边相(九)

1. 炮二平五　炮 8 平 5　　2. 马二进三　马 8 进 7

3. 车一平二　车 9 进 1　　4. 马八进七　车 9 平 4

5. 兵三进一　马 2 进 3　　6. 兵七进一　车 1 进 1

7. 仕六进五　车 4 进 5　　8. 相七进九　车 4 平 3

9.车九平七　车1平6　10.车二进六(图61)……

红方右车过河,比较少见的走法。

如图61形势,黑方有两种走法:(一)车6进3;(二)卒3进1。分述如下:

第一种走法:车6进3

10.……　　　车6进3

11.车二平三　炮5退1

12.兵三进一　车6退2

黑方退车,似笨实佳。

13.车三平二　炮5平7

14.兵三进一　马7退9

15.车二退四　车6进1

黑车捉兵,巧着。

16.相三进一　车6平7

17.马三进四　车7进1

18.马四进五　马3进5　　19.炮五进四　马9进7

20.炮五退二　马7进8　　21.炮八进二　炮2平8

22.炮五平二　炮8平5　　23.车七平六　士6进5

24.车六进六　车7平6　　25.车二平三　将5平6

26.帅五平六　炮7进1　　27.炮二平五　炮5进4

28.马七进五　车3平5

黑方足可一战。

第二种走法:卒3进1

10.……　　　卒3进1

黑方弃卒,争先之着。

11.车二平三　……

红方如改走兵七进一,则车6进3,黑方易走。

11.……　　　车6进1

黑方进车保马,灵活之着。

12.炮八进四　……

红方左炮过河,防止黑方炮2进1胁车,势在必行。

12.……　　　炮2退1　　13.炮八平七　炮2平7

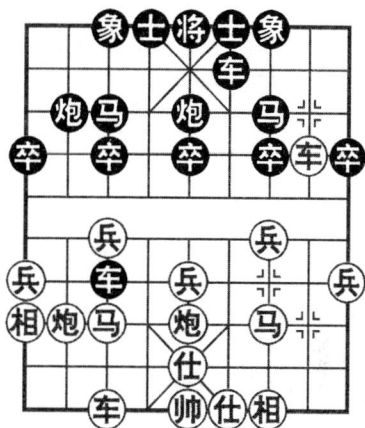

图61

14.兵七进一　炮7进2　　15.炮七退三　炮7进4

16.炮七进四　炮5退1　　17.炮五进四　车6平5

18.炮五进二　士6进5　　19.炮七退一

红方多兵占优。

第62局　黑进车兵线对红飞边相(十)

1.炮二平五　炮8平5　　2.马二进三　马8进7

3.车一平二　车9进1　　4.马八进七　车9平4

5.兵三进一　马2进3　　6.兵七进一　车1进1

7.仕六进五　车4进5　　8.相七进九　车4平3

9.车九平七(图62)　……

如图62形势,黑有两种走法。(一)
炮2进3;(二)炮2进4。分述如下:

第一种走法:炮2进3

9.……　　炮2进3

黑炮骑河捉兵,另辟蹊径。

10.炮五平四　车1平6

11.车二进三　炮2平7

12.相三进五　炮7平4

13.车二进一　炮4进1

14.马三进四　车6平4

15.车七平六　卒5进1

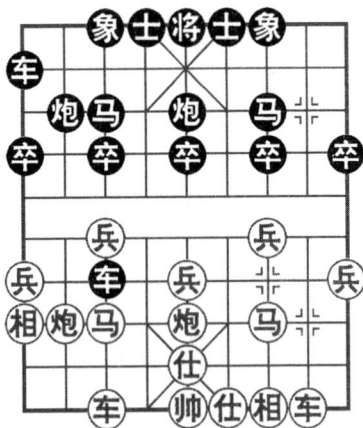

图62

16.炮四平三　卒5进1　　17.兵五进一　马3进5

18.马四进三　车4平2　　19.马三进五　象3进5

20.兵五进一　马5进7　　21.车二平六　车2进5

22.炮三进二　士4进5　　23.马七进五　炮4平9

24.马五进六

红方占优势。

第二种走法:炮2进4

9.……　　炮2进4

黑方右炮过河,防止红方八路炮巡河。

10.车二进六　……

针对黑方左马脱根的弱点,红方进车兵线准备吃卒压马,紧凑有力。

10.……　　车1平6　　11.车二平三　车6进1

黑方升车保马,准备退炮驱车。

12.马三进二　　……

红方如改走兵三进一,则炮2退5,车三平二,炮2平7,兵三进一,马7退9,黑不难走。

12.……　　炮2退5

黑方如改走炮5退1,则炮五平三,红方占优势。

13.炮五平三　　……

红方卸炮瞄马,攻守两利。

13.……　　炮2平7　　14.车三平二　马7进6

15.兵三进一　马6进4

黑方如改走马6进5,则马七进五,炮5进4,相三进五,车3进3,相九退七,炮7进6,炮八平三,象7进5,马二进四,也是红优。

16.炮三进六　车3进1　　17.车七进二　马4进3

18.马二进四　车6退1　　19.炮三退一　车6平2

黑方平车捉炮,准备兑子简化局势。

20.炮三平七　车2进6　　21.相九退七

红方易走。

第63局　　黑进车兵线对红飞边相(十一)

1.炮二平五　炮8平5　　2.马二进三　马8进7

3.车一平二　车9进1　　4.马八进七　车9平4

5.兵三进一　马2进3　　6.兵七进一　车1进1

7.仕六进五　车4进5　　8.相七进九　卒3进1

黑方卒3进1弃卒准备先弃后取,是稳健的走法。

9.兵七进一　车4平3　　10.车九平七　车3退2

11.马七进六　车3进5

12.相九退七(图63)　　……

如图63形势,黑方有两种走法:(一)车1平4;(二)马3进2。分述如下:

第一种走法:车1平4

12.……　　车1平4　　13.马六进四　马7退9

14.车二进三 ……

红方进车兵线,含蓄有力。如改走马
四进五,则象7进5,马三进四,马9进7,马
四进三,马3进4,兵五进一,车4平3,相七
进九,车3进6,炮八进一,马4进3,车二进
三,马3进5,相三进五,车3平5,马三进
一,车5退2,马一进三,将5进1,车二平
七,将5平6,兵三进一,车5平7,黑方可以
对抗。

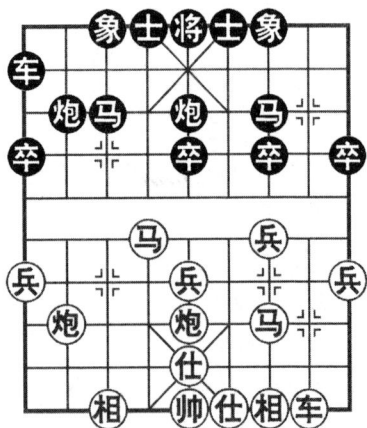

图63

14. ……	炮2退1		
15.马四进五	象7进5		
16.兵五进一	车4进4		
17.车二平七	马3进2		
18.炮五进四	炮2平5	19.车七进三	车4平5
20.炮五进二	士6进5	21.车七平三	卒1进1
22.相三进五			

红方占优势。

第二种走法:马3进2

12. …… **马3进2**

黑方飞马献炮,弃子抢攻,是力争主动的走法。

13.炮八进五 马2进4 14.炮八平三 马4进2

黑方进马卧槽,正着。如改走车1平3,则仕五退六,车3进8,车二进八,炮
5平2,车二平八,马4进3,仕四进五,炮2进7,仕五进六,红方多子占优。

15.车二进五 ……

红方应改走炮五进四,黑如接走士4进5,则车二进一,将5平4,仕五进六,
红方多子占优。

15. ……	车1平4	16.炮五平六	车4进5
17.炮六平八	车4平3	18.相三进五	车3进1
19.车二平六	车3平2	20.炮三平二	车2平3
21.炮二退六	士4进5	22.车六进一	马2退3

黑方可抗衡。

第64局　黑进车兵线对红飞边相(十二)

1. 炮二平五　炮8平5　　2. 马二进三　马8进7

3. 车一平二　车9进1　　4. 马八进七　车9平4

5. 兵三进一　马2进3　　6. 兵七进一　车1进1

7. 仕六进五　车4进5　　8. 相七进九　车1平6

黑方平车左肋,也是一种应法。

9. 车九平六　车4平3

黑方平车压马,正着。如改走车4进3,则仕五退六,车6进3,车二进八,卒3进1,车二平七,马7退5,马七进六,车6平4,兵七进一,车4进1,兵七进一,红方占优势。

10. 车六进二　……

红方升车保马,伏有炮八退二再炮八平七打车的手段。

10. ……　　　卒5进1

黑方冲中卒为进中马开通道路,灵活的走法。

11. 炮八退二　……

红方退炮准备驱车争先,常见的走法。

11. ……　　　炮2进5

黑方进炮打车,防止红炮八平七驱车扩先。

12. 马七退六(图64)　……

如图64形势,黑方有两种走法:(一)炮2平5;(二)炮2退1。分述如下:

第一种走法:炮2平5

12. ……　　　炮2平5

13. 马六进五　……

兑炮后,红方双马灵活,已经大占先手。

13. ……　　　车3平2

黑方如改走车3平1,则车二进六,马7进5,车二平三,车6平2,炮八平七,卒5进1,兵五进一,炮5进3,帅五平六,士4进5,马三进四,车1平5,马四退三,车5平3,车

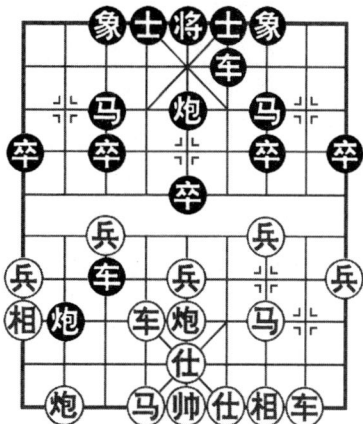

图64

六进五,车3进1,车三平五,车2进7,炮七进一,车2进1,帅六进一,炮5平4,马三进五,车3平1,车五退二,红方胜势。

14.炮八平七　马3进5　　15.车二进六　……

红方进车准备吃卒压马,是力争主动的走法。

15.……　　卒5进1　　16.兵五进一　炮5进3

17.车二平三　车6进3　　18.车六进四　车2退4

黑方退车保马,有利于调整阵势,并预防红车吃中马的手段。如改走士4进5,则炮七进六,黑要丢子。

19.车三平二　卒3进1　　20.帅五平六　马5退6

黑方如改走士4进5,则马五进七,炮5平4,兵七进一,车6进2,马七退五,红方占优势。

21.车二退三　……

红方退车,求稳。可改走马五进七捉炮,然后再兵七进一,红方易走。

21.……　　炮5退3　　22.车二平七　炮5平3

23.马五进六　车6平5　　24.车七平四　卒3进1

25.马六进七　……

红方进马,求变,雄劲有力。如改走炮七进七,车2平3,车四进五,卒3平4,车六退二,士4进5,易成和局。

25.……　　车5退1　　26.车六进二　士4进5

27.车四进五　车2进7

黑方沉车锁炮,不甘示弱。如改走车5平3,则炮七进六,马7进5,局势相对缓和。

28.车六平七　车5平4　　29.帅六平五　马7进5

黑方进马捉车,正着。如改走车4平3吃马,则车七进一,士5退4,车四退一,黑要丢子。

30.车七进一　士5退4　　31.车四退二　车4平3

32.相三进五

红方稍优。

第二种走法:炮2退1

12.……　　炮2退1

黑方退炮瞄兵,也是一种应法。

13.炮五进三　士6进5　　14.车二进七　……

红方进车逼马,新的尝试。以往红方曾走马六进五,则车6进3,兵五进一,车3退1,马五进六,将5平6,车二进三,炮5进3,相三进五,车6平5,车二平八,车3退1,车八平五,马3进5,马六退八,炮5平2,车五平四,车5平6,车六进一,红方大占优势。

14.……　　　　车6进1

黑方如改走马7进5,则兵五进一,红方占优势。

15.马六进五　炮2平5　　16.炮八进七　……

红方进炮牵制,保持变化的走法。

16.……　　　前炮平7　　17.马五进三　车3平7

18.兵九进一　卒7进1　　19.炮八平五　象3进5

20.兵三进一　车7退2　　21.车六平五　车6进4

22.马三进二　车6平9　　23.马二进四　车7平6

24.车二平三　将5平6　　25.车三退五

双方均势。

第65局　黑进车兵线对红飞边相(十三)

1.炮二平五　炮8平5　　2.马二进三　马8进7

3.车一平二　车9进1　　4.马八进七　车9平4

5.兵三进一　马2进3　　6.兵七进一　车1进1

7.仕六进五　车4进5　　8.相七进九　车1平6

9.车九平六　车4平3　　10.车六进二　车6进5

11.炮八退二　……

红方曾走车二进八,士4进5,炮八退二,以下黑方有两种走法:①炮5平4,炮八平七,车3平2,兵七进一,车6平7,兵七进一,炮2退1,车二退六,炮2平4,车六进五,红方占优势。②炮2进5,炮八平七,车3平2,马七进六,炮2退2,炮七进六,车6进2,兵七进一,车2进2,炮七平三,马7退9,马六进五,炮2平1,帅五平六,车2进1,帅六进一,炮5平4,车六进五,士5进4,马五进七,红方有攻势,占优。

11.……　　　炮2进5(图65)

黑方如改走车6平7,则炮八平七,车3平2,车二进二,红方占优势。

如图65形势,红方有两种走法:(一)马七退六;(二)炮八平七。分述如下:

第一种走法:马七退六

12.马七退六　　炮2退1

黑方如改走炮2平5,则马六进五,卒5进1,车二进五,车3平2,炮八平七,马3进5,车六进四,车2进3,车二进一,卒5进1,兵五进一,车6平1,车二平三,车1进1,炮七平六,车1退3,马五进六,红方占优势。

13.车六平七　　车3进1

14.马六进七　　炮2平3

15.炮八平七　　炮3进3

16.相九退七　　车6平7

17.车二进二　　车7退1

18.炮五平四　　车7平3

19.相三进五　　车3退1

20.马三进四　　卒7进1

21.炮四平三　　马3退5　　22.车二进六　　卒7进1

23.车二平四　　车3平6　　24.车四退三　　马7进6

黑方满意。

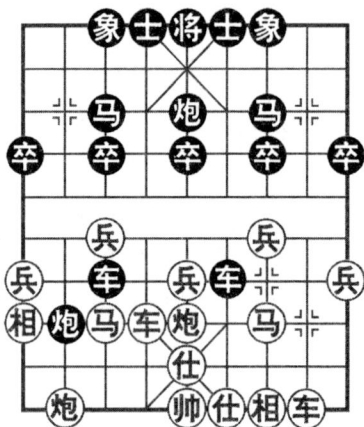

图65

第二种走法:炮八平七

12.炮八平七　　车3平2

黑方如改走炮2平4,则炮七进三,炮4退1,兵七进一,红方占优势。

13.马七进六　　……

红方进马踏车,是力争主动的走法。

13.……　　　　炮2进2　　14.炮七进二　　……

红方进炮,正着。如改走炮七进六,则车6进2,兵七进一,车2进2,马六进八,炮2平1,马八进七,士4进5,炮七平三,车2进1,车六退二,象7进9,马七退五,马7进5,炮五进四,车6退5,车二进六,象9退7,黑方占优势。

14.……　　　　车6进2

黑方如改走车6平7,则兵七进一,车2进2,兵七进一,车7进1,兵七进一,炮2平1,帅五平六,车2进1,帅六进一,炮1平6,仕五退四,车7进1,仕四进五,士4进5,马六退四,红方占优势。

15.兵七进一　　车2进2　　16.兵七进一　　炮2平1

黑方如改走马3退1,则马六进五,炮2平1,帅五平六,士4进5,马五进三,车6退6,炮五进五,车6平5,炮七进二,车2进1,帅六进一,车5平2,炮七平五,士5进4,车六平四,红方胜势。

17.兵七进一　　士4进5　　18.帅五平六　　……

红方如改走车二进三,则车2进1,仕五退六,车6平3,炮七进四,车2退2,仕六进五,车3进1,车六退二,车2平1,炮七进三,车3退7,车六平九,车1进2,仕五退六,车3退2,黑方多子,大占优势。

18.……　　　　车2进1　　19.帅六进一　　车6平7

20.车二进五　　车7退1　　21.车二平八　　车2退5

22.马六进八

红方占优势。

第66局　黑马后藏车对红跃马河口（一）

1.炮二平五　　炮8平5　　2.马二进三　　马8进7

3.车一平二　　车9进1　　4.马八进七　　车9平4

5.兵三进一　　马2进3　　6.兵七进一　　车1进1

7.仕六进五　　车1平3

黑方平车保马,准备强行弃卒打通3路线,是20世纪80年代流行的走法。

8.马三进四　　……

红方进马抢占河口,但并不能有效地遏制黑方弃3卒再退马亮车的战术。可考虑改走炮八进四,黑如车4进5,则相七进九,车3平6,车二进五,车6进5,兵七进一,车4平3,兵七进一,车3进1,兵七进一,车3退5,炮八平三,红方先手。

8.……　　　　卒3进1

黑方弃卒活通车路,正着。

9.兵七进一　　马3退5

黑方退窝心马,正着。如改走马3进4,则马四进六,车3进3,以下红方有两种走法:①马七进八,炮2进5,马六进五,象7进5,车二进七,车4平2,马八进九(如车二平三,车2进4,车九平八,车3进2,炮五进四,士4进5,相七进五,车3平5,炮五平一,车5平9,车三退一,卒1进1,双方均势),车2进2,车二平三,车2平1,车九平八,炮2平3,车三退一,红方占优势。②马六进五,车3进3,车二进二(如马五退三,车3平2,兵五进一,红方占优势),车4平5(如车

3平2,炮五进四,马7进5,车二平八,红方多子胜势),马五退三,车5平3,炮八进四,前车进2,车九平七,车3进8,仕六退五,红方占优势。

10.车二进五 ……

红方进骑河车保兵,是比较稳健的一种选择。如改走马四进五,则马7进5,炮五进四,车3进3,车二进二,车4进2,黑方满意。

10.……　　　　卒7进1　　11.车二平三　　象7进9

黑方弃卒,再飞边象捉车逼红方进行交换,不失为灵活有力之着。

12.车三平六　　车4进3　　13.马四进六　　车3进3

14.马六进五 ……

以上11个回合,黑方通过弃卒,逼使红方兑车,后再以马换炮,使局势迅速简化了。

14.……　　　　象3进5

15.马七进六　　车3平4

16.马六退七　　车4进2

黑方进车兵线,既可防止红方马七进八捉车胁炮,又伏平车压马的手段,紧凑之着。如误走马5进3,则马七进八,车4进1,炮八进五,车4平2,炮八平五,红方大占优势。

17.炮八退一　　马5进3

18.炮五平二　　马7进6

19.相七进五(图66) ……

如图66形势,黑方有两种走法:(一)象9退7;(二)炮2退2。分述如下:

图66

第一种走法:象9退7

19.……　　　　象9退7　　20.车九平七　　炮2退1

21.炮二进一　　车4退3

黑方退车卒林,过于保守。不如改走车4进2,红如接走炮二退二,则车4退2,较有牵制力。

22.马七退六 ……

红方退马,闪露底车捉马,形势渐趋有利。

22.……　　　　马3进4　　23.兵五进一　　士4进5

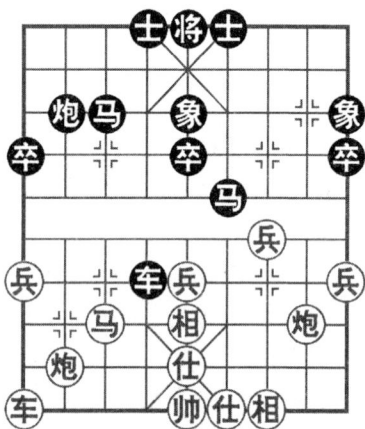

24.车七进八　炮2进1　　25.炮二平八　车4退1

黑方如改走炮2进6,则马六进八,车4平2,马八进六,也是红方多兵且兵种齐全占优。

26.车七退二　马4进2　　27.后炮进三　炮2进4

28.炮八进五　将5平4

黑方如改走车4平2,则炮八平九,炮2进3,马六进七,士5进6(如将5平4,兵五进一,卒5进1,马七进六,红胜),马七退八,车2进7,仕五退六,车2退4,车七平五,马6进4,车五平六,马4进2,兵五进一,也是红方多兵占优。

29.马六进七　马6进4　　30.车七进三　将4进1

31.车七退六　……

红方退车捉炮,积极求变之着。如改走马七进六兑马,则立成和局之势。

31.……　　　　马4进3　　32.车七平八

红方易走。

第二种走法:炮2退2

19.……　　　　炮2退2　　20.车九平七　……

红方如改走炮八平七,则马3进2,车九平六,车4进3,仕五退六,马2进4,黑不难走。

20.……　　　　炮2平3　　21.马七进八　炮3进9

22.马八退六　炮3退3　　23.兵五进一

双方均势。

第67局　黑马后藏车对红跃马河口(二)

1.炮二平五　炮8平5　　2.马二进三　马8进7

3.车一平二　车9进1　　4.马八进七　车9平4

5.兵三进一　马2进3　　6.兵七进一　车1进1

7.仕六进五　车1平3

8.马三进四(图67)　……

如图67形势,黑方有两种走法:(一)卒5进1;(二)车4平6。分述如下:

第一种走法:卒5进1

8.……　　　　卒5进1　　9.炮八进四　卒3进1

黑方如改走车4平6,则马四进三,卒3进1,炮八平七,马3进5,炮七进三,车3退1,马三进五,车6进4,车九平八,炮2平4,马五退三,车6退2,兵三进一,红方占优势。

10.炮八平七　马3进5

11.炮七平三　象7进9

12.车九平八　炮2平3

13.马四进五　马7进5

14.车八进六　马5退7

15.炮三平七　车4进2

16.兵七进一　士4进5

17.炮七进二　车4平2

18.兵七进一　车2退1

黑方满意。

第二种走法:车4平6

8.……　　　车4平6

9.马四进三　车6进2　　10.兵三进一　炮2进2

黑方如改走车3平4,则车二进四,车4进3,车二平三,红方先手。

11.车二进四　卒5进1　　12.车二平三　马3进5

13.马七进六　炮2进1　　14.兵三平四　车6进1

15.马六进四　炮2平7　　16.马四进二　炮7进1

17.炮五进三　车3平8　　18.马三进五　象7进5

19.马二退三　车8平2　　20.炮八平七

红方略优。

第68局　黑马后藏车对红进车骑河(一)

1.炮二平五　炮8平5　　2.马二进三　马8进7

3.车一平二　车9进1　　4.马八进七　车9平4

5.兵三进一　马2进3　　6.兵七进一　车1进1

7.仕六进五　车1平3　　8.车二进五　……

红方进车骑河,也是此变例的主流战术。

8.……　　　卒7进1

黑方弃卒拦车,创新之着。如改走卒3进1,则车二平七,卒5进1,相七进九,炮2进4,车七进一,马3进5,车七进二,车4平3,马七进六,卒7进1,马六进五,马7进5,马三进四,车3进2,车九平六,卒7进1,马四进三,卒5进1,炮

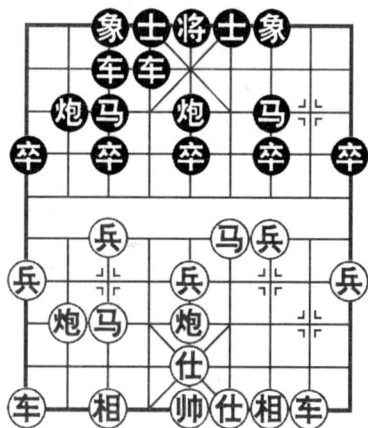

图67

五进二,士4进5,车六进三,炮2退4,炮五进三,象3进5,马三退五,车3平2,炮八进五,车2退1,马五退三,马5进7,车六进三,卒1进1,车六退一,车2平1,相三进五,卒1进1,兵九进一,车1进3,相九退七,车1退3,车六平四,红方多兵占优。

9.车二平三　　炮5退1

黑方退中炮,是弃7卒的后续手段。

10.车三平八　……

红方平车兑炮,常见的走法。如改走炮八平九,则炮2平1,兵五进一,车3平2,车九平八,车2进8,马七退八,车4平2,马八进七,车2进5,车三平六,象7进5,黑方占优势。

10.……　　炮2进5　　11.车八退三　……

红方退车吃炮,正着。如改走炮五平八,则卒3进1,车八平七(如车八退一,卒3进1,车八平七,马3进4,相七进五,车3进4,相五进七,车4平2,车九平八,车2进5,黑方先手),象7进5,车七进一,炮5平6,炮八进六,车3平2,车七进一,车4进7,兵五进一,炮6进1,车七退一,炮6进1,车七进一,马7退5,车七平九,车2进6,马七进五,象3进1,马五退六,车2平7,黑方多子占优。

11.……　　炮5平7(图68)

黑方平炮遥控红方三路线,正着。

如图68形势,红方有两种走法:(一)炮五平六;(二)马三退一。分述如下:

第一种走法:炮五平六

12.炮五平六　……

红方卸炮,调整阵形。

12.……　　炮7进4

13.相三进五　……

红方如改走相七进五,则炮7进1,车九平八,马3退5,马七进八,车4进4,马八进九,马7进6,前车进六,车3平2,马九进八,马5进7,车八进四,士6进5,马八退

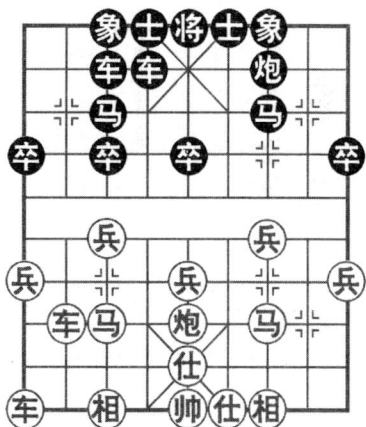

图68

七,车4进1,兵九进一,象7进5,兵九进一,马6进8,兵七进一,马8进6,兵七平八,车4平3,兵八进一,车3进3,仕五退六,马6进7,帅五进一,车3退1,炮六退一,后马进6,黑方大占优势。

13. ······　　炮7进1

黑方炮打兵再压马,是实惠的好棋。

14. 车九平八　象7进5　　15. 兵五进一　车4进5

16. 马七进八　车4平3　　17. 前车平七　前车平1

18. 马八进七　马7进6　　19. 车七平八　车1平3

20. 马三退二　炮7退3　　21. 兵五进一　马6进8

22. 马七退六　卒5进1

黑方易走。

第二种走法:马三退一

12. 马三退一　马7进8

黑方如改走炮7进4,则炮五平三,马7退9,相七进五,炮7进1,车九平六,车4进8,仕五退六,象7进5,车八退一,车3平8,车八平四,炮7退5,车四进二,炮7平2,兵五进一,车8进4,车四平八,炮2平8,车八平四,炮8进3,车四平五,马9退7,炮三平四,炮8退3,马一进三,车8退1,双方均势。

13. 炮五平三　马8进9　　14. 炮三进六　车4平7

15. 相三进五　马9进8　　16. 马一进二　车3平6

17. 车八进五　车7平8　　18. 车八平七　车8进5

19. 相五退三　车6进7　　20. 车七进二　车8平7

21. 车九进二　车7平3　　22. 马七进六　车7平9

23. 马六退五　车9平7　　24. 车九平六　士6进5

黑方易走。

第69局　黑马后藏车对红进车骑河(二)

1. 炮二平五　炮8平5　　2. 马二进三　马8进7

3. 车一平二　车9进1　　4. 马八进七　车9平4

5. 兵三进一　马2进3　　6. 兵七进一　车1进1

7. 仕六进五　车1平3　　8. 车二进五　卒5进1(图69)

如图69形势,红方有两种走法:(一)炮八进四;(二)马三进四。分述如下:

第一种走法:炮八进四

9. 炮八进四　卒3进1　　10. 炮八平七　马3退5

黑方如改走马3进5,则炮七平三,象7进9,车九平八,红方占优势。

11. 兵七进一　马7进5

12. 马七进八　　马 5 进 3

13. 炮五平七　　马 3 进 2

14. 后炮进六　　车 4 平 3

15. 马八退六　　车 3 进 2

16. 相七进五　　车 3 平 4

17. 车九平六　　炮 2 平 4

黑方胜势。

第二种走法：马三进四

9. 马三进四　　……

红方亦可改走炮五进三，黑如马 3 进 5，则炮五进二，卒 7 进 1，车二退一，象 7 进 5，兵五进一，红方占优。

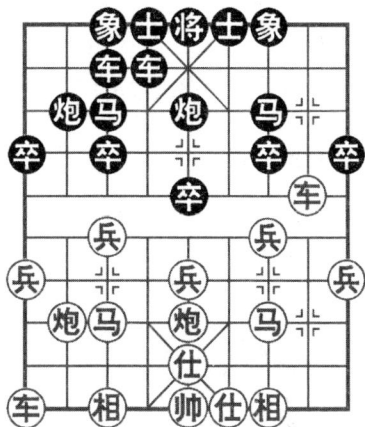

图 69

9. ……　　　　卒 3 进 1

10. 炮五进三　　士 4 进 5	11. 炮八进四　　卒 3 进 1
12. 炮八平七　　车 3 平 2	13. 炮五平七　　马 3 进 5

黑方应改走马 7 进 5。

14. 前炮平三　　象 7 进 9	15. 马四进五　　卒 3 进 1
16. 炮七平五　　车 4 进 7	17. 炮五进二　　象 3 进 5
18. 马五进三　　炮 2 平 7	19. 车二进二　　炮 7 进 3

20. 马七退六

红方多子易走。

小结：顺炮直车两头蛇对双横车布局中，红方第 7 回合仕六进五补左仕变例，走法含蓄有力，寓攻于守，是执先方较为理想的选择。

第三节　红飞边相变例

第 70 局　黑进车兵线对红跃马河口（一）

1. 炮二平五　　炮 8 平 5	2. 马二进三　　马 8 进 7
3. 车一平二　　车 9 进 1	4. 马八进七　　车 9 平 4
5. 兵三进一　　马 2 进 3	6. 兵七进一　　车 1 进 1

7. 相七进九　　……

红方飞边相,准备车九平七策应七路马,是比较含蓄的走法。

7. ……　　　车4进5

黑方进车兵线,准备平车压马争先。

8. 马三进四　……

红方进马捉车,先发制人,是力争主动的走法。

8. ……　　　车4平3　　9. 车九平七　卒3进1

为防止红方马四进六提双,黑方卒3进1是必然的应对。如改走车1平4,则车二进五,红方主动。

10. 车二进五　……

红方进车骑河占据要道,增援左翼。

10. ……　　　车1平6

黑方平车捉马,是近年比较流行的走法。以往黑方曾走象3进1,则炮八进四,卒3进1,车二平七,马3进2,车七进二,炮2退2,马四进六,卒3平4,车七平八,炮2进3,车八退一,车3退2,马七进八,卒4平3,马六进五,象7进5,相九进七,车1平6,仕六进五,车6进3,炮五平九,车3平4,相七退五,车4进1,车七进七,车4平2,车七平五,马7退5,炮九进四,象1退3,车五退一,红方大占优势。

11. 炮八进二　……

红方巡河炮保马,稳健的走法。如改走车二平七,则炮2进4,马四进三,车3平4,黑可抗衡。

11. ……　　　卒7进1

黑方弃卒活通左马,正着。如改走卒3进1,则车二平七,红方占优势。

12. 车二平三　马7进6(图70)

黑方先弃7卒,再跃马河口挡车,针锋相对的走法。

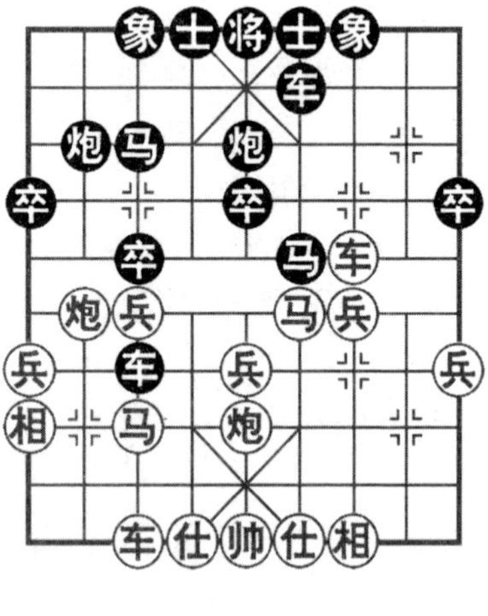

如图70形势,红方有两种走法:(一)炮五平四;(二)兵七进一。分述如下:

第一种走法:炮五平四

13. 炮五平四　卒3进1

黑方冲卒过河,准备弃车一搏。似不如改走炮2进2,红如接走兵七进一,

图70

则象 7 进 9,车三平二,车 3 退 2,较为含蓄多变。

14. 炮八进二　……

红方进炮,伏有炮八平七攻象捉车的手段,稳健的走法。如改走马四退五,则马 6 进 5,马五进七,马 5 退 7,炮四平五,马 7 进 6,帅五进一,卒 3 进 1,车三平七,车 6 平 7,炮八退三,马 3 进 2,炮八平九,卒 3 进 1,后车进二,亦是红方占优势。

14. ……　　　　马 3 进 2　　15. 车三平四　　车 6 进 3

16. 炮四进三　马 2 进 4　　17. 炮四平七　……

红方平炮打车,构思灵巧,是解除黑方车马威胁的精彩之着。

17. ……　　　车 3 平 2

黑方如改走卒 3 平 2,则炮八平七,车 3 退 2,马七进六,红方多子胜定。

18. 马七进六　卒 3 平 4　　19. 炮八平七　象 3 进 1

20. 后炮平二　炮 5 进 4

黑方应改走车 2 退 2 捉炮并可控制红马进路,要比实战走法好。

21. 马四进六　炮 2 平 6　　22. 炮七平一　士 4 进 5

23. 车七进六　炮 6 进 5　　24. 帅五进一　车 2 进 2

25. 帅五进一　车 2 退 1　　26. 帅五退一　车 2 进 1

27. 帅五进一　炮 6 平 7　　28. 炮二平三　……

红方平炮邀兑,消除黑方反击之势,老练之着。

28. ……　　　炮 7 退 3　　29. 兵三进一　卒 5 进 1

30. 马六进八

红方大占优势。

第二种走法:兵七进一

13. 兵七进一　……

红方冲七兵,简明的走法。

13. ……　　　象 7 进 9　　14. 车三平二　车 3 退 2

15. 炮五平四　炮 2 进 2　　16. 车二进二　炮 2 退 2

17. 车二退二　炮 2 进 2　　18. 车二进二　炮 2 退 2

19. 车二退二　马 3 进 4

黑方进马,求变。如改走炮 2 进 2,车二进二,双方不变作和。

20. 马四退六　……

红方退马捉车,抢先之着。

20.……　　　　马6退7　　21.马六进七　马7进8

22.前马进六　将5进1

黑方如改走车6平4,则炮八平六,士6进5,马七进八,士5进4,马八进六,红方占优。

23.仕六进五　车6进4　　24.炮八平五　炮5进3

25.兵五进一　车6退3　　26.马六退七　炮2平5

27.后马进八　车6进2　　28.兵五进一　炮5进2

黑方不能走车6平5吃兵,否则马七进六,红方得车速胜。

29.帅五平六　炮5进2　　30.车七进二　马8退7

31.车七平六

红方大占优势。

第71局　　黑进车兵线对红跃马河口(二)

1.炮二平五　炮8平5　　2.马二进三　马8进7

3.车一平二　车9进1　　4.马八进七　车9平4

5.兵三进一　马2进3　　6.兵七进一　车1进1

7.相七进九　车4进5　　8.马三进四　车4平3

9.车九平七　卒3进1　　10.车二进五　卒5进1

黑方挺中卒,新的尝试。

11.车二平五　车1平6(图71)

黑方如改走马3进5,则马四进五,炮5进2,炮五进三,士4进5,马五进三,象3进5,马三退五,红方得子。

如图71形势,红方有三种走法:(一)马四进三;(二)炮八进二;(三)车五平七。分述如下:

第一种走法:马四进三

12.马四进三　……

红马吃卒,嫌软。

12.……　　　　车6进2

13.兵三进一　马7进5

14.炮八进四　……

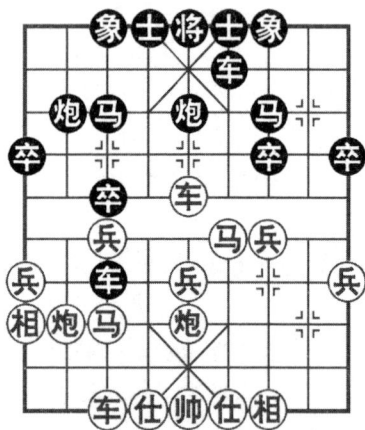

图71

红方进炮打车,正着。如改走车五平四,则车6进1,兵三平四,马5进4,黑方反先。

14. ……　　车6进5　　15. 车五进一　马3进5

16. 炮五进四　士6进5　　17. 仕六进五　车3平2

18. 炮八平七　卒3进1　　19. 兵五进一　炮2进1

黑方满意。

第二种走法:炮八进二

12. 炮八进二　卒3进1　　13. 车五平七　炮5进5

14. 马四退五　……

红方如改走车七进二,则炮5平1,黑不难走。

14. ……　　　马7进5　　15. 马五进七　马5进3

16. 相九进七　后马进5　　17. 仕六进五　卒7进1

黑方应改走炮2平3,较有针对性。

18. 车七平六　卒7进1　　19. 炮八平三　车6进4

20. 相七退五　士6进5　　21. 车六进六　炮2平7

黑方平炮弃象,寻求变化。如改走炮2平3,则马七进五,也是红方主动。

22. 炮三进五　炮7进1　　23. 车六退一　象3进5

24. 炮三平一　马5进7　　25. 前马进八　车6平3

26. 车六退三　……

红方退车保马,正着。如改走马七进六,则车3平2,黑有攻势。

26. ……　　　马3退5　　27. 马八退六　车3进1

28. 马六进四　象5退3　　29. 相五进三　……

红方弃相顶马,暗伏左车右移侧攻之势,是打开僵持局面的有力之着。

29. ……　　　炮7进2　　30. 车六平二

红方占优势。

第三种走法:车五平七

12. 车五平七　……

红方平车杀卒,是改进后的走法。

12. ……　　　炮2进4

黑方如改走车6进4,则前车进二,炮2进4,前车进二,炮2平5,马七进五,车3平5,仕六进五,士6进5,炮五进五,象7进5,前车退二,红方占优势。

13. 马四进三　车6进2　　14. 前车进二　车6平7

15. 前车进二　　车7进2　　16. 前车退四　　车7进4

17. 炮五进五　　象7进5　　18. 前车平五　　车7退3

19. 车五进二　　士4进5　　20. 车五退二　　车7平9

21. 兵七进一　　炮2平5　　22. 车五退二　　车9平5

23. 马七进五　　车3平5　　24. 仕六进五

红方占优势。

第72局　黑进车兵线对红跃马河口（三）

1. 炮二平五　　炮8平5　　2. 马二进三　　马8进7

3. 车一平二　　车9进1　　4. 马八进七　　车9平4

5. 兵三进一　　马2进3　　6. 兵七进一　　车1进1

7. 相七进九　　车4进5　　8. 马三进四　　车4平3

9. 车九平七　　卒3进1　　10. 车二进五　　卒5进1

11. 炮五进三（图72）　……

红炮打卒，稳健的走法。

如图72形势，黑方有三种走法：（一）马7进5；（二）马3进5；（三）士6进5。分述如下：

第一种走法：马7进5

11. ……　　　　马7进5

黑方进左马，嫌软。

12. 马四退五　　……

红方回马捉车，似笨实佳。

12. ……　　　　车3平4

13. 兵七进一　　卒7进1

14. 兵五进一　　炮5进2

15. 兵五进一　　马5进3

16. 马七进八　　……

红方进马捉车，取势要着。

16. ……　　　　车4平2　　17. 车七进五　　马3退5

18. 炮八平七　　车2退1　　19. 兵三进一　　象3进5

20. 车七进一　　车2平5　　21. 兵三平四　　炮2进7

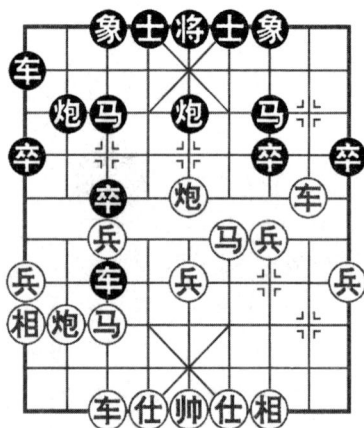

图72

22.相九退七　车1平4　　23.仕四进五

红方大占优势。

第二种走法：马3进5

11.……　　　马3进5　　12.相三进五　……

红方如改走马四进五，则马7进5，炮五进二，炮2进2，车二退二，象3进5，马七退五，车3平1，兵七进一，马5进3，相九进七，后车平4，炮八平一，炮2退1，相三进五，卒1进1，马五进七，车1平3，炮一平四，炮2进3，车七平八，车3退1，车八进三，车3进2，车八进三，车3平5，仕四进五，车4进4，黑方易走。

12.……　　　炮2进4

黑方如改走炮5进2，则马四进五，红方易走。

13.马四进六　车3平4　　14.兵七进一　士4进5
15.炮五进二　象3进5　　16.马六进四　士5退4
17.仕六进五　车1平6

黑以走马5进3踩兵为宜。

18.马四退五　卒7进1　　19.车二退一　车6进4
20.车七平六　车4进3　　21.帅五平六　象5进3
22.马五进六　士6进5

黑方补士，不如改走炮2平3，红如接走兵五进一，则马5进4，较有反弹力。

23.兵五进一　……

红方冲中兵，下伏兵五进一拱马和车二退一捉炮两个先手，黑方难以兼顾了。

23.……　　　车6进1　　24.马六进七　马5退4
25.后马进八　马7进6　　26.兵五进一

红方占优势。

第三种走法：士6进5

11.……　　　士6进5　　12.炮八进四　车1平4
13.炮八平七　象3进1　　14.相三进五　车4进2
15.兵七进一　车3退2　　16.马七进八　车3平5

红方进马兑车，简明有力的走法。

17.相九退七　车4平6　　18.马四进六　车6平4
19.炮五退一　马3进5　　20.马六进四　炮5进3
21.兵五进一　马5进4　　22.马四进三　将5平6

23.车二平四　炮2平6　24.炮七退三

红方有攻势。

第73局　黑进车兵线对红跃马河口(四)

1.炮二平五　炮8平5　　2.马二进三　马8进7

3.车一平二　车9进1　　4.马八进七　车9平4

5.兵三进一　马2进3　　6.兵七进一　车1进1

7.相七进九　车4进5　　8.马三进四　车4平3

9.车九平七　卒3进1

10.车二进五　炮2进3(图73)

黑方伸炮打马,另辟蹊径。

如图73形势,红方有两种走法:(一)
马四退三;(二)兵七进一。分述如下:

第一种走法:马四退三

11.马四退三　……

红方退马,实战效果欠佳。

11.……　　　卒3进1

12.车二平七　车1进1

13.马七退五　炮2平7

14.前车退一　车3退1

15.车七进四　卒7进1

16.炮八平七　……

红方应改走车七进一。

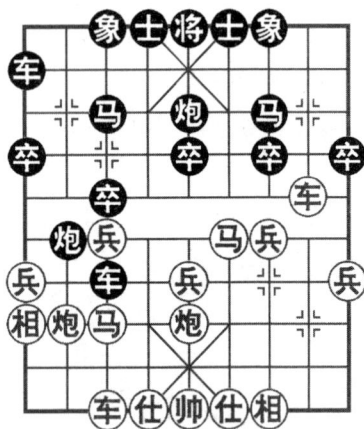

图73

16.……　　　马3进4

黑方弃象奔马,着法有力。

17.炮七进七　士4进5　　18.车七平六　马4退3

19.炮五平七　马7进6

黑方跃马捉车,取势要着。

20.车六平四　马3进4　　21.车四进一　马4进5

22.车四退二　马5退3

黑方胜势。

第二种走法:兵七进一

11.兵七进一　　车1平6　　12.马四退三　……

红方以往曾走马四进六,马3进4,车二平六,车6进4,仕六进五,炮2平7,炮八进五,士6进5,炮八平七,车3平2,车六进三,炮5平4,兵七进一,炮4进4,车七进八,车2进3,马七退八,炮4平9,炮五平七,将5平6,前炮平八,车6平2,炮七进七,将6进1,兵七进一,车2进4,仕五退六,车2退3,炮七退一,将6退1,车六退四,卒7进1,炮七进一,将6进1,仕六进五,红方弃子有攻势。

12.……　　　　卒7进1　　13.车二平三　马7进6

14.兵七进一　炮2退1　　15.车三进一　车3退3

16.兵三进一　马6退4　　17.兵三平四　炮2进2

黑方如改走车6进3,则马七进六,车3进6,马六进四,红方占优势。

18.炮五平四　车6平8　　19.车三进三　士4进5

20.马七进六　车3进6　　21.相九退七　炮2平4

22.仕六进五　马4进3　　23.相七进五

红方占优势。

第74局　黑进车兵线对红跃马河口(五)

1.炮二平五　炮8平5　　2.马二进三　马8进7

3.车一平二　车9进1　　4.马八进七　车9平4

5.兵三进一　马2进3　　6.兵七进一　车1进1

7.相七进九　车4进5

8.马三进四　车4平3

9.车九平七　卒3进1

10.车二进五　炮2进4(图74)

黑方右炮过河,创新之着。

如图74形势,红方有两种走法:(一)车二平七;(二)兵七进一。分述如下:

第一种走法:车二平七

11.车二平七　……

红方平车吃卒,力争主动。

11.……　　　　车1平6

黑方平车捉马,着法有力。

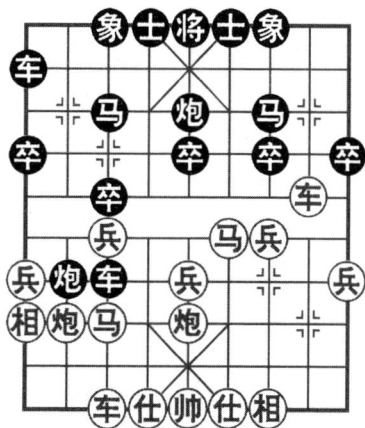

图74

12.马四进三 ……

红方如改走马四进六(如马四退三,车3平4,前车平二,马3进4,仕六进五,马4进6,马三进四,车6进4,黑方满意),马3进4,前车平六,车6进4,黑方易走。

12.……　　　车3平4

黑方平车控肋,下伏炮2平3的手段,抢先之着。

13.前车进二　　车6进2

黑方如改走炮2平3,则前车平八,炮3进3,相九退七,车6进2,炮五平三,卒5进1,仕六进五,卒5进1,兵五进一,车4平7,马三退二,马7进6,兵三进一,马6退4,车八平七,马4进5,炮三平五,车7平3,马七退六,士6进5,炮五进五,象7进5,黑方易走。

14.兵三进一　　炮2平3　　15.炮八进四　　……

红方伸炮打车,巧着。

15.……　　　卒5进1　　16.炮八平七　　炮3退3

17.仕六进五　　士6进5　　18.兵七进一　　炮3平5

19.马七进八　　车4平5　　20.兵七平六　　车6进5

黑方易走。

第二种走法:兵七进一

11.兵七进一　　……

红方七兵渡河,是改进后的走法。

11.……　　　车1平6　　12.马四退三　　……

红方退马,预谋的战术手段。如改走马四进三,则车6进2,兵三进一,卒5进1,黑方易走。

12.……　　　卒7进1　　13.车二退一　　……

红方退车,攻守两利之着。如改走车二平三,则马7进6,黑有反击手段。

13.……　　　卒5进1

黑方如改走车3退2,则马七进六,车3进5,相九退七,卒7进1,车二平三,炮2退4,马六进七,红方占优势。

14.马七退五　　……

红方退马兑车,取势要着。

14.……　　　车3进3　　15.马五退七　　马3进5

16.兵七平六　　卒5进1　　17.兵六进一　　马5进6

18.炮五进二　马7进5　　19.马七进六　炮5进3

20.兵五进一　马5进4　　21.兵三进一　炮2平7

22.马三进五

红方多兵占优。

<h2 style="text-align:center">第75局　红飞边相对黑平边炮</h2>

1.炮二平五　炮8平5　　2.马二进三　马8进7

3.车一平二　车9进1　　4.马八进七　车9平4

5.兵三进一　马2进3　　6.兵七进一　车1进1

7.相七进九　炮2平1(图75)

黑方平边炮,准备开动右翼主力。

如图75形势,红方有六种走法:(一)车九平八;(二)马七进八;(三)炮八进二;(四)车二进五;(五)车二进六;(六)仕六进五。分述如下:

第一种走法:车九平八

8.车九平八　车4进5

黑方如改走车1平2,则炮八进四,车4进6,车八进二,车2平6,马七进八,车4退3,马八进七,卒7进1,车二进六,炮1平2,车八平七,车4平2,兵七进一,车2退1,马七进五,炮2平5,兵七进一,车2进2,兵七进一,马7进6,炮五进四,炮5进4,炮五退

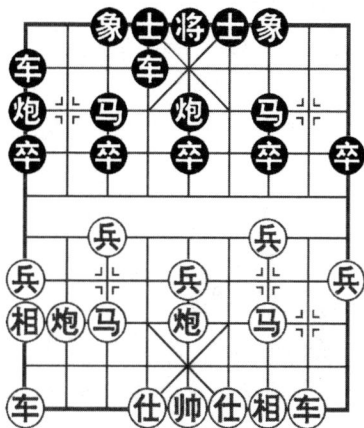

図75

一,车2平5,炮五退二,马6进5,车七平五,车6平5,马三进五,前车进1,兵三进一,前车平9,车二平九,红方多兵占优。

9.马三进四　车4平3　　10.车八平七　卒3进1

11.车二进五　卒5进1

黑方挺中卒拦车,实战中常用的战术手段。

12.车二平五　车1平2　　13.马七退五　卒3进1

14.相九进七　车3平1

黑方车吃边兵,保持变化的走法。如改走车3进3,则马五退七,马3进5,马四进五,炮5进2,炮五进三,象3进5,马五进三,士4进5,马三退一,红方多

子占优。

15.炮八平七　马3进5

黑方硬进中马打车,准备弃子争先。如改走车1平3,则相七退九,红占主动。

16.马四进五　炮5进2　　17.炮五进三　象3进5

黑方如改走炮1平5,则炮七进七,士4进5,马五进三,车1平5,炮五进一,红方大占优势。

18.前马进三　士4进5　　19.马三退一　车1平5

20.炮五平二　车5平9　　21.马一退二　车2进3

22.炮七平二

红方多子占优。

第二种走法:马七进八

8.马七进八　……

红方进马,缓步进取的走法。

8.……　　　车4进5　　9.马八进七　车1平2

10.马七进九　车2进6　　11.马九退七　车4退3

12.兵七进一　象3进1　　13.车九平七　象1进3

14.车七进五　车2退4　　15.炮五平七　马3退5

16.车七退一　炮5平3　　17.马七退六　炮3进5

18.马六退七　车4进4　　19.马三退五　车2进1

20.车二进六　卒7进1　　21.车二平三　卒7进1

22.车七平三　车2平4　　23.后车平七　象7进5

红方稍好。

第三种走法:炮八进二

8.炮八进二　……

红方左炮巡河,稳健的走法。

8.……　　　车1平2　　9.炮八平九　……

红方兑炮,着法简明。

9.……　　　车2进3　　10.炮九进三　炮5平1

11.兵五进一　士4进5　　12.车二进六　卒7进1

13.车二平三　卒7进1　　14.车九平七　车4进3

15.马七进五　车4平7　　16.兵七进一　车7退1

17. 兵七平八　卒7进1　　18. 车七进六　马3退1

19. 马三退一　卒7进6　　20. 马五进七　车7进5

21. 车七进二

红方易走。

第四种走法：车二进五

8. 车二进五　车1平2　　9. 马三进四　……

红方如改走炮八进二,则象7进9,车九平八(如车二进一,车2进3,车二平三,炮5退1,车九平八,炮5平7,车三平四,车2平6,黑方满意),卒7进1,车二退一,车2进3,兵三进一,车2平7,车二平三,炮1平2,车八平七,车7进1,炮八平三,马7进8,车七平八,车4平7,炮三平五,士6进5,马七退五,卒5进1,前炮平二,炮2平1,炮五进三,马8退6,车八进二,炮1进4,炮二退三,车7进3,马五进六,马6进7,炮二平五,车7平6,兵五进一,车6进2,相三进五,马7退5,马六进五,车6进1,车八进一,炮1退1,马三进二,车6平5,马二进三,炮1平5,马三进五,炮5退3,黑方占优势。

9. ……　　　　车2进5　　10. 仕六进五　炮1进4

11. 车九平七　炮1退2　　12. 车二进一　炮1进1

13. 车二平三　炮1平6　　14. 车三进一　炮6进1

15. 兵三进一　车4进3　　16. 炮五平二　炮6平8

17. 兵三平二　卒3进1　　18. 车三退四　炮8退1

19. 车三进六　卒1进1　　20. 兵二进一　卒1进1

21. 兵七进一　车4平3　　22. 车三退五　炮8退1

23. 车三平九　马3进4　　24. 车九平三　象3进1

25. 车三平二　炮8平5

黑方足可一战。

第五种走法：车二进六

8. 车二进六　……

红方进车,力争主动的走法。

8. ……　　　　车1平2　　9. 仕六进五　车2进5

10. 车九平七　车4进3

黑方应改走炮5退1。

11. 炮五平四　卒3进1　　12. 马三进四　车4平5

13. 炮四进一　……

红方进炮打车巧着,黑如接走车2进1吃炮,则马四退六,车2平3,车七进二,车5进2,炮四进四,红方占优势。

13. ……　　　车2退5　　14. 车二平三　炮5退1
15. 兵七进一　车5平3　　16. 炮八进二　炮5平7
17. 炮八平五　士4进5　　18. 车三平四　象3进5

黑方应改走象7进5。

19. 车四进二　马7进8　　20. 车四平三　马8进6
21. 车三平四　马3进4　　22. 炮四平三　象7进9
23. 炮五进三　将5平4　　24. 炮五平二　车2进6
25. 炮二进二　将4进1　　26. 炮二退一　炮1平6
27. 马七进六　车3进5　　28. 相九退七

红方占优势。

第六种走法:仕六进五

8. 仕六进五　 ……

红方补仕,以逸待劳的走法。

8. ……　　　车1平2　　9. 炮八退二　 ……

红方退炮,着法含蓄。如改走车二进六,则炮5退1,马三进四,车2进3,炮八进二,卒7进1,兵三进一,车2平7,炮五平三,象7进9,相三进五,双方对峙。

9. ……　　　车2进3　　10. 炮八平六　卒7进1
11. 车二进四　车4进7　　12. 马三进四　卒7进1
13. 车二平三　炮5退1　　14. 车三平二　炮5平7
15. 相三进一　象3进5

黑方应改走象7进5。

16. 炮五平四　卒3进1　　17. 车二进四　炮7平5
18. 车二平三　象5进7　　19. 车三进一　卒3进1
20. 相九进七　炮5平3　　21. 相七退五　马3退5
22. 车三平一　象7退5

双方各有顾忌。

第76局　黑双横车对红飞边相

1. 炮二平五　炮8平5　　2. 马二进三　马8进7

3. 车一平二　车 9 进 1　　4. 马八进七　车 9 平 4

5. 兵三进一　马 2 进 3　　6. 兵七进一　车 1 进 1

7. 相七进九(图 76)　……

如图 76 形势,黑方有两种走法:(一)车 4 进 3;(二)车 1 平 3。分述如下:

第一种走法:车 4 进 3

7. ……　　　　车 4 进 3

黑方肋车巡河,实战效果欠佳。

8. 马三进四　……

红方跃马蹬车,先发制人,恰到好处。如改走仕六进五,则卒 3 进 1,黑方满意。

8. ……　　　　车 4 平 6

黑方如改走车 4 平 2,则炮八进五,炮 5 平 2,马七退五,红方主动。

9. 炮八进二　卒 3 进 1

黑方如改走卒 7 进 1,则车二进四,红方先手。

10. 炮五平四　车 6 平 5　　11. 马四进三　车 5 平 6

12. 马三退四　车 6 平 5　　13. 仕六进五

红方先手。

第二种走法:车 1 平 3

7. ……　　　　车 1 平 3

黑方马后藏车,着法含蓄。

8. 车九平七　……

红方平车护马,针锋相对之着。如改走车二进五,则卒 5 进 1,马三进四,卒 3 进 1,车二平五,卒 3 进 1,车五平七,卒 3 进 1,车七退二,马 3 进 5,车七进五,车 4 平 3,马四进五,车 3 进 6,黑方稍优。

8. ……　　　　卒 5 进 1　　9. 炮八进四　……

红方左炮过河,是应对黑方进中卒的常见战术手段。如改走仕六进五,则卒 3 进 1,兵七进一,马 3 进 5,黑呈反先之势。

9. ……　　　　卒 3 进 1　　10. 兵七进一　马 3 进 5

11. 炮八平三　象 7 进 9　　12. 兵七进一　马 5 进 3

13. 马七进八　马 3 进 2　　14. 仕六进五

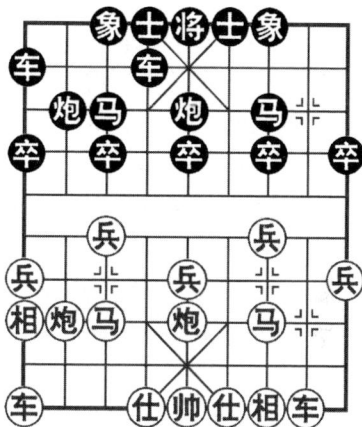

图 76

红方占优势。

第77局 黑挺边卒对红补左仕(一)

1.炮二平五　炮8平5　　2.马二进三　马8进7

3.车一平二　车9进1　　4.马八进七　车9平4

5.兵三进一　马2进3　　6.兵七进一　车1进1

7.相七进九　卒1进1

黑方挺边卒,准备邀兑边卒出车,是近期较为流行的走法。

8.仕六进五　……

红方补仕,缓步进取的走法。

8.……　　　卒1进1　　9.兵九进一　车1进4

10.车二进五　……

红方进车骑河,是常用的战术手段。

10.……　　　车4进5

黑方进车,准备平车压马。如改走卒5进1,则炮八退一,车1退1,车二平五,红方易走。

11.炮八退一　车4平3(图77)

如图77形势,红方有三种走法:(一)仕五进六;(二)车九平七;(三)炮八平九。分述如下:

第一种走法:仕五进六

12.仕五进六　……

红方扬仕保马,实战效果欠佳。

12.……　　　车3退1

黑方退车吃兵,正着。

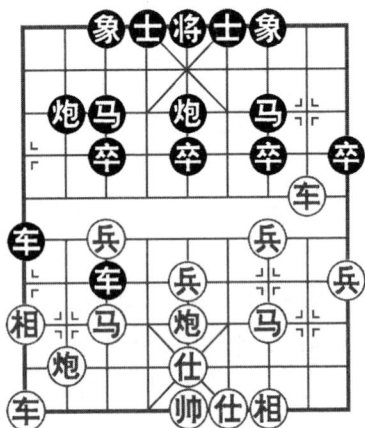

图77

13.相九进七　车1进4　　14.炮八退一　象3进1

15.车二平六　卒3进1　　16.车六退一　马3进2

17.炮八平六　士6进5　　18.仕四进五　马2进3

19.车六进二　卒3进1　　20.车六平七　车1退4

21.马三进四　马3进5　　22.马四退五　炮2进2

23.炮六平八　炮5进4　　24.帅五平四　象7进5

黑方大占优势。

第二种走法:车九平七

12.车九平七　　炮2进5

黑方炮2进5献炮,准备弃子取势。

13.炮五平八　　车1进2　　14.车二平八　　卒3进1

15.车八进一　　……

红方如改走车八进三,则卒3进1,相三进五,马3进1,车八进一,马1进2,后炮进三,车1平2,炮八进三,马7退5,炮八进一,车3进1,车七进二,车2平3,马三进四,炮5进4,帅五平六,车3平2,炮八退一,马5进3,车八退一,卒3进1,炮八退三,炮5退1,黑方胜势。

15.……　　　　卒3进1　　16.仕五退六　　马3进4

17.车八退一　　马4进2　　18.马七退五　　车1平2

19.车七进三　　卒3进1　　20.炮八进三　　士6进5

21.兵三进一　　卒7进1　　22.车八平三　　车2退2

23.车三进二　　炮5平1

红方多子,黑方有攻势,双方各有顾忌。

第三种走法:炮八平九

12.炮八平九　　……

红方平炮打车,是改进后的走法。

12.……　　　　车1平2

黑方如改走车1进2吃相,则炮五平九,车3进1,黑方一车换双,双方各有顾忌。

13.车九平七　　车2进3　　14.马三进四　　炮2进2

15.车二进三　　卒3进1　　16.兵七进一　　车3退2

17.车二平六　　卒7进1　　18.炮五平三　　炮5进4

19.相三进五　　炮5平8　　20.车六平二　　炮8平7

21.炮三退一　　车2退1　　22.马七退五　　车3进5

23.相九退七　　车2退1　　24.马五进七　　士4进5

25.兵三进一　　车2平6　　26.车二退五

红方占优势。

第78局　黑挺边卒对红补左仕(二)

1.炮二平五　　炮8平5　　2.马二进三　　马8进7

3. 车一平二　车9进1　　4. 马八进七　车9平4

5. 兵三进一　马2进3　　6. 兵七进一　车1进1

7. 相七进九　卒1进1　　8. 仕六进五　卒1进1

9. 兵九进一　车1进4　　10. 车二进五　车4进5

11. 马三进四　……

红方跃马捉车,力争主动的走法。

11. ……　　车4平3　　12. 车九平七　……

红方平车保马,正着。如改走仕五进六保马,则炮5进3,仕四进五,炮5退1,黑方反先。

12. ……　　车1进2　　13. 马四进六　车1退3

14. 车七平六(图78)　……

如图78形势,黑方有两种走法:(一)士6进5;(二)车1平4。分述如下:

第一种走法:士6进5

14. ……　　士6进5

黑方补士,嫌软。

15. 马六退七　车1平8

16. 车六进六　炮5平6

17. 前马进五　象7进5

18. 车六平七　车8平4

19. 兵七进一　车4进4

20. 马五进六　炮2平1

21. 仕五进六　车4平6

22. 仕六退五　车6退3

23. 炮五平四

红方大占优势。

第二种走法:车1平4

14. ……　　车1平4

黑方车换马炮,是化解红方攻势的正确选择。

15. 车二平六　车3进1　　16. 兵七进一　……

红方冲兵献炮,取势要着。如改走后车进二,则车3进2,后车退二,车3退4,黑可抗衡。

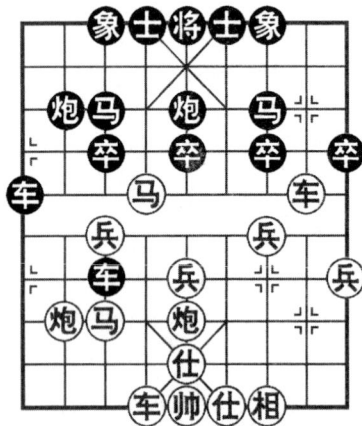

图78

16.……　　　炮2进4

黑方右炮过河,嫌软。应改走卒3进1(如车3平2,兵七进一,红方主动),前车退三,车3退1,炮八进四,象3进1,炮八平三,象7进9,前车进四,士4进5,黑方可以抗衡。

17.前车退三　车3退1

黑方如改走车3退3吃兵,则前车进五,马7退5,炮五进四,车3平5,炮八平五,车5进2,后车进六,炮2退3,后车平七,炮2平5,炮五进四,红方大占优势。

18.前车进五　马7退5　　　19.炮五进四　车3平5

20.前车平七　车5退3　　　21.车七平六　炮2退6

22.兵七平八　炮2平1　　　23.炮八平七　车5进3

24.前车进一　车5平2　　　25.炮七平五　车2退2

26.后车平九　炮1平2　　　27.帅五平六　车2平5

28.车九进九　马5进7　　　29.车九平八　士6进5

30.车八退二　马7退6　　　31.炮五平九

红方多子占优。

第79局　黑挺边卒对红补左仕(三)

1.炮二平五　炮8平5　　　2.马二进三　马8进7

3.车一平二　车9进1　　　4.马八进七　车9平4

5.兵三进一　马2进3　　　6.兵七进一　车1进1

7.相七进九　卒1进1　　　8.仕六进五　卒1进1

9.兵九进一　车1进4　　　10.车二进五　炮2平1

黑方平边炮,继续贯彻牵制红方左翼边线的战术。

11.炮八退一　……

红方退炮保相,常见的走法。如改走炮八进四,则车4进5,马三进四,车4平3,马四进六,车3进1,炮八平五,士6进5,马六进八,车1平2,马八进七,将5平6,车二平四,炮5平6,车九平六,车2退4,前炮进一,炮1平5,炮五进五,炮6退1,车四进二,象3进5,马七退五,马7退9,车四退四,车3平8,车六进七,车2进1,车六退一,车8退5,车六平四,车8平5,前车进二,将6平5,前车平一,马3进5,车一平三,士5退6,车三进一,士4进5,黑方多子占优。

11.……　　　车4平1

黑方平边车诱红炮八平九打车,是改进后的走法。黑方另有两种走法:①车4进7,炮八平九,车1平3,炮九进六,车3进2,炮九平五,象3进5,车二进二,马7退5,马三进四,马5退3,马四进三,士4进5,马三进四,后马进4,车二平五,马3退4,车五平三,前马退6,车三进一,车4退2,车三平四,红方占优势。②炮1退1,车二平八,车4进7,车八进三,车1平2,车八平九,车2进3,前车平三,马3退5,车三平四,炮5平1,车九平七,车2退6,马三进四,炮1退1,车四退三,车2平4,车四平八,马5进3,车八进三,红方占优势。

12. 车九平六 ……

红方弃相吊车,正着。如改走炮八平九,则前车平3,炮九进六,车1进1,相九进七,车1进7,仕五退六,车1退4,马七进六,卒7进1,车二平三,车1平3,车三进二,车3平4,黑呈反先之势。

12. …… 炮1进5 13. 炮八平九 炮1平5

14. 相三进五 前车退1(图79)

黑方退车邀兑,改进后的走法。如改走后车平6,则炮九平七,卒7进1,车二平三,马7进6,马三进四,象7进9,车三平二,马6退7,马四进三,车6进2,车二进一,卒5进1,兵三进一,卒5进1,兵三平四,车6平5,兵五进一,车5进2,兵四平五,车5进2,马七进六,车5退2,马三进五,象3进5,马六进七,红方占优势。

如图79形势,红方有两种走法:(一)车二进一;(二)车二平九。分述如下:

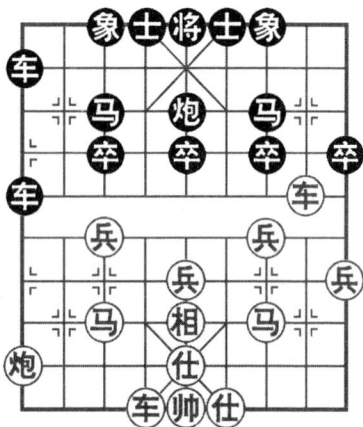

第一种走法:车二进一

15. 车二进一 后车平2

16. 炮九平七 马7退9

黑方退马捉车,诱红车二平三吃卒,再炮5平8侧袭兼调整阵势。如改走车2进6,则马七进六,士4进5,马六进七,车2平5,马七退九,车5平7,炮七进六,炮5进4,仕五进四,车7退2,车六进三,炮5退1,炮七平八,卒5进1,炮八进二,象3进5,马九进八,红胜。

17. 车二进一 马3进1 18. 马七进六 车1进4

19. 炮七退一 马1进2 20. 马六进七 马2退3

21. 炮七进六 车1退1 22. 马三进四 炮5进4

图 79

23.马四进五 ……

红方如误走车二退四,则炮5退2,兵七进一,马9进7,兵七平六,炮5进1,炮七退二,车2进4,车二平七,士6进5,兵六进一,卒5进1,炮七进三,炮5进3,马四进六,车2进3,相五进七,车1进1,车七退二,车2平3,炮七退六,车1平3,仕四进五,车3退3,黑方大占优势。

23. …… 车1平5

黑方如改走象7进5,则马五进七叫杀,再炮七平五,红方大占优势。

24.马五进七 车2平3 25.车六进三

红方大占优势。

第二种走法:车二平九

15.车二平九 车1进3 16.炮九平七 炮5平6

红方卸炮调整阵形,是稳健的走法。

17.马三进四 象7进5 18.马四进三 士6进5

19.马七进六 卒3进1 20.马六进四 炮6进1

21.马四进六 炮6平4 22.车六进六 车1进5

23.炮七退一 卒3进1 24.车六退六 车1退7

25.相五进七 马3进2 26.车七进五 马2进1

27.马三进一 ……

红方进马奔槽,攻击点十分准确。

27. …… 将5平6 28.兵三进一 ……

红方占优势。

第80局 黑挺边卒对红补左仕(四)

1.炮二平五 炮8平5 2.马二进三 马8进7

3.车一平二 车9进1 4.马八进七 车9平4

5.兵三进一 马2进3 6.兵七进一 车1进1

7.相七进九 卒1进1 8.仕六进五 卒1进1

9.兵九进一 车1进4 10.车二进五 炮5退1(图80)

黑方退中炮,实战效果欠佳。如图80形势,红方有两种走法:(一)车二平八;(二)炮八退一。分述如下:

第一种走法:车二平八

11.车二平八 ……

红方平车兑炮,简明有力之着。如改走兵七进一,则卒7进1,车二平三,炮5平7,车三平六,车4进3,兵七平六,车1平7,黑方反先。

    11.……   炮2进5

黑方兑炮,势在必行。如改走炮2平1,则车八进二,车4进1,以下红方有车九平六或炮八退一战术的手段,红方占优势。

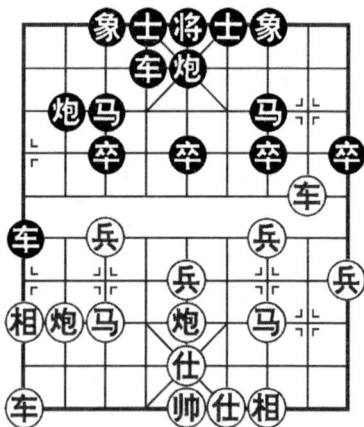

图80

    12.车八退三   卒5进1

    13.车八进四   马3进5

    14.车八平七   卒7进1

    15.马三进四   象7进5

    16.马四进五   炮5进2

    17.兵三进一   象5进7

    18.车七进三   车1退2   19.车七退四   炮5退1

    20.车七平五   车4进5   21.车五平三

红方多兵多相占优。

第二种走法:炮八退一

    11.炮八退一   ……

红方退炮,准备打死黑车,又是一种走法。

    11.……   卒7进1

黑方弃车,准备威胁红方右翼。

    12.车二平三   炮5平7   13.炮八平九   炮7进3

    14.兵三进一   ……

红方冲兵渡河吃炮,取势要着。

    14.……   车4平1   15.车九平八   炮2退2

    16.炮九进三   车1进4   17.兵三进一   马7退5

    18.马七进六   马5进4   19.马六进四   卒5进1

    20.马四进二   车1退4   21.兵三进一   车1平6

    22.炮五进三

红方胜势。

第81局　黑挺边卒对红补左仕（五）

1.炮二平五　炮8平5　　2.马二进三　马8进7

3.车一平二　车9进1　　4.马八进七　车9平4

5.兵三进一　马2进3　　6.兵七进一　车1进1

7.相七进九　卒1进1　　8.仕六进五　卒1进1

9.兵九进一　车1进1　　10.车二进六　……

红方右车过河,是江苏棋手喜用的走法。

10.……　　　　　车1退1

黑方退车,反被红方利用。似不如改走车4进7,车二平三,炮5退1,要比实战走法好。

11.车二平三　炮5退1　　12.车三退一　……

红方退车邀兑,可以稳持"小先手",简明的走法。

12.……　　　　　车1平7

黑方如改走马7进6,则车九平六,车4平1,马三进四,象3进5,车三平二,炮5平7,相三进一,炮7平6,马四进六,马6退4,炮八退二,后车平4,炮八平九,车1平2,马六进四,车2平8,马四退二,马4退5,车六平八,车4平2,车八进六,马5退3,马七进六,车2平4,炮五平六,车4平2,马六进四,红方占优势。

13.兵三进一　炮5平7　　14.马三进四　炮7进3(图81)

如图81形势,红方有两种走法:(一)炮五平四;(二)车九平六,分述如下:

第一种走法:炮五平四

15.炮五平四　……

红方卸炮,准备调整阵势。

15.……　　　　　象7进5

16.相九退七　炮2进4

17.兵一进一　车4进7

18.炮四退一　车4退5

19.相七进五　卒5进1

20.炮八平九　卒3进1

21.车九平八　炮2退2

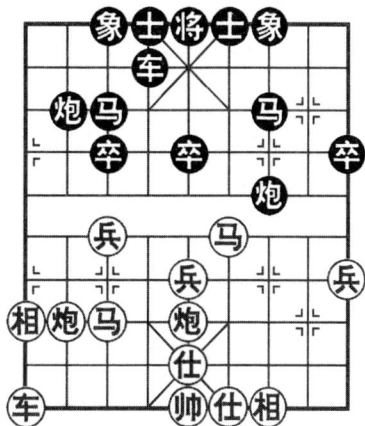

图81

黑可改走炮 2 平 3,免受红车牵制,要比实战走法为好。

22.马七进九　炮 2 退 1　　23.兵七进一　炮 7 平 3

24.炮九平七　马 3 进 5　　25.马九进七　……

红方抓住黑方子力位置欠佳的弱点,硬进马欺炮,紧凑有力之着。

25.……　　卒 5 进 1　　26.兵五进一　马 5 进 6

27.炮七进三　车 4 进 2　　28.炮七进二　马 7 进 5

29.车八进六　马 5 退 3　　30.马七进六

红方易走。

第二种走法:车九平六

15.车九平六　……

红方车九平六兑车,稳健的走法。

15.……　　车 4 进 8　　16.仕五退六　象 3 进 5

17.炮八进四　……

红方如改走马四进六,则炮 7 进 3,炮五进四,马 3 进 5,炮八平三,马 7 进 8,炮三平一,马 5 退 7,兵一进一,卒 3 进 1,兵七进一,象 5 进 3,仕六进五,炮 2 退 1,和势。

17.……　　卒 3 进 1　　18.兵七进一　象 5 进 3

19.马七进六　士 4 进 5

黑方如改走象 3 退 5,则仕四进五,士 4 进 5,炮八平七,炮 7 平 3,炮五平三,炮 2 进 1,相三进五,马 7 退 9,炮三平一,马 9 进 7,红方稍好。

20.兵一进一　象 3 退 5　　21.马六进五　马 7 进 5

22.炮五进四　马 3 进 5　　23.马四进五　炮 7 退 3

24.炮八平一　炮 7 平 9　　25.炮一平二　象 7 进 9

26.炮二进三　象 5 退 7

黑方退象,取得局势均衡。

27.马五进七　炮 9 进 4

双方和势。

第82局　黑挺边卒对红进车骑河(一)

1.炮二平五　炮 8 平 5　　2.马二进三　马 8 进 7

3.车一平二　车 9 进 1　　4.马八进七　车 9 平 4

5.兵三进一　马 2 进 3　　6.兵七进一　车 1 进 1

7.相七进九　卒1进1　　8.车二进五　……

红方进车骑河,占据要津,进而扑出右马,是既定方针。

8.……　　　卒1进1

黑方挺边卒,准备从边线突破,这是常见的应法。另有两种走法:①车4进5,马三进四,车4平3,车九平七,车1平3,炮五平三,前车平2,炮八进五,炮5平2,兵七进一,卒3进1,车二平七,象3进5,前车退一,红方占优势。②卒7进1,车二平三,炮5退1,马三进四,炮5平7,车三平六,车4进3,马四进六,马3退5,车九进一,车1平4,车九平六,马5进6,相三进一,卒5进1,车六平四,马6进8,马六退八,炮2进5,炮五平八,红方稍好。

9.兵九进一　车1进1　　10.马三进四　……

红方进马,较为积极多变的走法。

10.……　　　炮2平1　　11.车二平六(图82)　……

红方平车邀兑,争先之着。如改走炮八退一,则车4进6捉马,黑方占优。

如图82形势,黑方有三种走法:(一)车4平2;(二)车4平6;(三)车4平1。分述如下:

第一种走法:车4平2

11.……　　车4平2

黑方平车,牵制红炮。

12.车六进一　车1退2

黑方退车保卒,似笨实佳。如改走炮1进5,则炮八进二,马3进1,马四进六,红方占优势。

13.车六退二　……

红方退车,机警之着。

13.……　　　车1进1

14.车九平七　车2进5

黑方如改走炮1进5打相,则马四进六,炮1平3(如马3退1,马六退八,红方占优势),车七进二,车2平4,车七平六,红方主动。

15.马四进六　马3退1

16.兵七进一　……

红方弃兵,佳着。如改走炮八退二,则炮1进5,炮八平九,炮1平5,相三进

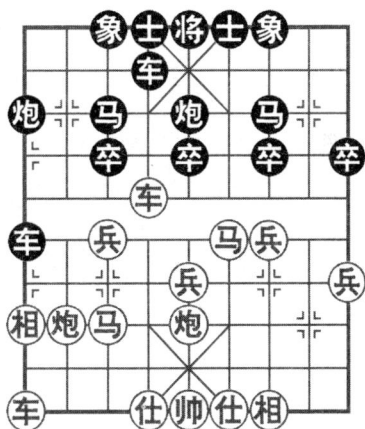

图82

五,士6进5,马六进五,象7进5,炮九进八,车1退3,车六平四,车2平3,车四进二,车1进6,车四平三,马7退8,马七退九,车3平5,车七进一,车5进1,仕六进五,卒9进1,黑方占优势。

16.……　　　　车1平3

黑方如改走卒3进1,则马六进四,车2退5,仕六进五,车2平6,车六进五,将5平4,炮八进七,将4进1,车七平六,炮5平4,车六平八,红方弃子有攻势。

17.车六平八　　车2平1

黑方如改走车2退1兑车,则马七进八,也是红方主动。

18.马六进四　　车3平6　　　19.马四进三　　车6退3
20.车八进四　　炮5退1　　　21.炮八退二　　车1退2
22.炮八平七　　象3进5　　　23.车八平九　　车6平7
24.车七平八　　炮5平6　　　25.炮七平五　　炮6平3

26.车八进七

红方大占优势。

第二种走法:车4平6

11.……　　　　车4平6

黑方平车捉马,保持变化。

12.马四进三　　车6平2　　　13.炮五平三　　……

红方卸炮,威胁黑方7路马。以往红方曾走车六进一,车1退2,炮八进二,卒3进1,车六退二,车1平3,车九平八,卒3进1,相九进七,车3进1,炮五退一,车3平4,相七退五,车4进1,马七进六,马3进4,炮八进三,炮5平4,马六进四,红方占优势。

13.……　　　　炮5退1　　　14.车九平七　　炮5平7
15.马三退四　　炮1进5　　　16.炮三进五　　马3退5
17.炮三退一　　车2进6　　　18.马七进六　　车2平6
19.车六平四　　车1进1

双方各有顾忌。

第三种走法:车4平1

11.……　　　　车4平1

黑方炮后藏车,另辟蹊径。

12.炮八退一　　炮1进5　　　13.车九进二　　前车进2

14. 炮五平九　车 1 进 6　　15. 车六退三　……

红方退车保马,稳健的走法。如改走马七进六,则炮 5 进 4,双方对攻,各有顾忌。

15. ……　　　马 3 进 1　　16. 马四进六　卒 3 进 1

17. 炮八平三　……

红方平炮牵制黑方左翼,灵活的走法。如改走兵七进一,则马 1 进 2,黑方丢子。

17. ……　　　士 6 进 5

黑方补士,着法老练。如改走卒 3 进 1,则马六进八,红方有攻势。

18. 仕四进五　卒 3 进 1　　19. 兵三进一　马 1 进 3

20. 兵三进一　马 7 退 9　　21. 相三进五　炮 5 平 1

22. 相五进七　车 1 平 2　　23. 仕五退四　炮 1 进 7

24. 帅五进一　……

红方易走。

第83局　黑挺边卒对红进车骑河(二)

1. 炮二平五　炮 8 平 5　　2. 马二进三　马 8 进 7

3. 车一平二　车 9 进 1　　4. 马八进七　车 9 平 4

5. 兵三进一　马 2 进 3　　6. 兵七进一　车 1 进 1

7. 相七进九　卒 1 进 1　　8. 车二进五　卒 1 进 1

9. 兵九进一　车 1 进 4　　10. 炮八退一　……

红方退炮,准备攻击黑方边车,似嫌急躁。

10. ……　　　车 4 进 6

黑方进车捉马,击中红方要害,正着。

11. 车九平七　……

红方平车捉马,逼走之着。如改走炮八平九,则车 1 进 2,仕六进五,车 4 平 3,炮五平九,车 3 平 1,黑方占优势。

11. ……　　　车 1 进 2　　12. 马七进八　……

红方如改走仕四进五,则车 4 平 3,车七进二,车 1 平 3,黑方大占优势。

12. ……　　　车 4 平 5

黑方弃车砍炮,取势要着。

13. 相三进五　车 1 平 5　　14. 仕六进五　车 5 平 2(图 83)

黑方平车,着法细腻。如改走车5平7
(如炮2进6,车七进二,红方主动),炮八进
六,炮5平2,马八进七,红方主动。

如图83形势,红方有三种走法:(一)
车七进二;(二)马八退七;(三)兵七进一。
分述如下:

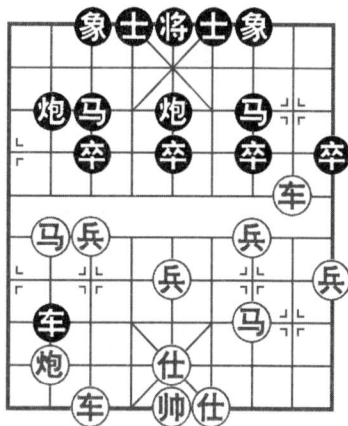

第一种走法:车七进二

15. 车七进二　车2退2

16. 炮八进六　车2退3

17. 兵三进一　卒7进1

18. 车二平三　马3退5

19. 车七平六　炮5平4

20. 马三进四　象7进9

图83

黑方飞边象,佳着。如改走象7进5,则车三进一,黑方无便宜可占。

21. 车三进一　炮4进1　　22. 车三退四　马7进6

23. 车六进三　马5进7

黑方占优势。

第二种走法:马八退七

15. 马八退七　炮2进6　　16. 马三进四　炮5平4

黑方卸炮调整阵势,灵活之着。

17. 车二平六　士6进5　　18. 车六进一　马7退9

黑方回马,以退为进之着。

19. 车六退一　卒3进1

黑方弃卒活马,正着。

20. 车六平七　马3进2　　21. 马四进五　炮4进4

22. 后车平八　马2进1　　23. 马七退六　炮4平3

24. 车七平六　炮2平4　　25. 车八平九　车2平1

26. 车九平七　马1进3

黑方大占优势。

第三种走法:兵七进一

15. 兵七进一　……

红方置黑方一车捉三子于不顾,冲七兵渡河,是改进后的走法。

15. ······　　　卒3进1　　16. 车二平七　　车2进1

17. 马八进九　　马3进2　　18. 前车进四　　士6进5

19. 前车退八

红方易走。

小结: 顺炮直车两头蛇对双横车布局中,第三节红飞边相变例,准备车九平七策应七路马,是比较含蓄的走法。黑方第7回合车4进5进车兵线,准备平车压马争先,是目前流行的走法。黑方第7回合卒1进1挺边卒,准备邀兑边卒出车,有望收到出奇制胜的效果。

第四节　红升巡河炮变例

第84局　黑双横车对红升巡河炮

1. 炮二平五　　炮8平5　　2. 马二进三　　马8进7

3. 车一平二　　车9进1　　4. 马八进七　　车9平4

5. 兵三进一　　马2进3　　6. 兵七进一　　车1进1

7. 炮八进二(图84)　······

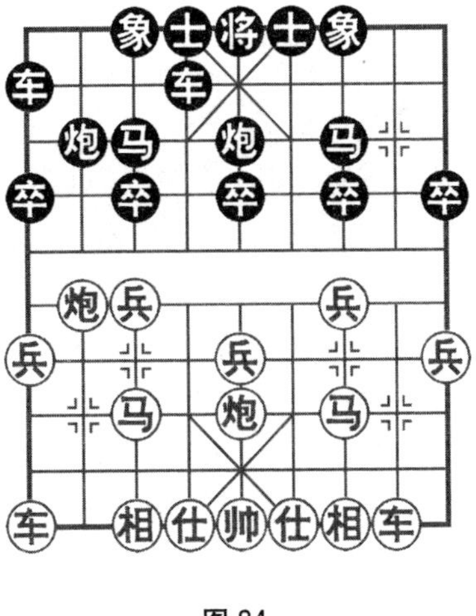

红方升巡河炮,准备掩护双马出动,并使黑车无好点可占,是比较稳健的走法。

如图84形势,黑方有两种走法:(一)车4进5;(二)车1平3。分述如下:

第一种走法:车4进5

7. ······　　　车4进5

8. 相七进九　　车1平6

黑方平车6路,反成为红方进攻的目标。不如改走卒5进1,仕六进五(如马三进四,车4平3,车九平七,卒3进1,黑可抗衡),再车1平6,马三进四,卒5进1,炮八平五,士6进5,马四进三,车6进2,黑可抗衡。

9. 马三进四　　车4平3

黑方平车压马,陷入被动。如改走车4进2(如车4进1,车九平七,炮5进

图84

4,仕六进五,象 3 进 5,车二进三,红方占优势),车二进五,也是红方主动。

10.车九平七　卒 3 进 1

黑方兑卒,造成失子。如改走车 3 平 2,则失先太多,红方占优。

11.炮五平四　炮 5 平 6

黑方如改走车 6 平 4,则炮四进一,黑亦丢车。

12.马四退五　炮 6 进 7　　13.车二进二　……

红方高车保炮,连消带打,巧妙!黑方车炮尽在口中,二者必丢其一。

13.……　　车 3 平 2　　14.兵七进一　车 6 进 4

黑方如改走炮 6 退 1,则兵七进一,马 3 退 5,车七进一,黑亦难应。

15.帅五平四　马 3 退 5　　16.帅四平五　炮 2 平 3

17.炮八平五　炮 3 进 5　　18.车七进二　车 6 平 7

黑方如改走车 2 平 5,则炮五进四,士 6 进 5,车七进二,红方多子胜势。

19.车七进一　车 7 进 4　　20.炮四退二　车 2 进 1

21.兵七平六　象 7 进 5　　22.车七进五

红方多子大占优势。

第二种走法:车 1 平 3

7.……　　　　车 1 平 3

黑方马后藏车,准备弃 3 卒反击,含蓄有力的走法。

8.车九进二　……

红方如改走车二进五,则卒 5 进 1,马七进六,卒 3 进 1,马六进七,车 4 进 7,炮八进二,卒 3 进 1,仕四进五,士 4 进 5,车二进一,马 3 进 5,马七进五,象 3 进 5,炮八平三,车 4 退 3,车二退二,车 3 进 3,炮五平四,卒 5 进 1,炮四进六,象 7 进 9,兵五进一,车 4 平 5,黑方子力灵活并有卒过河,易走。

8.……　　　　卒 5 进 1

黑方冲卒为进中马开通道路,灵活的走法。

9.马七进六　卒 3 进 1

黑方弃 3 卒,是马后藏车的后续手段。如改走马 3 进 5,则马六进五,马 7 进 5,炮八进二,卒 3 进 1,车二进六,卒 3 进 1,车二平三,马 5 进 3,炮八平一,红方下伏炮五进四和炮一进三的先手,易走。

10.炮五平六　卒 5 进 1

黑方冲中卒,准备一车换马炮,争夺主动。

11.炮六进六　卒 5 平 4　　12.相三进五　车 3 平 4

13. 兵七进一　马 3 进 5　　14. 兵七进一　卒 4 进 1

15. 仕四进五　……

红方如改走炮八平五,则炮 5 进 3,兵五进一,炮 2 平 5,也是黑方占优。

15. ……　　　　卒 4 平 5　　16. 车二进三　卒 5 进 1

黑方冲卒破相,使红方疲于防守,简明有力。

17. 相七进五　马 5 进 4　　18. 车九平六　马 7 进 5

19. 车二平六　炮 2 进 2

黑方升炮巡河,灵活有力。

20. 马三进四　炮 2 平 6　　21. 兵七进一　卒 7 进 1

黑方挺卒邀兑,开通马路,正着。

22. 炮八进三　炮 5 退 1

黑方退炮,保持变化。黑方可改走卒 7 进 1,红如炮八平五,则卒 7 平 6,炮五平六,卒 6 平 5,也是黑方占优势。

23. 兵三进一　马 5 进 7　　24. 马四退二　炮 6 平 2

25. 帅五平四　马 7 进 8　　26. 前车进一　……

红方如改走前车平二吃马,则炮 5 进 2,黑方胜势。

26. ……　　　　炮 2 平 6

黑方胜势。

小结: 红方第 7 回合炮八进二升巡河炮掩护双马出动,并使黑车无好点可占,是比较稳健的走法。黑方第 7 回合"马后藏车"在 3 路线布下伏兵,含蓄有力,是一种巧妙的设计。实战证明,红方先手攻势不易控制,后手方不乏反击的机会。因此,此变例在实战中已较少出现。

第五节　红进车骑河变例

第 85 局　黑双横车对红进车骑河

1. 炮二平五　炮 8 平 5　　2. 马二进三　马 8 进 7

3. 车一平二　车 9 进 1　　4. 马八进七　车 9 平 4

5. 兵三进一　马 2 进 3　　6. 兵七进一　车 1 进 1

7. 车二进五　……

红方进车骑河,抢占要道。

7.······　　　车4进5

正着。黑方如改走象7进9,则马三进四,卒7进1,车二退一,马7进6(如
卒7进1,车二平三,马7进6,炮五平二,炮5平8,仕六进五,车4平7,车三进
四,车1平7,相七进五,象9退7,车九平六,象7进5,炮二平四,马6进8,车六
进六,炮2退1,车六退一,马8退7,车六平四,炮2平6,炮八进六,车7退1,黑
方不利),炮八进二,车4进6,兵三进一,车4平3,兵三平四,车3退2,马四退
三,卒3进1,相七进九,车3平8,马三进二,车1平7,车九平七,车7进4,车七
进五,炮5进4,炮五平七,车7平8,车七进二,车8平2,炮七进七,士4进5,炮
七平八,炮2平1,炮八平九,炮1进4,车七进二,士5退4,炮九退六,黑方足可
一战。

8.相七进九　　······

红方亦可改走马三进四,黑如车4平3,则马七退五,车3平5,炮八平七,车
5退1,马五进三,车5平3,车九进二,卒3进1,车九平八,炮2进3,相七进九,
炮5进5,马四退五,车3平7,车二平七,炮2平5,仕六进五,马3退5,车八进
二,象3进1,车七平六,马5进6,车八平六,车1退1,前车平四,马7退5,帅五
平六,车7退1,马三进二,炮5退1,马五进七,车7平6,马二进四,卒7进1,车
六进三,红方占优势。

8.······　　　车1平6(图85)

如图85形势,红方有两种走法:(一)
仕六进五;(二)炮八进三。分述如下:

第一种走法:仕六进五

9.仕六进五　　······

红方补仕,巩固中防。

9.······　　　车4平3

10.车九平七　　炮2进3

黑方进炮骑河,是新的尝试。一般多
走车6进5,准备攻击红方右马。

11.车二平六　　······

红方右车移占左肋,是争先取势的紧
要之着。

图85

11.······　　　卒5进1　　　12.相三进一　　马3进5

13.车六平八　　炮2进1　　　14.马七退六　　车3平4

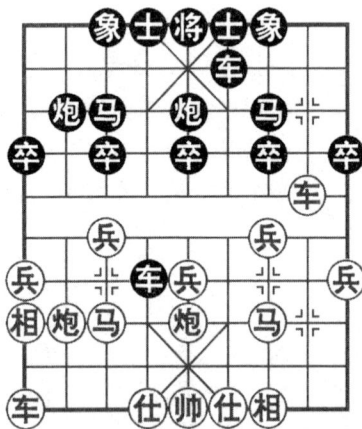

15.马六进七　车4平3　　16.马七退六　车3平4

17.马六进七　车4平3　　18.炮五进三　……

　　红方炮打中卒,求变。如续走马七退六,则车3平4,马六进七,车4平3,双方不变作和。

18.……　　　　炮5进2　　19.车八平五　炮2退4

20.车五平六　炮2平5　　21.马七退六　车3平1

　　黑方车吃边卒,保持变化的走法。如改走车3进3,则相九退七,车6进5,马六进五,也是红方占优势。

22.车七进二　马5进6　　23.兵五进一　马6进7

24.炮八平三　车1平5　　25.兵五进一　士6进5

26.相九退七　车6进7　　27.马六进五　……

　　红进中马,不失为灵活之着。

27.……　　　　将5平6　　28.兵七进一　炮5平3

29.炮三平四　将6平5

　　黑方如改走卒3进1,则车七进三,炮3进7,兵五平四,将6平5,车六平五,车5退2,兵四平五,炮3平2,车七进四,也是红占优势。

30.车七进一　车5退1　　31.炮四进三

　　红方占优势。

第二种走法:炮八进三

9.炮八进三　　……

　　红方炮八进三,抢占巡河要道。

9.……　　　卒5进1

　　黑方冲中卒从中路突破,着法有力。另有3种走法:①车6进7,仕六进五,卒7进1,车二进三,车4平3,车九平七,卒7进1,炮八平三,马7进6,车二平四,炮5平6,炮三平四,炮6进3,车四退三,炮6进4,车四退四,炮6平3,仕五进六,炮3平1,车四平八,炮2进4,帅五进一,炮1平3,车八平九,卒3进1,兵七进一,车3退2,相九退七,红方多子占优。②象7进9,马三进四,车4进1,车九平七,卒7进1,车二退一,卒7进1,车二平三,马7进8,仕六进五,车4进1,马四进三,炮5平7,马三退二,象3进5,车三平六,车4平3,马七进六,红方占优势。③卒7进1,车二平三,马7进6,马三进四,车4平3,车九平七,卒3进1,炮五平四,炮2进2,兵七进一,象7进9,车三平二,车3退2,相三进五,炮5进4,仕六进五,炮5退1,车二退二,象3进5,车二平五,卒5进1,车七平六,车6进2,车五平六,士6进5,炮八退三,车3退1,炮八平七,炮2平3,黑可抗衡。

10.仕六进五　车4平3　　11.车九平七　马3进5

12.马三进四　……

红方如改走车二进一,则车6进5,马三进四,卒5进1,马四进三,车6退3,兵三进一,卒5进1,兵三平四,车6平7,车二平三,卒5进1,黑方弃车抢攻占优。

12.……　　卒5进1　　13.马四进五　卒5进1

14.马七进五　……

红方如改走车二退二,则卒5进1,车二平七,卒5平4,前车平六,马7进5,车六退一,士6进5,黑方弃子占势。

14.……　　车3平5　　15.马五退六　士6进5
16.兵七进一　卒7进1　　17.车二退三　车5平4
18.马六进七　炮5进4　　19.车七进四　将5平6
20.炮八退四　车6进2　　21.车二进一　车6平4
22.车二平四　将6平5　　23.车七退四　象7进5

24.兵三进一　……

双方各有顾忌。

小结:红方第7回合车二进五进车骑河,抢占要道,是20世纪70年代兴起的走法,近年来有所创新。

第六节　红平边炮变例

第86局　黑双横车对红平边炮

1.炮二平五　炮8平5　　2.马二进三　马8进7
3.车一平二　车9进1　　4.马八进七　车9平4
5.兵三进一　马2进3　　6.兵七进一　车1进1

7.炮八平九(图86)　……

红方平边炮,准备以双直车对抗双横车。

如图86形势,黑方有两种走法:(一)车4进3;(二)车4进5。分述如下:

第一种走法：车 4 进 3

7.……　　　车 4 进 3

8.车九平八　卒 3 进 1

9.车八进四　……

红方如改走车八进六，则卒 3 进 1，车八平七，车 4 退 2，车七退二，炮 5 退 1，马三进四，炮 2 平 1，马四进五，马 7 进 5，炮五进四，象 3 进 5，炮五进二，士 4 进 5，车二进二，车 1 平 4，兵五进一，炮 1 退 2，车二平六，前车进 5，炮九平六，车 4 进 6，车七进三，炮 1 平 3，仕六进五，车 4 退 1，马七进八，车 4 退 1，马八进九，车 4 平 5，双方平稳。

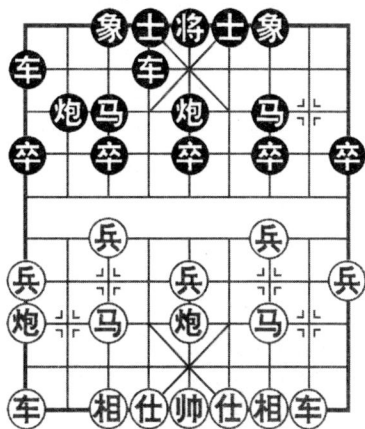

图 86

9.……　　　车 1 平 6	10.车二进六　炮 2 退 1
11.车二平三　卒 3 进 1	12.车八平七　马 7 退 5
13.车七平六　车 6 进 3	14.炮五平六　炮 2 进 2
15.车三退一　车 6 平 7	16.兵三进一　车 4 平 7
17.相三进五　炮 5 平 7	18.马七进八　象 7 进 5
19.车六进四　炮 7 退 1	20.车六退二　炮 7 进 2
21.车六进二　炮 7 退 2	22.车六退二　炮 2 进 1
23.马三进四　车 7 平 6	24.马四进六　象 5 退 7
25.车六进一　炮 2 退 2	26.马六进八

红方攻势强大。

第二种走法：车 4 进 5

7.……　　　车 4 进 5　　8.车九平八　车 1 平 6

黑方如改走车 4 平 3，则车八进二，车 1 平 6（如车 1 平 4，炮五平四，车 4 平 6，仕四进五，炮 2 进 4，相三进五，卒 5 进 1，车二平四，车 6 进 5，马三进二，红方易走），车二进六，车 6 进 6，马三进二，炮 2 进 4，炮九退一，马 3 退 5，兵九进一，车 6 退 3，车二平三，炮 5 平 2，车八平九，车 3 退 1，炮九平七，前炮平 3，炮七进二，车 3 进 1，兵三进一，车 6 平 3，马二进四，前车进 1，车九平七，车 3 进 3，马四进三，马 5 进 7，车三进一，象 3 进 5，炮五进四，士 4 进 5，车三进二，炮 2 进 1，车三退三，炮 2 平 5，车三平五，象 5 退 7，双方和势。

9.车二进六　车4平3　　10.车八进二　卒3进1

11.炮九退一　车6进6　　12.兵七进一　车6平7

13.炮九平七　车3平4　　14.兵七进一　车4进2

15.兵七进一　车4平3　　16.车二平三　炮2平1

17.车三进一　车7进2　　18.车三退一　炮1进4

19.炮五进四　炮5平8　　20.炮五退二　炮8进7

21.车三平五　士6进5　　22.车五平二　将5平6

23.车二平四　士5进6　　24.车四进一　将6平5

25.马七进六　车7退4　　26.仕四进五　车7进4

27.车四退七　炮8平6　　28.马六进五　象7进5

29.仕五退四　车3退2　　30.马五退六　士4进5

黑方多子胜势。

小结:红方第 7 回合炮八平九平边炮,准备以双直车对抗双横车,是 20 世纪 70 年代末出现的走法,现已很少有人使用。

第十章 顺炮直车对横车挺3卒

顺炮直车对横车第4回合抢挺3卒嫌急,因为这样暴露了目标,很容易被红方借势利用。正确的走法是车9平4或马2进3。本章列举了4个典型局例,分别介绍这一布局中双方的攻防变化。

第一节 黑挺3卒变例

第87局 黑挺3卒对红进三兵

1.炮二平五　炮8平5　　2.马二进三　马8进7

3.车一平二　车9进1　　4.马八进七　卒3进1

黑方抢挺3卒嫌急,不如改走车9平4稳健。

5.兵三进一　……

红方挺兵活马,静观其变。

5.……　　　车9平3(图87)

黑方平车3路,威胁红方七路线,着法新颖。

如图87形势,红方有两种走法:(一)相七进九;(二)炮五平四。分述如下:

第一种走法:相七进九

6.相七进九　马2进1

7.车二进六　……

红方右车过河,嫌急。应改走仕六进五,待机而动,较易掌握先手。

7.……　　　炮2进1

黑方升炮护卒,防守要着。

8.仕六进五　炮5平4

9.兵五进一　……

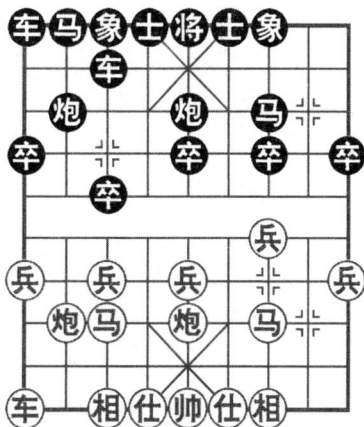

图87

挺兵直攻中路,势在必行。

9.……　　　象3进5　　10.马七进五　士4进5

11.车二进二　车3进2　　12.车九平六　……

红车平肋,不如改走车二平四较为有力。

12.……　　　马1退3　　13.车二平四　卒1进1

14.兵五进一　……

如改走兵七进一,则卒3进1,马五进七,马3进4,车六平七,马4进3,车七进四,车3进2,相九进七,车1平3,黑方足可抗衡。

14.……　　　卒5进1　　15.马五进四　……

进马攻象,寻求变化。如改走炮五进三,则马3进4,炮八平六,马4退6,炮六平五,马6进5,炮五进三,车3平5,黑方反先。

15.……　　　炮2退2　　16.马四进五　马3进5

17.炮五进五　将5平4　　18.车四退一　……

回车仕角只好如此,否则红要白丢一子。

18.……　　　炮2平4

正着。如改走象7进5,则车四平五,炮2平4,车六平七,车1平2,炮八平五,马7退9,车五退二,红方弃子占势易走。

19.车六进七　士5进4　　20.炮五平三　士4退5

21.车四平八　车3平4

黑方占优势。

第二种走法:炮五平四

6.炮五平四　……

红方卸炮,稳健的走法。

6.……　　　马2进1

黑方如改走卒3进1,则兵七进一,车3进4,相七进五,红方先手。

7.相七进五　炮5平4　　8.仕六进五　象3进5

9.车九平六　士4进5　　10.车六进六　车1平3

11.车六平九　前车进2　　12.车九退二　炮2平3

13.车九平八　前车平4　　14.车二进三　……

红方高车兵线,防止黑方炮3进4打兵,正着。

14.……　　　卒5进1　　15.炮八退二　马1退3

16.炮八平七　炮3平1　　17.兵七进一　卒3进1

18.车八平七　马3进2　　19.车七进五　象5退3

20.车二进二

红方多兵占优。

第88局　黑挺3卒对红右车巡河

1.炮二平五　炮8平5　　2.马二进三　马8进7

3.车一平二　车9进1　　4.马八进七　卒3进1

5.车二进四　……

红方右车巡河,稳健的走法。

5.……　　　　车9平3

黑方车平3路,防止红方兑七兵。

6.炮八平九　……

红方平炮快速出动大子,着法积极。如改走相七进九,则马2进3,兵七进一,马3进4,兵七进一,车3进3,马七进六,炮2平4,车九平七,车3进5,相九退七,车1平2,炮八平六,车2进5,炮六进三,车2平4,车二平六,炮4进3,炮六进二,炮5退1,双方均势。

6.……　　　　炮2平3

7.车九平八　炮3进4(图88)

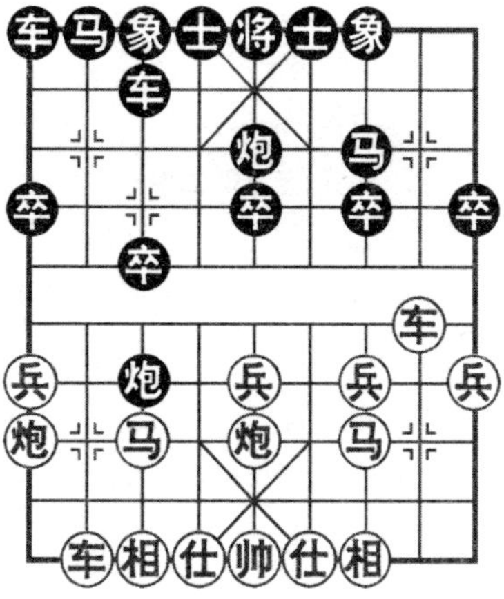

如图88形势,红方有两种走法:(一)炮五平四;(二)车二平三。分述如下:

图88

第一种走法:炮五平四

8.炮五平四　马2进3

9.相七进五　车1进1

10.车二平三　车3平2

黑方如改走车3平6,则仕六进五,车1平2(如车6进5,车八进三),车八进八,车6平2,车三进二,马7退5,车三退一,车2进3,兵三进一,也是红方占优势。

11.车八进八　车1平2

12.车三进二　车2平6

13.仕六进五　车6进1　　14.兵三进一　炮5退1

15.兵三进一　炮5平7　　16.马三进四　……

红方跃马打车,形成互捉之势,是争先取势的巧妙手段,也是上两个回合连续冲兵的续进之着。

16. ……　　　车 6 进 3

黑方出于无奈,被迫兑子。如改走车 6 平 4,则车三平四,炮 7 进 3,车四平三,也是红方占优势。

17. 车三进一　炮 7 平 2　　18. 车三进二　……

红方破象毁去黑方藩篱,给黑方谋和增加难度。

18. ……　　　卒 3 进 1　　19. 兵三平二　象 3 进 5

20. 车三退二　将 5 进 1　　21. 炮九退二　……

红方退炮预作防范,老练的走法。

21. ……　　　炮 3 平 4　　22. 炮九平七　马 3 进 4

23. 兵五进一　卒 3 进 1　　24. 炮七进三　马 4 进 3

25. 车三退四　炮 2 进 5　　26. 马七退九　车 6 平 5

27. 马九进八　……

红方先弃后取夺回一子,优势渐趋扩大。

27. ……　　　炮 4 平 5　　28. 炮四平一　马 3 退 4

29. 马八退九　马 4 进 2　　30. 马九退七　马 2 退 4

31. 马七进八

红方占优势。

第二种走法:车二平三

8. 车二平三　……

红方抓住战机,准备攻击黑方 7 路弱马,着法果断有力。

8. ……　　　马 2 进 3

黑方如改走炮 5 平 4,则车三进二,象 3 进 5,兵三进一,红方占优势。

9. 车三进二　马 7 退 9　　10. 兵三进一　车 3 平 6

11. 兵三进一　车 1 进 1　　12. 仕六进五　车 1 平 2

13. 车八进八　车 6 平 2　　14. 马七退六　……

红方退马防止黑方以炮打相,是红方夺取优势的关键之着。

14. ……　　　车 2 进 8　　15. 马三进二　车 2 平 3

16. 马二进四　车 3 退 1　　17. 炮五进四　马 3 进 5

18. 车三平五　车 3 平 4　　19. 炮九平七　士 4 进 5

20. 车五平六　车 4 平 3　　21. 兵三进一　卒 3 进 1

22.车六平八　车3平4　　23.马六进八　炮3平9

24.炮七进七　炮9进3　　25.马四进五　象7进5

26.炮七平九

红方占优势。

第89局　黑挺3卒对红右车骑河(一)

1.炮二平五　炮8平5　　2.马二进三　马8进7

3.车一平二　车9进1　　4.马八进七　卒3进1

5.车二进五　……

红车骑河,力争主动。

5. ……　　　车9平3

黑方平3路车,准备冲卒兑兵胁马。

6.相七进九　马2进1　　7.兵三进一(图89)　……

如图89形势,黑方有两种走法:(一)
炮2进2;(二)炮2平4。分述如下:

第一种走法:炮2进2

7. ……　　　炮2进2

8.车二进一　炮2退1

黑方双马受制,子力难以展开,已处下
风。

9.仕六进五　士4进5

10.马三进四　炮5平3

11.马四进六　炮3平4

12.炮八退二　象3进5

13.炮八平六　炮4平2

14.炮五平三　……

红方针对黑方阵形的弱点攻击,颇具功力。

14. ……　　　卒1进1　　15.炮三进四　炮2平7

16.车二平三　马1进2　　17.兵三进一　……

红方车马均占据良好的位置,局面大占优势。

17. ……　　　卒1进1　　18.兵三平二　卒1进1

19.兵二进一　卒1平2　　20.兵二进一　卒2进1

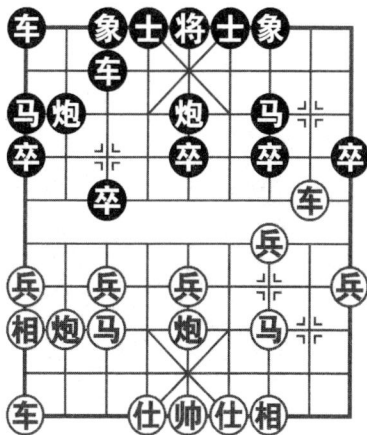

图89

21. 兵二平三　　卒2平3　　22. 兵三进一　　……

红方冲兵,正确。如改走马六进四,则士5进6,红无后续手段。

22. ……　　　　马2退3　　23. 车九平八　　马3进4

24. 车八进七　　马4进6　　25. 车三退二　　马6进4

26. 仕五进六　　马4退5　　27. 车三退二　　士5退4

28. 兵五进一　　马5退3　　29. 车八平六　　卒5进1

30. 车六退一

红方大占优势。

第二种走法:炮2平4

7. ……　　　　炮2平4

黑方平肋炮,新的尝试。

8. 车二平六　　士4进5　　9. 炮八退一　　炮4退2

10. 炮八平三　　炮5平4　　11. 车六平四　　象3进5

12. 车九平八　　车1平2　　13. 车八进九　　马1退2

14. 马三进二　　马2进3　　15. 兵三进一　　卒7进1

16. 炮五平三　　马3进4　　17. 马二进一　　马7退9

18. 车四进三　　象7进9　　19. 车四平一　　后炮进1

20. 车一进一　　车3进2　　21. 马一退二　　马4进6

22. 车一平二　　车3平4　　23. 仕四进五

红方多子占优。

第90局　　黑挺3卒对红右车骑河(二)

1. 炮二平五　　炮8平5　　2. 马二进三　　马8进7

3. 车一平二　　车9进1　　4. 马八进七　　卒3进1

5. 车二进五　　车9平3　　6. 相七进九　　炮5退1(图90)

黑方退中炮,含蓄多变的走法。

如图90形势,红方有三种走法:(一)兵三进一;(二)兵五进一;(三)仕六进五。分述如下:

第一种走法:兵三进一

7. 兵三进一　　象3进5　　8. 车二平六　　……

红方平车容易被黑方利用,不如改走车二进三。

8. ……　　　　卒7进1　　9. 兵三进一　　炮2进2

10.车六退四　炮2平7

11.马三进四　车1进1

12.炮八进五　马2进3

13.车六进六　炮5平7

14.马四进五　马7进5

15.炮五进四　士4进5

16.炮五退一　前炮退2

17.车六退一　车3平4

18.车六平四　车4进6

19.仕四进五　车4平3

20.车九平八　将5平4

21.车四进二　后炮进8

22.车八进六　前炮平9

黑方胜势。

图90

第二种走法:兵五进一

7.兵五进一　……

红方冲中兵,另辟蹊径。

7.……　卒7进1	8.车二平三　象3进5
9.车三进一　炮5平7	10.车三平四　马2进3
11.马七进五　马7进8	12.车四平三　炮7进5
13.车三平二　炮7进3	14.仕四进五　马8进7
15.相九退七　炮7平9	16.车二退五　马3进4
17.车二平一　炮9平7	18.兵五进一　马4进3
19.兵五进一　炮2进4	

黑方易走。

第三种走法:仕六进五

7.仕六进五　象3进5	8.车九平六　卒7进1
9.车二进一　炮2平3	10.兵五进一　车3平4
11.马七进五　炮3平1	12.车二进一　马7进6
13.兵五进一　车4进8	14.仕五退六　马6进7
15.兵五平六　炮3进3	16.兵六进一　卒5进1
17.马五进六　炮3平4	18.炮八平六　车1进2

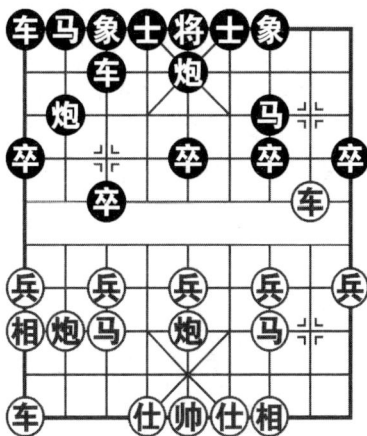

19.车二平四　马7进5　　20.相三进五　炮5平4

21.兵六平五　前炮进3

黑炮打仕,抢先之着。

22.马六进五　……

红方马踏中象,力求一搏的走法。

22.……　　　象7进5　　23.兵五进一　士4进5

24.车四平三　后炮进4

黑方多子易走。

第91局　黑挺3卒对红右车骑河(三)

1.炮二平五　炮8平5　　2.马二进三　马8进7

3.车一平二　车9进1　　4.马八进七　卒3进1

5.车二进五　车9平3　　6.相七进九　马2进1

7.仕六进五　士4进5(图91)

如图91形势,红方有两种走法:(一)
车九平六;(二)兵三进一。分述如下:

第一种走法:车九平六

8.车九平六　炮5平4

黑方卸炮,调整阵势。

9.兵五进一　……

红方进中兵,准备直攻中路。

9.……　　　卒7进1

黑方如改走象3进5,则马七进五,炮
4退2,兵五进一,卒7进1,车二进一,炮2
平4,车六平八,卒5进1,炮八进五,红方
占优势。

10.车二平三　象3进5

11.车三退一　……

红方退车,稳健的走法。如改走车三进一,则炮2进1,车三退二,车3进2,
马七进五,马1退3,黑不难走。

11.……　　　炮4退2　　12.兵五进一　炮2平4

13.车六平八　马1进3

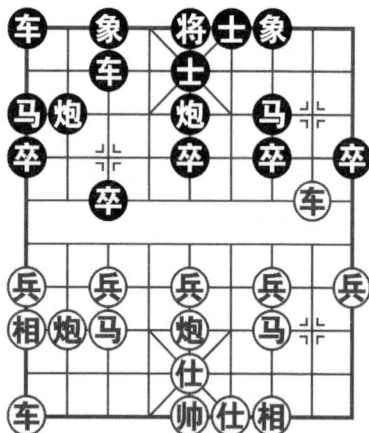

图91

-188-

黑方进马,正着。如改走车1平2,则炮八进五,红方占优势。

14.马七进五	马3进5	15.炮五进三	卒5进1
16.炮八平五	车3进2	17.兵七进一	卒5进1
18.车三平五	马7进6	19.车五进一	……

红方进车捉马,正着。

19.……	马6进7	20.炮五平七	后炮平3
21.马五进三	车3平7	22.后马进五	卒3进1
23.炮七平三			

红方易走。

第二种走法:兵三进一

8.兵三进一	炮5平4	9.兵五进一	象3进5
10.马七进五	……		

红方进中马,改进后的走法。如改走车九平六,则车3进2,马七进五,炮2退1,炮八平七,车1平2,车六平八,炮2进3,车二进一,车3平4,兵五进一,卒5进1,兵七进一,炮2进2,炮五进三,卒3进1,炮七平五,车4进3,马五进四,车2进4,马三进四,车4平6,前马进五,车2平5,马五进三,将5平4,炮五平六,卒3平4,马四进六,马7进5,黑方多子胜势。

10.……	车1平4	11.兵五进一	卒5进1
12.车二平五	车3进2	13.兵七进一	卒3进1
14.马五进七	炮2进4	15.车五退一	车4平3
16.马七进五	前车平4	17.车五平八	炮2平7
18.马三进五	马1进3	19.车八进二	车4平5
20.前马退七	车5平6	21.炮八平七	炮7平8
22.马七进五	马3进5	23.车八平四	车3进6
24.炮五进三	车3平5	25.炮五平八	

红方大占优势。

实战对局选例

第1局

上海胡荣华(先胜)广东杨官璘

(1976年7月31日于广东肇庆)

中南协作区棋类邀请赛

1.炮二平五　炮8平5　　2.马二进三　马8进7

3.车一平二　车9进1　　4.马八进七　车9平4

5.兵三进一　车4进5

形成顺炮直车正马对横车的阵势。黑方进车过河似嫌急躁,以改走马2进3,活通右翼强子为好。

6.马三进四　车4退1

黑方如改走车4平3,则马七退五,也是红方占优势。

7.马四进五　……

红方马踏中卒交换,简化局面,先得中卒。

7.……　　马7进5　　8.炮五进四　士4进5

9.相七进五　卒9进1

黑方挺边卒,正着。如改走马2进3,则炮五平一,红方占优势。

10.兵七进一　……

红方挺兵捉车,力争主动的走法。如改走仕六进五,则马2进3,炮五退一,卒3进1,黑可应付。

10.……　　车4进1

黑方如改走车4退1,要比实战走法为好。

11.仕六进五　车4平3　　12.车九平七　炮2进4

13.炮八进七　……

红方炮轰底马,减弱黑方的防御力量,似笨实佳的走法。

13.……　　车1平2　　14.车二进五　象3进1

—190—

15.车二平六 车2平4(图1)   16.车七平六 ……

如图1形势,红方弃马平车邀兑,构思十分精巧,是迅速扩大优势的有力之着!

16.……   车4平3

黑方躲车,无奈之举。如改走车4进4,则车六进五,车3进1,帅五平六,红胜。

17.后车进二 前车平5
18.炮五退一 车5平3
19.帅五平六 炮2退6
20.前车进三 前车平5
21.后车进三 车5退1
22.马七进八 ……

红方七路马跃出助战,如虎添翼;黑难抵抗了。

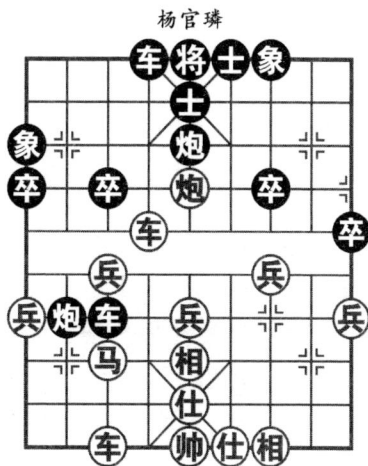

杨官璘

胡荣华

图1

22.……   卒3进1   23.马八进七 车5退1
24.马七退五 炮2进4   25.马五进四 ……

红方弃马挂角,再兑车形成有车杀无车之势,且使黑将不安于位,简明有力之着。

25.……   士5进6   26.前车进一 车3平4
27.车六进四 将5进1   28.车六平八 炮5进2
29.车八退三 ……

红方退车卒林引而不发,紧凑。

29.……   象7进5   30.兵七进一 象5进3
31.车八平九 将5平6   32.车九平三 ……

乘势掠卒,红方胜利在望。

32.……   炮2退3   33.车三平八 炮2平5
34.兵三进一 后炮退1   35.车八平一 士6进5
36.车一进三 后炮平3   37.兵三进一 炮5退2
38.兵九进一

红胜。

第2局

北京蒋川(先胜)江苏王斌

(2007年12月9日于北京)

第3届世界象棋大师赛

1.炮二平五　炮8平5　　2.马二进三　车9进1
3.车一平二　马8进7　　4.马八进七　车9平4
5.兵三进一　马2进1　　6.炮五平四　……

双方以顺炮直车正马对横车边马列阵。红方炮五平四卸中炮比较少见,是出其不意之举。一般多走马三进四或仕六进五,双方另有复杂攻守。

6.……　　　炮2平3　　7.车九平八　车1平2

黑方出车,习惯性的走法。不如改走卒3进1,红如接走相七进五,再车1平2(红如接走炮八进四,则车4进2)为宜。

8.炮八进四　车4进3　　9.仕四进五　车4平6

黑车瞄炮,试探红方应手。如改走卒1进1,则马三进四,车4平2,车八进五,马1进2,炮八平五,马7进5,马四进五,也是红方占优势。

10.车八进四　卒1进1　　11.马三进四　车2进3

黑如逃车,显然吃亏,所以只好一车换双了。

12.车八进二　车6进1　　13.相七进五　炮5平4

黑方卸炮,调整阵势。也可考虑改走车6退1,红如接走车二进六,再炮5平4,似要比实战走法为好。

14.车二进五　……

红车抢占骑河要道,形势立趋有利。如改走车二进六,则象7进5,车二平三,炮4进1打双车。

14.……　　　象7进5　　15.车二平九　士6进5
16.兵七进一　炮3退1　　17.车八进二　炮4退1
18.车八退一　炮4进1　　19.车九退一　车6退1
20.车九平八　卒7进1　　21.兵三进一　车6平7(图2)

22.前车平七　……

如图2形势,红方前车平七走入"暗道",似笨实佳之着!下伏车八进四谋子手段,顿令黑方难以招架。

22.……　　　卒 3 进 1

23.车八进四　卒 3 进 1

24.车七平九　……

红方擒得一子,为取胜奠定了物质基础。

24.……　　　炮 3 进 3

25.车九退三　卒 3 进 1

26.马七退九　车 7 进 2

27.车九平五　炮 4 平 1

28.车五平九　炮 1 平 4

29.车九平三　……

红方兑车,准备弃兵争先。如改走车九平五,则炮 4 平 1,马九退七,车 7 进 3,红方丢相。

王斌

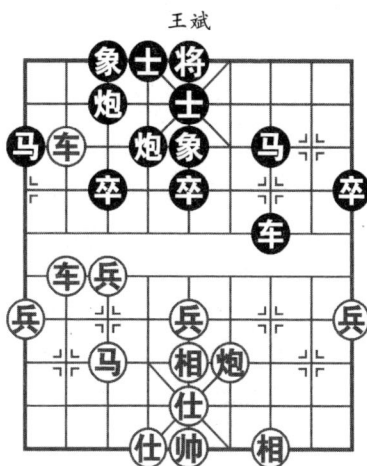

图 2

蒋川

29.……　　　车 7 平 5	30.车八退二　车 5 平 9
31.炮四平三　马 7 进 6	32.炮三退一　车 9 平 5
33.车八退二　马 6 退 8	34.车三平二　车 5 平 7

35.炮三平四　……

红方平炮舍相,算准弃相后有争先的手段,不失为灵活之着。

35.……　　　车 7 进 3	36.炮四退一　车 7 退 6
37.炮四平二　炮 3 平 5	38.帅五平四　马 8 退 9
39.车八平三　炮 5 平 7	40.马九退七　马 9 退 7
41.马七进八　卒 5 进 1	42.马八进九　……

红马乘机跃出助战,红局势愈趋有利。

42.……　　　车 7 平 1	43.马九退七　车 1 进 3
44.马七进九　炮 4 平 2	45.车三平七　马 7 进 6
46.车七退一　车 1 进 1	47.车七平八　炮 2 平 1
48.马九进八　炮 1 平 2	49.马八退七　炮 2 平 4
50.车八退一　车 1 退 5	51.车八进四　炮 7 退 4
52.车二平三　炮 7 平 6	53.帅四平五　车 1 进 5
54.车八退四　车 1 退 4	55.马七进八　车 1 进 3

这一段,红方充分利用多车的优势,将双车马炮调至好位。黑方进车,无奈

之着。如改走炮4平2,则红有车三平九硬兑车的手段。

56.炮二进七　炮4平2　　57.马八退七　车1平8

58.炮二平五　……

红方借兑子之机又赚得一象,加快了胜利步伐。

58.……　　　象3进5　　59.车八进五　象5进7

60.车八退一　卒5进1

黑方弃卒谋仕,力求一搏的走法,除此之外别无良策可寻。

61.车三平五　车8进3　　62.仕五退四　车8平6

63.帅五进一　车6退1　　64.帅五退一　车6进1

65.帅五进一　车6退1　　66.帅五退一　车6进1

67.帅五进一　车6平4　　68.车八平一　车4退7

69.马七进八　车4平2　　70.车一平三　炮6进1

71.车五进二　炮6退1　　72.帅五退一　炮6平8

73.车三进一　炮8平7　　74.马八退六　炮7平6

75.马六进四　……

红方进马逼兑黑炮,已算准由于黑方马象位置不整,红方双车可胜黑方车马单缺象,是简明有力的走法。

75.……　　　炮6进3　　76.车五平四　车2进2

77.车三平二　马6退7　　78.车二进二　象7退9

79.车二平一　车2平9

黑方如改走车2退2,则车四平一,红亦胜定。

80.车四平五　车9进5　　81.帅五进一　车9退1

82.帅五退一　车9进1　　83.帅五进一　车9退1

84.帅五退一　车9进1　　85.帅五进一　车9退1

86.帅五退一　将5平6　　87.车五进一

红方得象胜定。

第3局

广东黄海林(先胜)河南姚洪新

(2010年4月18日于广东惠州)

"惠州华轩桃花源杯"象棋公开赛

1.炮二平五　炮8平5　　2.马二进三　马8进7

3. 车一平二　车9进1　　4. 马八进七　马2进1

5. 兵三进一　车9平4　　6. 炮五平四　炮2平3

7. 车九平八　卒3进1　　8. 相七进五　车1平2

9. 车二进五　……

红车骑河捉卒,新的尝试。一般多走炮八进四,车4进2,炮八进二,双方互缠。

9. ……　卒7进1　　10. 车二退一　……

红方如改走车二平三,则马1进3,红方三路车的位置比较尴尬。

10. ……　马7进6

黑方马7进6,着法积极。稳健的走法是卒7进1,车二平三,车2进4,仕六进五,马1进3,黑方也可满意。

11. 兵三进一　马6进4　　12. 炮八进二　卒3进1

黑方冲3卒失算,应改走炮3进4,仕六进五,马1进3,炮八进二,卒5进1,黑方足可一战。

13. 炮八平六　车2进9(图3)　　14. 炮六平三　……

如图3形势,红方炮六平三打象好棋!弃车取势,判断准确,一举夺得局面优势。

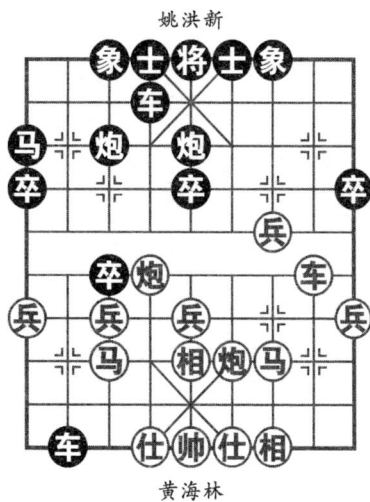

姚洪新

黄海林

图3

14. ……　车2退5

15. 炮三进五　士6进5

16. 炮三平一　车2平7

17. 马三进四　车4进2

18. 车二进五　士5退6

19. 车二平四　将5进1

20. 车四退一　将5退1

21. 炮四平二　炮5平8

22. 车四退一　炮8进1

23. 车四平七　……

红方利用黑方左翼空虚的弱点,进行一连串准确的攻击,夺回一子,取得大优局面。

23. ……　卒3进1　　24. 车七退四　马1进3

25. 车七进一　象3进1　　26. 马四退二　车7退1

27. 车七平二　炮8进3　　28. 车二退一　……

兑掉黑炮,不但削弱了黑方的反击能力,而且右翼车双炮对黑方有很强的牵制力。

28.……	卒5进1	29.仕六进五	卒9进1
30.车二进二	车4平6	31.车二进四	将5进1
32.车二平六	车7平8	33.炮二平三	车8平7
34.炮三进二	车6平4	35.车六平二	车4进3
36.车二退一	将5进1		

黑方以改走将5退1为宜。

37.炮三平二	车7平9	38.炮二退一	……

红方应改走炮一平三,伏炮三退二车双炮攻杀更紧凑。

38.……	车4退5	39.车二退一	将5退1
40.炮一平三	车4进2	41.车二进一	将5退1
42.车二退四	车4平7	43.炮三平二	车7进3
44.前炮退一	将5进1	45.前炮退一	车9平4
46.前炮平八	车4退1	47.炮八退七	车4进6
48.炮二退一	车7进1	49.炮二平一	马3退5
50.炮八平六	车7退4	51.马七进六	车4进2
52.仕五进六	车4平3	53.车二进四	将5退1
54.车二退三	车3退2	55.炮一进三	车3进2
56.车二平五			

黑方苦苦坚守,红胜,遂停钟认负。

第4局

河北苗利明(先负)吉林洪智

(2004年9月22日于吉林)

全国象棋甲级联赛

1.炮二平五	炮8平5	2.马二进三	马8进7
3.车一平二	车9进1	4.马八进七	车9平4
5.兵三进一	马2进1	6.马三进四	……

双方以顺炮直车对横车列阵。红方右马盘河,窥视黑方中卒,是一种急攻型的走法,也可考虑改走仕六进五,黑如接走车4进4,则炮五平四,车4平7,马

三进二,车7退1,相七进五,炮2平3,炮八进二,车1平2,炮八平七,炮3进3,兵七进一,车2进4,车九平六,士4进5,车二进三,炮5平4(如车7平8,车六进四,红方先手),车二平四,马1退3,马二进四,马7退9,马四退三,红占主动。

　　6.……　　　　车4进4　　　7.马四进五　　马7进5

　　8.炮五进四　　士4进5　　　9.相七进五　　炮2平4

　　10.车九平八　　车1平2　　　11.炮八进六　　车4进2

　　12.车八进二　　车4退3

　　黑方先进肋车捉红方七路马,然后再退车巡河打一个顿挫,可以使红方八路车脱根,不失为机动灵活的走法。

　　13.车二进九　　……

　　红方二路车沉底捉象,走法十分强硬。如改走车二进一,则车4平5(如卒1进1,车二平八,红方先手),炮五平一,炮5进4,马七进五,车5进2,局势趋向简化。

　　13.……　　　　车4平5　　　14.炮五平四　　……

　　红方如改走炮五平一,则象7进9,仕六进五,卒1进1,黑可对抗。

　　14.……　　　　车5平6　　　15.炮四平五　　卒1进1

　　16.车二平三　　马1进2　　　17.车三退三　　……

　　红方退车吃卒,准备弃子争先。如改走炮八平九,则炮4平2,车八平九,马2进4,车三退三,马4进2,帅五进一,车6平4,炮五平一,将5平4,帅五进四,炮5进5,黑方占势易走。

　　17.……　　　　车2进1

　　18.兵三进一(图4)　　……

　　红方冲兵欺车,力争主动的走法。如改走车三退一兑车,则车6平7,兵三进一,车2退1,形成一方多子、一方多兵占先的两分之势。

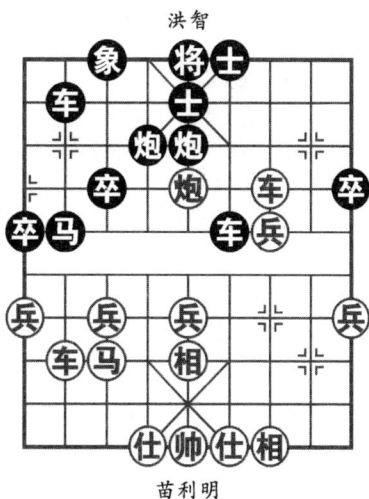

洪智

苗利明

图4

　　18.……　　　　炮4平2

　　如图4形势,黑方不逃车而平炮反捉红车,是保持优势的有力之着。如改走车6平4,则炮五平一,炮5平9,炮一退一,红方大占优势。

19. 炮五平一　炮5平9　　20. 兵三平四　炮2进5
21. 炮一平二　炮9平8　　22. 兵七进一　马2进1
23. 炮二退四　车2进3　　24. 车三平七　车2平6
25. 车七进三　士5退4　　26. 马七进六　炮2进2
27. 仕六进五　车6平4　　28. 马六退七　马1进3
29. 炮二平七　车4进2

兑子后,黑方稳占多子之利。

30. 车七平八　炮2平1　　31. 车八退七　炮8平1
32. 兵七进一　……

红方应改走兵五进一保留中兵,较为顽强。

32. ……　　车4平5　　33. 兵七平八　卒1进1
34. 炮七进七　将5进1　　35. 兵八平七　将5平6
36. 炮七平九　……

红方平边炮,失策。应改走兵一进一,要比实战走法为好。

36. ……　　车5平3

黑方抓住红方的隙缝,平车先手吃回红方过河兵,消除了后顾之忧,加快了胜利步伐。

37. 帅五平六　车3进3　　38. 帅六进一　车3退5
39. 车八进五　……

红方如改走炮九退五打卒,则车3平4,仕五进六,后炮平4,帅六平五,车4平6,黑亦胜势。

39. ……　　车3平4　　40. 仕五进六　车4进1
41. 仕四进五　车4平2　　42. 车八平七　前炮退3
43. 仕五进四　后炮退1　　44. 仕六退五　车2平4
45. 仕五进六　前炮平4　　46. 帅六平五　炮4平5
47. 帅五平六　炮1平4

红方少子不敌,遂停钟认负。

第5局

上海胡荣华(先胜)江苏徐天红

(1984年11月29日于广州)

全国象棋个人赛

1.炮二平五	炮8平5	2.马二进三	马8进7
3.车一平二	车9进1	4.马八进七	车9平4
5.兵三进一	卒3进1	6.车二进五	炮5退1
7.车二平七	车4进1	8.马三进四	马2进3

形成顺炮直车对横车的常见阵势。这种直车骑河吃卒对横车士角保马的变例是胡荣华擅于使用的布局。徐天红敢于针锋相对,想必是赛前有所准备。

9.炮八进四　炮5平3

黑方如改走象3进5,则炮八平三,炮5平3,车七平四,车4进5,炮五平三,黑方不能车4平3吃马,否则马四退五打死车,红方易走。

10.炮八平七　象3进5　　11.车七退一　炮3进2

12.车九平八　……

红如径走车七进二,则炮2退1,黑方炮位灵活。

12.……	炮2退2	13.车七进二	炮2平3
14.车七平八	马3进4	15.马四进六	车4进2
16.前车平七	车1进1	17.仕六进五	……

红方补仕,稳健。也可改走兵七进一,活通马路。

17.……　　卒7进1　　18.车八进四　车1平6

19.兵五进一　……

红方硬冲中兵,似攻得有些勉强,不如改走炮五平四稳健。

19.……	车6进5	20.兵五进一	车4平5
21.兵三进一	车6平7	22.兵七进一	士6进5
23.兵三进一	车7退3	24.车八退一	车7进6

25.车八平六　马7进6(图5)

战至中盘,双方大体相当,黑方白得一相,已呈反先之势。这着跃马似嫌轻进,给红方可乘之机。应改走车7退5,马七进五,车5平2,黑方易走。

26.车六进五　……

如图 5 形势,红方抓住黑方跃马轻进的弱点进车点"穴",一击中的,使局势迅速逆转。

26. ……　　　　马 6 进 7

黑方进马,无奈。如改走炮 3 平 2,则炮五进四,马 6 退 7,炮五进二,黑难应付。

27. 炮五进四　　……

红方如改走车七进三吃炮,则马 7 进 5,相七进五,车 5 进 3,马七进六,车 5 退 2,黑方下伏将 5 平 6 的杀着,红不便宜。

27. ……　　　　马 7 进 8

28. 帅五平六　　……

出帅解杀,正着。如改走车六平五,将 5 平 6,红方丢车。

徐天红

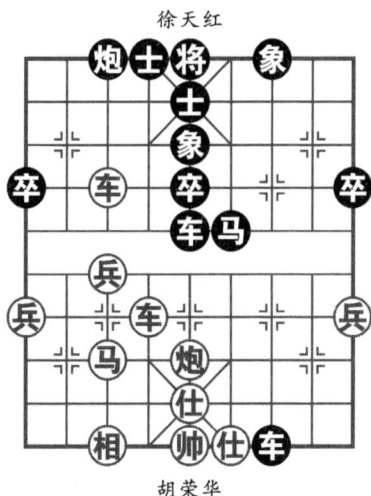

胡荣华

图 5

28. ……　　　 车 5 退 1　　　29. 车七平五　　炮 3 进 7

30. 车六退六　　炮 3 进 1　　　31. 车五退三　　车 7 退 4

黑方以改走马 8 退 7,使马脱离困境,再伺机谋和为宜。

32. 相七进五　　车 7 退 1　　　33. 车六退一　　炮 3 退 1

34. 车六进二　　炮 3 进 1　　　35. 车五平二　　车 7 平 2

36. 帅六进一　　马 8 退 9　　　37. 车二平一　　卒 9 进 1

红方使用困马手段,巧妙地获取一子,为取胜打下了物质基础。

38. 车六进三　　卒 1 进 1　　　39. 车一平六　　炮 3 平 1

40. 后车平七　　车 2 进 4　　　41. 帅六退一　　车 2 进 1

42. 帅六进一　　车 2 退 4　　　43. 车六平四　　卒 1 进 1

44. 车四进二　　卒 1 进 1　　　45. 车七平三　　象 7 进 9

46. 车三平二　　士 5 退 6　　　47. 车二平九　　炮 1 平 2

48. 车九进六　　士 6 进 5　　　49. 车九退二　　象 5 进 7

以上一段,红方利用黑方兑卒之机,妙用双车谋象,走得十分精彩,充分显示了胡荣华的残棋功底。此时黑方如改走象 9 进 7 也难免丢象,试演如下:象 9 进 7,车四退二,象 5 退 7,车九平三,象 7 退 9,车四进二,车 2 退 1,车四平二,黑方丢象。

50. 车四退二　　车 2 退 1　　　51. 车四平二　　象 9 退 7

黑方如改走车 2 平 4,则仕五进六,车 4 退 2,车九平六,士 5 进 4,车二进三,黑方丢士,也难免一败。

52. 车二进三

红方谋得一象,黑方放弃再弈。

第6局

广东吕钦(先胜)浙江于幼华

(1990 年 5 月 12 日于泰州)

"泰州杯"棋王赛

1. 炮二平五	炮 8 平 5	2. 马二进三	马 8 进 7
3. 车一平二	车 9 进 1	4. 马八进七	车 9 平 4
5. 兵三进一	卒 3 进 1	6. 车二进五	炮 5 退 1
7. 车二平七	车 4 进 1	8. 马三进四	马 2 进 3
9. 炮八进四	象 7 进 5		

黑方飞左象,是求变的走法。

10. 车七进一	炮 5 平 3	11. 炮八平五	士 4 进 5
12. 车七平八	车 1 进 2	13. 前炮平六	马 3 进 2

黑方进马兑子,是防止红方炮五平六打车的手段。

14. 车八退一	车 4 进 1	15. 马七退五	炮 3 平 2
16. 车八平六	车 4 进 1	17. 马四进六	前炮进 5

黑方进炮限制红马出路,否则红方马五进三后将多兵大占优势。

18. 车九进二	车 1 平 2	19. 兵五进一	卒 1 进 1
20. 炮五平三	卒 1 进 1	21. 相三进五	……

红方飞相兑炮,开通车路,稳健的走法。

21. ……	前炮平 7	22. 马五进三	炮 2 平 1
23. 车九平六	卒 1 进 1	24. 马六退四	……

经过一番兑子,红方虽兵种不全,但双马灵活,且占多兵之利。红方退马明车,简明有力。

24. ……	车 2 进 1	25. 车六进六	炮 1 进 4
26. 兵五进一	卒 7 进 1	27. 马四进六	炮 1 平 5
28. 仕四进五	车 2 平 3	29. 兵三进一	象 5 进 7

30.车六平九　马7进8　　31.马三进二　车3平6

32.车九退四　车6进2　　33.马六进八　炮5平4(图6)

34.马二退四　……

如图6形势,红方献马邀兑,一击中的。黑如续走车6进1吃马,则车九平六,车6平3,相五进七,黑难应付。

于幼华

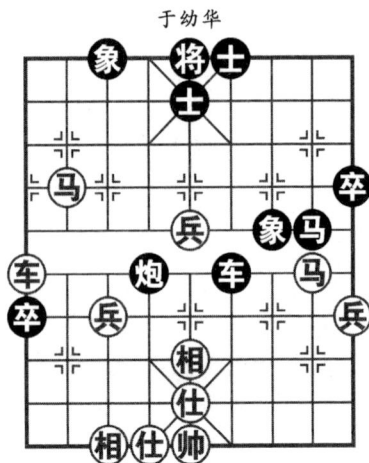

图6

34.……　　　　车6退2

35.车九平八　炮4退4

36.马四进三　车6平3

37.兵七进一　炮4进5

38.兵七进一　车3平7

黑方如改走车3进1吃兵,则马三进四,士5进6,马八进六,黑方丢车。

39.马八进七　炮4退5

40.马三进五　士5进4

41.马五进六　将5进1

42.马七进九

红胜。

吕钦

第7局

湖北柳大华(先胜)杭州陈孝堃

(1996年5月23日于四川新都)

全国象棋团体赛

1.炮二平五　炮8平5　　2.马二进三　马8进7

3.车一平二　车9进1　　4.马八进七　车9平4

5.兵七进一　马2进1　　6.车二进五　……

形成顺炮直车正马对横车边马的常见阵势。红方进车骑河,是特级大师柳大华喜用的攻法。一般多走车二进四,双方另有攻守。

6.……　　　　车4进5　　7.相七进九　炮2平4

8.炮八进四　士4进5　　9.车九平八　车1平2

10. 仕六进五　　车4平3

黑方以改走象7进9静观其变为宜。以下伏有卒7进1争先的手段。

11. 车八进二　　车2进3

黑方一车换双,虽然吃亏,但黑方除此之外别无良策可寻。

12. 车八进四　　车3进1　　13. 车八退六　　……

红方退车预作防范,稳健的走法。

13. ……　　　　车3平1　　14. 兵七进一　　……

红方兑兵,有力之着! 是迅速扩大主动的好棋。

14. ……　　　　车1退1　　15. 兵七平八　　马1退3

16. 兵八进一　　车1平3　　17. 车二平六　　炮4进1

18. 兵八进一　　炮5平4　　19. 车六平八　　马3进5

20. 兵八平七　　后炮退2　　21. 兵三进一　　卒3进1

22. 前车进三　　……

红方进车助攻,紧凑有力之着。

22. ……　　　　卒3进1　　23. 前车平六　　炮4进2

24. 马三进四　　车3平5　　25. 马四进六　　后炮进4

黑方如改走前炮退4,则马六退五,形成有车杀无车之势,红方胜定。

26. 车六退三　　马5进3　　27. 车八进九　　象7进5

28. 兵七进一　　士5退4(图7)

29. 兵七进一　　……

如图7形势,红方冲兵破象,毁去黑方藩篱,是迅速取胜的有力之着。

29. ……　　　　士6进5

30. 车八退二　　……

红方退炮,机警。如改走兵七平六,炮4退5,红方取胜反而需费周折。

30. ……　　　　马7退6

31. 车六进一　　象5退3

黑方弃马,无奈。如改走马3进2,则炮五进四,红方速胜。

32. 车六平七　　炮4平5

33. 车七进三　　炮5进2

陈孝堃

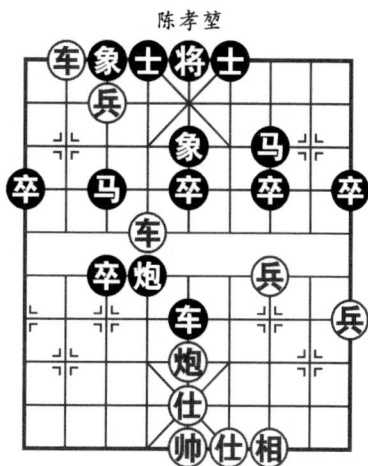

柳大华

图7

34. 相三进五　卒3平4　　35. 车七退三　车5进1

36. 车八平一　车5退2　　37. 车一退一　车5平7

38. 车七平五　卒7进1　　39. 车五平九　车7进1

40. 车九退二　卒4进1　　41. 兵一进一

形成双车兵必胜车马双士双卒的残棋,红胜。

第8局
北京蒋川(先和)广东许银川

(2010年5月6日于鄂尔多斯)

"伊泰杯"全国象棋精英赛

1. 炮二平五　炮8平5　　2. 马二进三　车9进1

3. 车一平二　马8进7　　4. 马八进七　车9平4

5. 车二进四　……

红方高车巡河,力求稳扎稳打。一般多走兵三进一,马2进3,兵七进一,车1进1,相七进九,双方另有复杂攻守。

5. ……　　　马2进3　　6. 兵七进一　车1进1

7. 炮八平九　炮2进4　　8. 车二平三　……

红方平车,准备攻击黑方左马。如改走车九平八,则炮2平3(如炮2平7,相三进一,卒7进1,车八进六,红方占优势),车二平三,车1平2,车三进二,车2进8,马七退八,车4平2,马八进七,炮3进3,仕六进五,炮3平1,炮九平八,炮1退2,炮八进二,炮1平5,相三进五,马3退5,演成双方各有顾忌的局面。

8. ……　　　车4进5

黑方进车,准备威胁红方左马。如改走炮5退1,则车九平八,炮2平3,车三平四,卒7进1,兵三进一,卒7进1,车四进三,炮5进1,车四平三,卒7进1,兵五进一,卒7进1,车三退四,卒7平6,车三平七,卒6平5,炮九平五,红方先手。

9. 车九平八　车1平6　　10. 马七进八　车4平3

11. 车三进二　……

红车吃卒压马,并无有效后续手段。似不如改走马八进七,黑如接走炮5退1,则兵九进一,要比实战走法为好。

11. ……　　　车6进1　　12. 马八进九　炮5退1

13.马九进七　车6平3　14.仕四进五　炮5平2

15.车八平九　前炮退3　16.车三退二　卒3进1

17.兵七进一　前车退2

经过一番转换,红方虽多二兵,但九路车被赶回原位。黑方子力更具活力,局面已呈反先之势。

18.炮五平四　……

红可考虑改走炮九平六,保留中炮对黑方的牵制,然后再相七进九弥补自己左翼的缺陷。

18.……　　马7进6　19.车三平五　……

红如改走相三进五,则马6进5,炮四进一,马5进3,也是黑方占优势。

19.……　　卒5进1　20.车五平四　前车进5

黑方弃马硬杀底相,准备运用车双炮展开攻势,是大局感极强的走法。

21.车九平七　车3进7　22.相三进五　……

红方如改走车四进一吃马,则车3退2,仕五进六,前炮进6,仕六进五,车3进2,仕五退六,车3退1,仕六进五,后炮进7,黑方车双炮占有强大的攻势。

22.……　　车3退5　23.炮九平八　卒5进1

24.车四平五　后炮平5　25.兵三进一　马6进7

26.车五进二(图8)　炮2进3

如图8形势,红方多兵,但缺相受攻,黑方在有限的时间内,想找到一条准确的进攻路线也非易事。此着应改走炮2退1,红如接走相五退三,则炮2平5,车五平六(如车五平四,前炮进6),车3进3,炮八进七,后炮平2,车六进三,将5进1,帅五进四,炮2进8,帅四进一,车3退4,车六平四,车3平8,炮四平六,车8进5,帅四进一,炮5平8,炮六退一,炮8进5,马三退四(如马三退二,炮2平7),炮2平6,车四平五,将5平4,炮六平二,马7进8,帅四退一(如帅四平五,炮6退2杀),炮8平9,绝杀,黑胜。

27.帅五平四　……

许银川

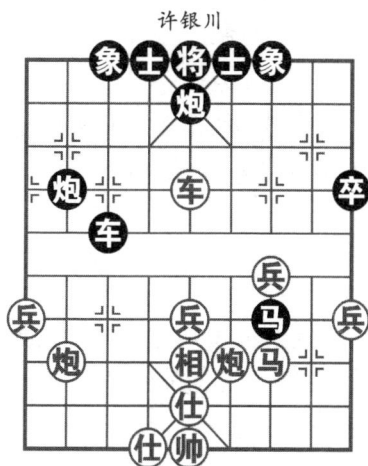

蒋川

图8

红方出帅,机警。如改走相五退三,则车3进3,炮八退一,炮2进1,黑有攻势。

27.……　　车3平6

黑方如改走马7进5,则马三进四,马5进3,车五平四,黑方反而不好。

28.相五退七　象7进5　　29.车五平八　炮2平3

30.车八平七　象5进3　　31.车七平五　炮3进1

32.炮四退一　炮3进1　　33.炮四进一　炮3退1

34.炮四退一　炮3进1　　35.炮四进一　炮3退1

36.炮四退一　炮3进1　　37.炮四进一　炮3退1

38.炮四退一　炮3进1　　39.炮四进一　炮3退1

局面复杂,双方各有顾忌,而且用时所剩无几,所以双方不变作和。

第9局

上海胡荣华(先胜)湖北李义庭

(1966年4月28日于郑州)

全国象棋个人赛

1.炮二平五　炮8平5　　2.马二进三　车9进1

3.车一平二　马8进7　　4.马八进七　车9平4

5.兵三进一　　……

形成顺炮直车对横车的阵势。顺炮直车对横车红进正马续挺三兵,这一新型布阵是胡荣华经过精心研究而得的新开局。在本届大赛中首次使用并取得了良好战果。赛后由此而产生的各种攻防战术,在实战中不断创新丰富,至今已形成了变化纷呈的一种新的攻防体系。

5.……　　马2进3

黑方如改走马2进1,则仕六进五,车4进4,炮五平四,车4平7,马三进二,车7退1,相七进五,车7平8,车九平六,士4进5,炮八进二,红方占优势。

6.兵七进一　车4进5

黑方进车兵线,企图对红方七路马施加压力。改进后的走法是车1进1,静观其变。

7.相七进九　车1进1　　8.马三进四　车4平3

9.车九平七　卒3进1

黑方如改走车1平4,则车二进五,也是红方主动。

10.车二进五　象3进1　　11.炮八进四　卒3进1

12.车二平七　马3进2　　13.车七进二　炮2退2

14.马四进六　卒3平4　　15.车七平八　炮2进3

16.车八退一　……

红方也可改走马六进五,变化下去也是红方易走。

16.……　　　　车3退2　　17.马七进八　卒4平3

18.马六进五　象7进5　　19.相九进七　车1平6

20.仕六进五　……

红方也可改走炮五平七,车3平6,仕六进五,马2进4,炮七平四,红占主动。

20.……　　　　车6进3　　21.炮五平九　车3平4

22.相七退五　车4进1　　23.车七进七　车4平2

黑方吃马,失算。以改走象1退3为宜,红如马八退七,则车4退2,车七退一,车4平3,车八平七,卒7进1,和势。

24.车七平五　马7退5　　25.炮九进四　象1退3

26.车五退一　车2进4

红方伏有车八退一弃车吃马,再炮九平三绝杀的手段,黑方被迫弃车求杀。如改走车6退2,则车五退一,黑方亦难抗衡。

27.仕五退六　车2平4

28.帅五平六　车6进5

29.帅六进一　车6退1

30.帅六退一　马2进4(图9)

31.车八平六　……

如图9形势,红方平车捉马,解杀还杀,弈来甚是巧妙!

31.……　　　　马4进3

32.帅六平五　车6平2

33.车六退四

红胜。

李义庭

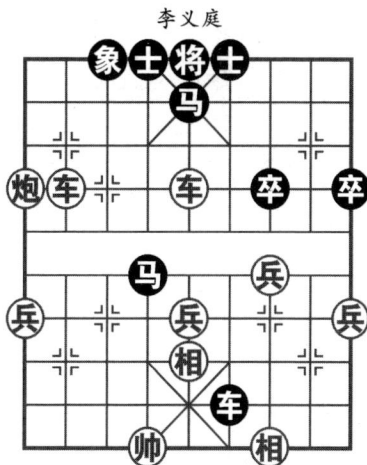

胡荣华

图9

第10局

广东杨官璘(先负)上海胡荣华

(1982年5月6日于武汉)

全国象棋团体赛

1.炮二平五　炮8平5　　2.马二进三　马8进7

3.车一平二　车9进1　　4.兵三进一　车9平4

5.马八进七　马2进3　　6.兵七进一　车1进1

7.炮八进二　……

形成顺炮直车两头蛇对双横车的阵势。红方应改走相七进九,更具针对性。

7.……　　　车1平3

黑方马后藏车在3路线布下伏兵,这是胡荣华的创新之着。

8.车九进二　卒5进1　　9.马七进六　卒3进1

10.炮五平六(图10)　卒5进1

如图10形势,黑方置车于虎口而不顾,硬冲中卒,弈来有胆有识!

11.炮六进六　卒5平4

12.相三进五　车3平4

13.兵七进一　马3进5

14.兵七进一　卒4进1

15.仕四进五　卒4平5

16.车二进三　卒5进1

黑方冲卒破相,使红方疲于防守,简明有力。

17.相七进五　马5进4

18.车九平六　马7进5

19.车二平六　炮2进2

黑方升炮巡河,灵活有力。

20.马三进四　炮2平6　　21.兵七进一　卒7进1

黑方挺卒邀兑,开通马路,正着。如误走马4进6,则车六平四,以下黑方有

胡荣华

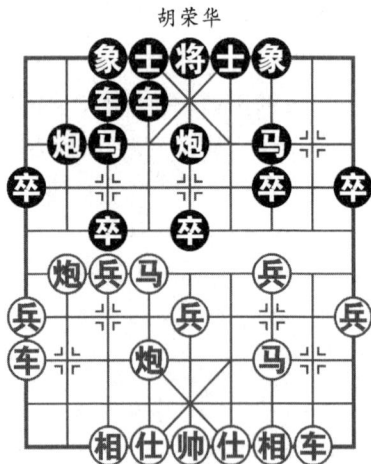

图10

杨官璘

两种走法:①车4进6,仕五进六,炮6进2,马四进五,红方反占优势。②炮6进2,马四进五(如车六进六,炮5进5,仕五进四,马5退4,黑方多子占优),车4平8(如车4进6,仕五进六,红方占优势),兵七平六,对攻中红方易走。

22.炮八进三　炮5退1

黑方退炮,保持变化。黑方可改走卒7进1,红如炮八平五,则卒7平6,炮五平六,卒6平5,也是黑方占优势。

23.兵三进一　马5进7　　24.马四退二　炮6平2

25.帅五平四　马7进8　　26.前车进一　……

红方如改走前车平二吃马,则炮5进2,黑亦胜势。

26.……　　　炮2平6

黑方平炮伏杀,精妙!

27.炮八退六　炮5进2　　28.前车进一　炮6退2

29.前车进二　炮5退1　　30.前车退二　马8退6

31.前车平四　马6进7　　32.帅四平五　车4平8

黑方平车促成绝杀,黑胜。

第11局

黑龙江赵国荣(先胜)江苏徐天红

(1983年6月14日于哈尔滨)

全国象棋团体赛

1.炮二平五　炮8平5　　2.马二进三　马8进7

3.车一平二　车9进1　　4.马八进七　车9平4

5.兵三进一　马2进3　　6.兵七进一　车1进1

7.仕六进五　……

形成顺炮直车两头蛇对双横车的阵势。红方补仕,系20世纪80年代初期流行的走法。现在一般多走相七进九,更为灵活。

7.……　　　车4进5

黑方进车过河,准备平车压马,争取对攻。也可改走车1平3伺机打开3路线,双方另有攻守。

8.相七进九　……

红飞边相,准备平车保马。

8. ······　　　车 4 平 3

黑方平车压马,逼使红车定位。

9. 车九平七　　炮 2 进 4

黑方右炮过河,防止红方八路炮巡河。如改走车 1 平 6,则炮八进二,形成另一种变化。

10. 车二进六　　······

针对黑方左马脱根弱点,进车兵线准备吃卒压马,紧凑有力。

10. ······　　　车 1 平 6　　11. 车二平三　　车 6 进 1

黑方升车保马,准备退炮驱车。

12. 马三进二　　······

红方如改走兵三进一,则炮 2 退 5,车三平二,炮 2 平 7,兵三进一,马 7 退 9,黑不难走。

12. ······　　　炮 2 退 5　　13. 炮五平三　　······

红方卸炮瞄马,攻守两利。

13. ······　　　炮 2 平 7　　14. 车三平二　　马 7 进 6

15. 兵三进一　　马 6 进 4

黑方如改走马 6 进 5,则马七进五,炮 5 进 4,相三进五,车 3 进 3,相九退七,炮 7 进 6,炮八平三,象 7 进 5,马二进四,也是红方占优势。

16. 炮三进六　　车 3 进 1

17. 车七进二　　马 4 进 3

18. 马二进四　　车 6 退 1

19. 炮三退一　　车 6 平 2

黑方平车捉炮,准备兑子简化局势。

20. 炮三平七　　车 2 进 6

21. 相九退七　　车 2 退 5

22. 炮七进一　　车 2 退 1

23. 炮七退一　　马 3 退 5

24. 车二平五　　马 5 退 6

25. 兵三平四　　车 2 平 3

26. 炮七平六　　卒 3 进 1

27. 炮六退二(图 11)　　车 3 进 2

徐天红

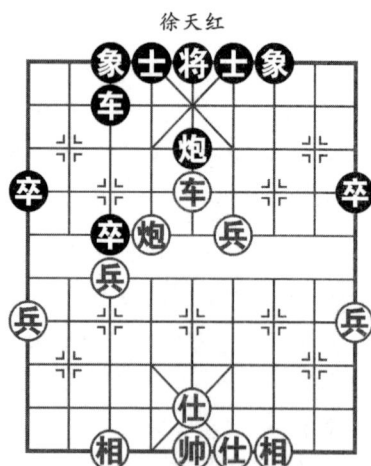

图 11

赵国荣

如图 11 形势,黑方升车捉车,失算。应改走炮 5 退 1,尚谋和有望。

28.兵四平五　……

红方平兵保车,巧妙。先手兑车后,可获多兵之势。

28.……　　　车3平5　　29.兵五进一　炮5平9

30.兵七进一　炮9进4　　31.炮六平五　士6进5

32.兵五平六　象7进5　　33.炮五进一　炮9退2

黑方如改走卒1进1,则兵七平八,红方亦可成为炮三兵对炮卒的局面。

34.炮五平九　……

至此,形成炮三兵仕相全对炮卒士象全的必胜残局。

34.……　　　象5进7　　35.兵七进一　炮9平8

36.炮九平八　卒9进1　　37.兵九进一　卒9进1

38.相七进九　卒9平8　　39.炮八退五　卒8平7

40.炮八平九　卒7平6　　41.兵九进一　卒6平5

42.兵九进一　象7退5　　43.兵九平八　卒5进1

44.相九退七　将5平6　　45.炮九进三　炮8退2

46.兵六平五　炮8平9　　47.兵七平六　炮9平8

48.兵八平七　炮8平9　　49.仕五退六　炮9平8

50.仕四进五　炮8平9　　51.相三进五　炮9平8

52.炮九进五　象5退7　　53.炮九退四　象7进5

54.兵五平四　炮8进2　　55.炮九平四　将6平5

56.兵六平五　炮8平9　　57.帅五平四　卒5平6

58.兵七平六　炮9平8　　59.兵四平三　炮8进1

60.兵六平七　炮8平9　　61.兵三进一　炮9退2

62.兵七进一　象5进3　　63.兵三进一　炮9进2

64.帅四平五　炮9平1　　65.兵七进一　象3进5

66.兵三平四　炮1平5　　67.兵五平六　士5进6

68.兵四进一

红胜。

第12局
广东许银川(先胜)黑龙江赵国荣

(2002年1月6日于广州)

第22届"五羊杯"全国象棋冠军赛

1. 炮二平五	炮8平5	2. 马二进三	马8进7
3. 车一平二	车9进1	4. 马八进七	马2进3
5. 兵三进一	车9平4	6. 兵七进一	车1进1
7. 仕六进五	车4进5	8. 相七进九	车4平3
9. 车九平七	车1平6	10. 车二进五	卒7进1
11. 车二平三	马7进6	12. 马三进四	……

红方右马盘河,是改进后的走法。如改走马七退六,则车3进3,相九退七,象7进9,车三平二,炮2进2,黑方有反先之势。

12. ……	马6进4	13. 马四进六	车3进1
14. 车七进二	马4进3(图12)		

15. 兵七进一 ……

如图12形势,红方弃兵争先,是大局感极强的走法,也是这一变例的精华所在。如改走马六进七,则车6平4,黑方易走。

15. ……	象7进9		
16. 车三平二	炮5平7		

17. 仕五进六 ……

红方扬仕捉马解杀,可谓连消带打,有力之着。

17. ……	马3退4		
18. 马六进七	象3进5		

19. 车二平六 ……

红方平车换马,可以稳占多兵之利,简明有力的走法。

19. ……	炮7平3	20. 车六退一	卒3进1
21. 车六进二	士6进5	22. 车六平五	车6进1

赵国荣

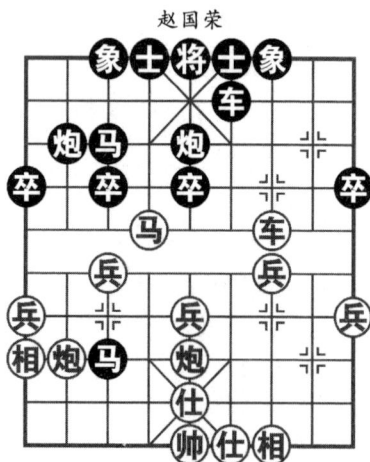

许银川

图12

23.炮八进四　……

红方进炮压缩黑炮活动空间,紧凑有力之着。

23.……　　　卒9进1　24.仕四进五　象9退7

25.兵五进一　车6进3　26.相三进一　车6进1

27.兵五进一　车6平5　28.炮五平二　车5平8

29.炮二平五　车8平5　30.炮五平二　士5退6

黑方退士,失算。应改走车5平8,炮二平五,炮3退2,再伺机炮3平1,较为顽强。

31.车五平七　炮3退2　32.车七进一　……

红方抓住黑方的失误,运车捉炮巧妙谋得一子,为取胜奠定了基础。

32.……　　　车5退2　33.车七平八　车5退1

34.炮八退四　车5进3　35.兵九进一　车5平9

36.炮二平五　士6进5　37.车八退一　卒9进1

38.车八平三　车9平5　39.相一退三　炮3平2

40.炮八进四　士5退6　41.兵三进一　……

红兵乘机渡河助战,加快了胜利步伐。

41.……　　　卒9平8　42.兵三平四　卒8进1

43.炮八退二　士4进5　44.车二平九　车5平2

45.车九平七　炮2平4　46.炮八平六　卒8平7

47.炮五进三　卒7进1　48.相三进五　卒7进1

49.车七退一　卒7平6　50.车七进一　车2平8

51.仕五退四　车8平6　52.炮六进一　卒6进1

53.帅五进一　车6平4　54.炮六平九　车4平2

黑方超时作负。

第13局

浙江赵鑫鑫(先负)吉林洪智

(2003年8月5日于浙江磐安)

"磐安伟业杯"2003年全国象棋大师冠军赛

1.炮二平五　炮8平5　2.马二进三　马8进7

3.车一平二　车9进1　4.马八进七　车9平4

5. 兵三进一　马2进3　　6. 兵七进一　车1进1

7. 仕六进五　车4进5　　8. 相七进九　车4平3

9. 车九平七　车1平6　　10. 车二进五　……

红方进车骑河,是 20 世纪 70—80 年代开始流行的走法。较新的走法是车二进三,黑如接走车 6 进 3,则炮五平四,较为含蓄多变。

10. ……　　　卒7进1

黑方弃卒活马,是这一变例的重要战术手段。如改走车 6 进 5,则马七退六,车 3 进 3,相九退七,红仍持先。

11. 车二平三　马7进6　　12. 马三进四　炮2进2

黑方升炮打车,试探红方应手。

13. 车三进四　……

红方进车吃象,虽可毁去黑方藩篱,但也容易遭到黑方的猛烈反击。如改走马四进六,车 3 平 4,兵七进一,炮 2 平 4,兵七平六,车 4 退 2,马七进八,要比实战走法为好。

13. ……　　　马6进4　　14. 马四进六　车3进1

15. 车七进二　马4进3　　16. 车三退三(图 13)　……

红方退车,无奈之举。如改走马六进七,则炮 5 进 4,马七退五,象 3 进 5,黑方下伏车 6 平 4 的杀着,红难应付。

16. ……　　　炮2退1

如图 13 形势,黑方退炮献炮,构思奇诡,大出红方所料。红如接走马六进八,则炮 5 进 4,黑方下伏车 6 平 4 杀法,可以速胜。

17. 炮五平二　后马退1

18. 兵七进一　卒3进1

19. 炮二进七　将5进1

20. 车三平五　车6进3

21. 马六进五　象3进5

22. 炮二退一　卒3进1

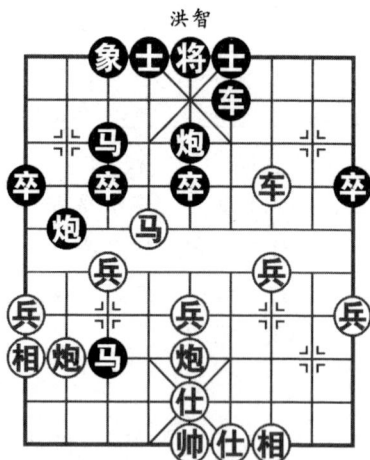

洪智

赵鑫鑫

图 13

黑方献卒,伏车 6 平 2 捉炮手段,又是一步妙手。

23. 仕五退六　车6平2　　24. 炮八进四　车2退1

25. 车五退一　马1退3　　26. 相九进七　车2平4

27. 仕四进五　后马进4　　28. 车五平二　……

红方如改走车五退一,则车4进3,炮二退二,马4进3,红亦难应。

28. ……　　马3退5　　29. 相三进五　马5进7

30. 车二退二　马7退6　　31. 车二平四　马6退7

32. 炮二退五　马7进5　　33. 车四平五　车4平8

34. 仕五进六　将5退1　　35. 仕六进五　士6进5

36. 兵一进一　……

红方应改走相七退九,较为顽强。

36. ……　　车8进2　　37. 相七退九　车8平9

黑方乘机谋得一兵,加快了胜利步伐。

38. 炮二退三　车9平8　　39. 炮二平四　卒9进1

40. 车五平三　车8退1　　41. 车三平一　马5退7

42. 炮四平三　马7进6　　43. 车一平四　马6退5

44. 车四平一　马5进4　　45. 相九退七　后马进5

46. 仕五进四　马4进6　　47. 仕六退五　马6进8

48. 炮三平四　卒9进1

黑方9路边卒在车马的掩护下过河助战,形势愈趋有利。

49. 车一平五　马8进9　　50. 车五平三　车8进2

黑方进车巧兑,可以抢占要津,是加速胜利步伐的紧凑有力之着。红如接走车三平二,则马9退7,帅五平六,马7退8,黑亦多子胜定。

51. 车三退三　马9退8　　52. 车三进二　卒9进1

53. 兵三进一　马5进4　　54. 帅五平六　马4进3

55. 仕五进六　车8平4　　56. 仕四退五　马8退9

57. 兵三平四　马9进7　　58. 兵四平五　卒9平8

59. 车三平一　车4平5　　60. 兵五平六　车5平1

黑方顺势再吃一兵,为取胜增添了物质力量。

61. 兵六进一　马7退5　　62. 兵六平五　卒8平9

63. 车一平二　车1平8　　64. 车二平三　车8平7

65. 车三平二　卒9平8　　66. 车二平一　象5退7

67. 车一进二　马5进3　　68. 车一平八　后马退4

69. 车八平六　车7平4　　70. 车六平三　车4平7

71. 车三平六	车7平4	72. 车六平三	车4平7
73. 车三平六	车7平4	74. 车六平二	……

红方属于长捉,必须变着。

74. ……	马3退2	75. 炮四平一	象7进9
76. 车二进五	士5退6	77. 车二退二	马4进3
78. 炮一进一	车4平6	79. 车二平八	马2退3
80. 车八平一	车6进2	81. 炮一进四	车6退4
82. 炮一退四	卒8进1	83. 车一退四	卒8进1
84. 炮一进一	后马进5	85. 车一平五	车6平9
86. 相五进三	卒8平7	87. 帅六平五	车9平8
88. 炮一进一	马3进2		

红方少子,不敌黑方车双马卒的攻击,遂停钟认负。

第 14 局

广东吕钦(先胜)上海胡荣华

(1992 年 12 月 20 日于广州)

第 13 届"五羊杯"冠军赛

1. 炮二平五	炮8平5	2. 马二进三	马8进7
3. 车一平二	车9进1	4. 马八进七	车9平4
5. 兵三进一	马2进3	6. 兵七进一	车1进1
7. 仕六进五	车4进5	8. 相七进九	车1平6
9. 车九平六	车4平3	10. 车六进二	卒5进1

黑方冲中卒,是特级大师胡荣华的创新。一般多走车6进5或车6进3。

11. 炮八退二	炮2进5

黑方进炮打车,防止红炮平七驱车扩先。

12. 马七退六	炮2平5	13. 马六进五	车3平2
14. 炮八平七	马3进5	15. 车二进六	……

红方进车准备吃卒压马,力争主动的走法。

15. ……	卒5进1	16. 兵五进一	炮5进3
17. 车二平三	车6进3	18. 车六进四	车2退4

黑方退车保马,有利于调整阵势,并预防红车吃中马的手段。如改走士4

进5,则炮七进六,黑要丢子。

19.车三平二　卒3进1　　20.帅五平六　马5退6

21.车二退三　……

红方退车,求稳。可改走马五进七捉炮,然后再兵七进一,红方易走。

21.……　　　炮5退3　　22.车二平七　炮5平3

23.马五进六　车6平5　　24.车七平四　卒3进1(图14)

25.马六进七　……

如图14形势,红方进马求变,雄劲有力。如改走炮七进七,车2平3,车四进五,卒3平4,车六退二,士4进5,易成和势。

25.……　　　车5退1

26.车六进二　士4进5

27.车四进五　车2进7

黑方沉车锁炮,不甘示弱。如改走车5平3,炮七进六,马7进5,局势相对缓和。

28.车六平七　车5平4

29.帅六平五　马7进5

黑方进马捉车,正着。如改走车4平3吃马,则车七进一,士5退4,车四退一,黑要丢子。

胡荣华

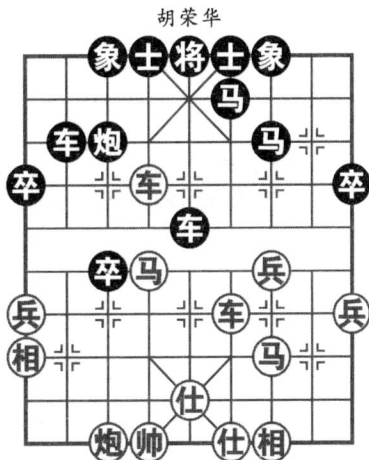

吕钦

图14

30.车七进一　士5退4　　31.车四退二　车4平3

32.相三进五　车3平2　　33.炮七平六　炮3平5

34.马三进四　马5进6　　35.车四退二　后车平4

黑方忙中出错,应改走车2平5,相九进七,炮5平8,仕五进六,炮8平7,仕四进五,炮8平4,仕五退六,车2退3,速成和势。

36.车四平五　卒3平4

黑方应改走卒3平2,虽居下风,但尚可周旋。

37.车五进一　卒4平3　　38.车七退五　士6进5

39.炮六平七

黑方超时判负。

第15局

安徽蒋志梁(先负)上海胡荣华

(1992年10月31日于北京)

全国象棋个人赛

1.炮二平五　炮8平5　　2.马二进三　马8进7

3.车一平二　车9进1　　4.马八进七　车9平4

5.兵三进一　马2进3　　6.兵七进一　车1进1

7.相七进九　……

形成顺炮直车两头蛇对双横车的阵势。红方飞边相准备车九平七护马,并加强七路线的攻防力量,是一种后中先的走法。

7.……　　　车1平3　　8.车二进五　……

红方应先走车九平七,较有针对性。

8.……　　　卒5进1

红方进车骑河,为了阻止黑方弃3卒打通3路线。现黑方强挺中卒,阻隔红车骑河通道,强行贯彻开放3线计划,是针锋相对的走法。

9.马三进四　……

红方应改走车九平七护住七路马待变,较为含蓄。

9.……　　　卒3进1　　10.车二平五　……

红方如改走兵七进一,则马3进5,黑方有反击之势。

10.……　　　卒3进1　　11.车五平七　……

红方应改走相九进七,黑如马3退5(如马3进5,马四进五,车3进4,车五平七),则车五平六,车4进3,马四进六,车3进4,马六进八,车3退2,炮八进五,车3平2,炮八平三,马5进7,黑方虽得一相,但红方多一中兵可以对抗。

11.……　　　卒3进1　　12.车七退二　马3进5

13.车七进五　车4平3　　14.马四进五　车3进6

15.马五进三　车3平2

黑方应改走炮2平7,更为有力。

16.炮五进五　炮2平7

黑方如改走象7进5,则马三退五,车2平7,车九平八,炮2平1,马五进七,车7进2,马七退六,红马灵活,可以对抗。

17. 炮五退一　车2退4　　18. 炮五退一　……

红方如改走炮五平一，则卒7进1,炮一退一,卒7进1,相三进五,车2平5,车九平八,车5进3,相九退七,车5平9,黑多一卒,且占先手,亦有求胜之机。

18. ……　　车2进3　　19. 兵五进一　车2退1

20. 车九进一　车2平5　　21. 车九平五　车5平7

22. 车五进二　……

红方应改走炮五退三,保留空头炮的威力,较为顽强。

22. ……　　车7进4　　23. 车五平四　车7退3

24. 车四进四　……

红方如改走车四平三,炮7进4,红方缺相少兵,也难谋和。

24. ……　　车7平5　　25. 仕四进五　炮7退1

26. 帅五平四　炮7平1　　27. 车四进二　将5进1

28. 炮五平二　卒7进1　　29. 炮二退三　卒7进1

30. 相九退七　卒7进1　　31. 车四平三　车5平6

32. 帅四平五(图15)　象3进5

如图15形势,黑方飞象赶车,构思巧妙!是简明取胜的有力之着。如改走炮1进5,则炮二平五,黑方取胜难度要大得多。

33. 车三退三　炮1进5

34. 仕五进四　……

红方如改走炮二平五,则炮1平5,黑方胜定。

34. ……　　卒1进1

35. 炮二退一　车6平4

36. 车三进二　将5退1

37. 炮二平五　象5进3

38. 相七进五　象3退5

胡荣华

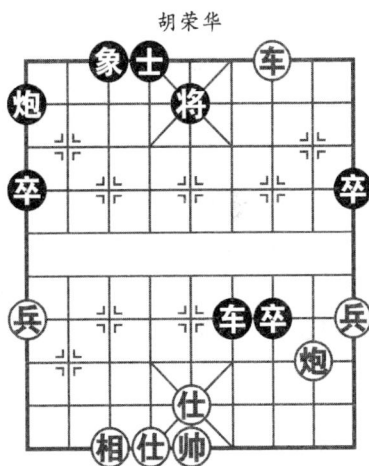

蒋志梁

图15

39. 相五退七　象5进3　　40. 相七进五　象3退5

41. 相五退七　象5进3　　42. 车三退二　将5进1

43. 炮五进一　炮1进3　　44. 仕四退五　车4平3

45. 车三平一　车3进3　　46. 仕五进六　象3退1

47. 车一平五　将5平6　　48. 车五平四　将6平5

49.车四平五　将5平6　　50.车五平八　卒7进1

51.仕六退五　车3退2　　52.车八退六　炮1退4

53.炮五进二　车3平5　　54.炮五平七　卒7进1

55.车八进八　将6进1

红方不敌黑方车炮卒的联合攻势,认负。

第16局

火车头金波(先负)广东许银川

(2001年10月20日于西安)

全国象棋个人赛

1.炮二平五　炮8平5　　2.马二进三　马8进7

3.车一平二　车9进1　　4.马八进七　车9平4

5.兵三进一　马2进3　　6.兵七进一　车1进1

7.相七进九　卒1进1

黑方挺边卒,准备续兑边卒大出边车,是当时较为流行的走法。以往常见的走法是车4进5,马三进四,车4平3,车九平七,卒3进1,车二进五,车1平6,炮八进二,卒7进1,车二平三,马7进6,形成双方对攻、各有顾忌的局面。

8.车二进五　……

红方右车骑河抢占要道,是力争主动的走法。如改走仕六进五,则卒1进1,兵九进一,车1进4,车二进五,炮2平1,炮八退一,车4平1,车九平六,炮1进5,炮八平九,炮1平5,相三进五,后车平6,炮九平七,也是红方易走。

8.……　　卒1进1　　9.兵九进一　车1进4

10.马三进四　……

红方进马,准备攻击黑方右翼。

10.……　　炮2平1　　11.车二平六　车4平2

12.车六进一　车1退2

黑方退车保卒,暗伏卒3进1争先手段,是似笨实佳的走法。如改走炮1进5打相,则炮八进二,马3进1,马四进六,红方占优势。

13.车六退二　车1进1　　14.车九平七　……

红方出车弃相,诱黑接走炮1进5打相,则马四进六,炮1平3,车七进二,车2平4,车七平六,红占主动。

14. ······   车2进5   15. 马四进六   马3退1

16. 炮八退二   ······

红方退炮，失算。不如改走兵七进一，车1平3，车六平八，车2退1（如车2平1，马六进四，车3平6，马四进三，车6退3，车八进四，炮5退1，炮八进二，车1退2，炮八平七，象3进5，车八进九，车6平7，车七平八，炮5平6，炮七平五，炮6平3，车八进七，红方占优），马七进八，车3进5，相九退七，卒3进1，形成黑多一卒、红子灵活的局面。

16. ······   炮1进5   17. 炮八平九   炮1平5

18. 相三进五   士6进5   19. 马六进五   ······

红马换炮，力求简化局势，否则炮5平4，黑方易走。

19. ······   象3进5

20. 炮九进八   车1退3

21. 车六平四   车2平3

22. 车四进二（图16）   ······

红方进车卒林急于平车吃卒压马，失策。应改走仕六进五，黑如接走车1进6，则马七退六，车3平5，车四进二，红方较易获谋和之机。

22. ······   车1进6

如图16形势，黑方抓住战机，乘机进车捉马，有力一击！令红方顿感难以招架。

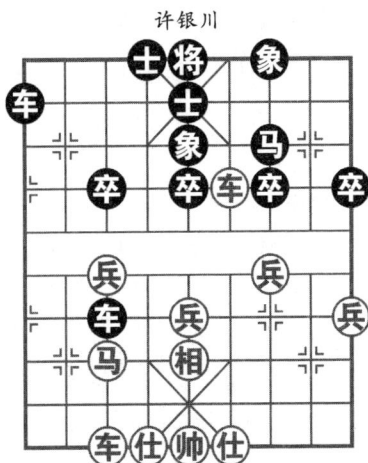

许银川

金波

图16

23. 车四平三   马7退8   24. 马七退九   车3平5

25. 车七进一   车5进1

黑车破相，其势愈盛了。

26. 仕六进五   卒9进1   27. 马九退七   车1进2

28. 兵三进一   马8进9   29. 车三平一   象5进7

30. 车一退一   车5平2

黑胜。

第17局

北京蒋川(先胜)江苏张国凤

(2008年7月23日于眉山)

"道泉茶叶杯"全国象棋明星赛

1.炮二平五　炮8平5　　2.马二进三　马8进7

3.车一平二　车9进1　　4.马八进七　马2进3

5.兵三进一　车1进1　　6.兵一进一　车9平4

7.相七进九　炮2平1

黑方平边炮,新的尝试。一般多走车4进5挥车过河,双方另有复杂攻守。

8.车九平八　车4进5　　9.马三进四　车4平3

10.车八平七　卒3进1　　11.车二进五　卒5进1

黑挺中卒拦车,实战中常用的战术手段。黑方边炮此时如在原位,则有炮2进4,车二平七,车1平6,马四进三,车3平4,下伏炮2平3打双车的手段。

12.车二平五　车1平2　　13.马七退五　卒3进1

14.相九进七　车3平1

黑方车吃边兵,保持变化的走法。如改走车3进3,则马五退七,马3进5,马四进五,炮5进2,炮五进三,象3进5,马五进三,士4进5,马三退一,红方多子占优。

15.炮八平七　马3进5

黑方硬进中马打车,准备弃子争先。如改走车1平3,则相七退九,红占主动。

16.马四进五　炮5进2　　17.炮五进三　象3进5

黑方如改走炮1平5,则炮七进七,士4进5,马五进三,车1平5,炮五进一,红方大占优势。

18.前马进三　士4进5　　19.马三退一　车1平5

20.炮五平二　车5平9　　21.马一退二　车2进3

22.炮七平二　象5退3

黑方退象,准备补架中炮取势,反映了张国凤敢于搏杀的棋战风格。但从实战效果来看,似嫌过高地估计了己方中炮的威力。不如改走炮1平4,红如接走马五进三,则炮4进3,兵三进一,车2平7,相七退五,炮4进2,黑不难走。

23. 相七退五　炮1平5　　24. 车七进九　士5退4

25. 车七退五　车9退1　　26. 兵三进一　车2平7

27. 前炮进四　卒1进1　　28. 后炮平三　车9退5

黑方退车捉炮,只好如此。如改走车7进3,则车七平五,红方大占优势。

29. 炮二退一　车9进1　　30. 炮三平二　士4进5

31. 车七平五　车9进4

黑方只好进车牵制红方车马,否则让红方窝心马顺利跃出,黑将难以对抗。

32. 前炮进一　将5平4　　33. 车五平六　将4平5

34. 车六平七　车7平4

黑车占肋,准备再出将争取对攻。否则红方炮二平三后,黑方也难应付。

35. 后炮平三　将5平4　　36. 炮三进七　将4进1

37. 炮二退一　士5进6

黑方如改走将4进1,则炮三退二,士5进6,车七进三,将4退1,炮三进一,将4退1,车七进二,红方速胜。

38. 车七进四　将4进1(图17)

39. 炮二平六　……

如图17形势,红方平肋炮轰车,巧解黑方杀势,加快了胜利步伐。

39. ……　车9平8

黑方如改走车4平8,则炮三退一,车8进1,炮六平四,红亦胜定。

40. 炮六退三　车8平4

41. 车七退三　炮5进2

42. 车七进二　将4退1

43. 车七进一　将4进1

44. 炮三退二　士6退5　　45. 炮三进一　士5退4

黑方如改走士5进6,则炮三平六,红亦多子胜定。

46. 炮六进四　车4平6　　47. 车七退五

黑方少子不敌,遂停钟认负。

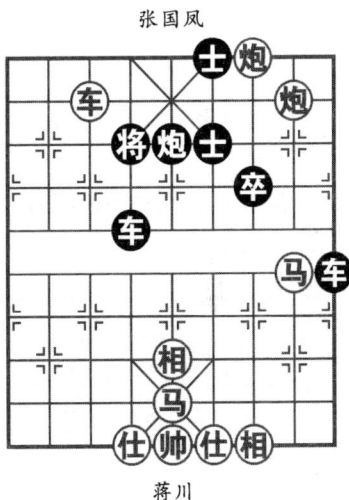

张国凤

图17

蒋川

——223——

第18局
重庆洪智(先胜)开滦蒋凤山

(2006年9月20日于河北开滦)

全国象棋甲级联赛

1. 炮二平五　炮8平5　　2. 马二进三　马8进7

3. 车一平二　车9进1　　4. 马八进七　车9平4

5. 兵三进一　马2进3　　6. 兵七进一　炮2平1

黑方平边炮,有备而来。一般多走车1进1,演成双横车的变例,双方另有不同的攻守。

7. 车九平八　车4进5　　8. 马三进四　车4平3

9. 马四进六　车3进1　　10. 马六进七　炮1进4

11. 炮八进七　炮5进4　　12. 仕四进五　炮1平3

13. 相七进九　车3平1　　14. 车二进七　……

红方进车捉马,特级大师洪智喜用的走法。也可考虑改走帅五平四,黑如接走后车进2,则马七进六,后车平6,炮五平四,车6进5,仕五进四,车1平6,帅四平五,炮5退1,马六退七,象3进5,炮八退五,炮5退1,兵七进一,卒3进1,车二进三,卒3进1,车二平七,卒3进1,炮八进五,对攻中红方较易走。

14. ……　　马7退5　　15. 炮八平六　……

红炮打士,寻求变化的走法。如改走帅五平四,则马5进3,车二平七,后车平2,车八进九,炮3进3,帅四进一,车1平5,形成双车对车双炮的局面,红无取胜把握。

15. ……　　后车进2　　16. 炮六退一　前车平4

黑方如改走前车平2,则帅五平四,车2进2,炮五进四,马5进6(如马5进7,车二平三,车1平3,车三平七,红方占优势),炮六平五,象7进5,炮五平二,士6进5(如象5退7,车二平五,士6进5,车五进一,将5平6,炮二进一,象7进9,炮五平三,绝杀),炮二平一,将5平6,马七进六,红胜。

17. 帅五平四　车4退6　　18. 车八进三　……

红方进车硬捉黑炮,新的尝试。如改走车二平四,则马5进7,车八进三(如车四平三,车4平3,黑势不弱),车1平3,车四平七,车4平6,炮五平四,马7退5,车八平七,马5进3,车七平五,双方大体均势。

18.……　　　车4进5　　19.车二平四　马5进7

黑方进马解杀,失策。应改走炮5平6,红如接走车八进五,则车1平3,车四平七,象7进5,车七平八,炮3进3,帅四进一,炮6退4,对攻中黑占主动。红又如改走车八进六,则车4平5,炮五进四,马5进3,车八平七(如车四平五,士6进5,车五平七,士5退4,车七进二,车1平4,黑方胜势),马3退4,车四平九,车5退3,对攻中仍是黑方占据主动。

20.车八进五　……

红方进车黑方下二路,连消带打的有力之着,下伏车八平三的手段,顿令黑方难以应付。

20.……　　　车1平3　　21.车四平七　象7进5

22.车八平四　士6进5　　23.车七进一　炮5平6(图18)

24.兵三进一　……

如图18形势,红方献兵攻击点十分准确,巧妙一击,令黑方顿感难以招架。黑如接走卒7进1,则炮五平三,黑要丢子。又如走象5进7,则车七进一,士5退4,车七退二,红亦胜势。

蒋凤山

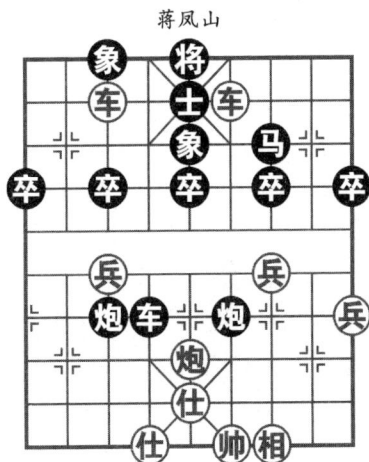

洪智

图18

24.……　　　卒7进1

25.炮五平三　炮6退2

26.炮三进五　……

红方擒得一子,为取胜奠定了物质基础。

26.……　　　车4平6

27.仕五进四　士5退4

28.帅四平五　炮3平5

29.帅五进一　卒7进1

30.帅五平六　炮5平4　　31.车四平六　炮6退4

32.车七退二　车6平5　　33.车七进一

黑方少子失势不敌,遂停钟认负。

第19局

上海胡荣华(先胜)广东刘星

(1975年6月27日于上海)

第3届全运会预赛

1.炮二平五　炮8平5　2.马二进三　车9进1

3.车一平二　马8进7　4.马八进七　马2进3

5.兵七进一　车9平4　6.兵三进一　炮2平1

形成顺炮直车两头蛇对横车的阵势。黑方平炮求变,一般多走车1进1,布成双横车的阵势。

7.车九平八　车1平2

黑方如改走车4进5,则马三进四,车4平3,马四进六,车3进1,马六进七,对攻中也是红方易走。

8.炮八进四　车4进6　9.车八进二　车4退3

10.车二进八　……

红方进车下二路,准备捉马扩先,凶悍有力之着。

10.……　卒7进1

黑方如改走卒3进1,则车二平七,马7退5,炮八平七,车2进7,炮五平八,红方下伏车七平六的凶着,黑方难以化解。

11.车二平三　马3退5

12.炮八进一　象7进9

黑方如改走卒7进1,则炮八平三,车2进7,炮三进二,马5退7,炮五平八,红方大占优势。又如误走炮1退1,则炮八平三,车2进7(如炮1平7,炮五进四),炮五进四,象7进9,车三平二,红方速胜。

13.炮八平三　车2进7(图19)

14.炮三平九　……

如图19形势,红方舍车吃炮,大局感

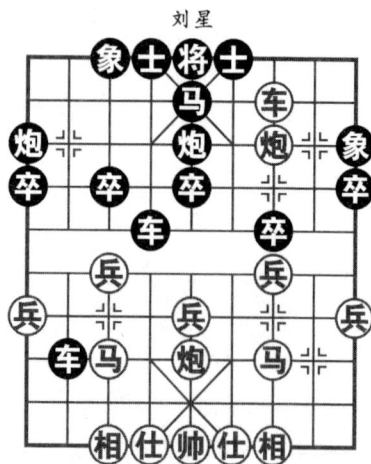

刘星

图19

胡荣华

甚强,是争先取势的有力之着。如改走炮五平八,则炮1平7,黑方易走。

14. ······ 车 2 退 5

黑方退车兑炮,无奈。如改走车 2 平 3,则炮九平一,黑将穷于应付。

15.炮九平五 车 2 平 5 16.兵五进一 卒 7 进 1

17.兵五进一 ······

红方应改走车三退四,车 4 平 7,车三进一,象 9 进 7,兵五进一,黑难抵挡。

17.······ 车 4 平 5 18.马三进五 车 5 平 7

19.车三退三 象 9 进 7 20.马七进六 卒 7 平 6

黑方应改走车 5 平 4,红如马六进五,象 3 进 5,马五进三,马 5 退 3,黑可摆脱困境。

21.马六进五 象 7 退 9

黑方如改走卒 6 进 1,则马五退三,红方胜势。

22.炮五退一 卒 6 平 5

黑方如改走卒 6 进 1,则马五进六,车 5 进 1,马六进八,车 5 进 5,帅五进一,红方速胜。

23.后马进三 车 5 平 8

黑方如改走车 5 平 4,则马五进六,阻止黑方象 3 进 5,然后右马进击,红方不难获胜。

24.马五进四 车 8 平 2 25.马四退三 车 2 平 7

26.前马退五 象 9 进 7 27.马三退四 卒 5 进 1

28.马四进三 车 7 平 5 29.马五进七 ······

红方也可改走马三退五吃卒,当可速胜。

29.······ 车 5 平 3 30.马三进五 象 3 进 1

31.马七退八 车 3 平 5 32.马八退七 车 5 进 1

33.马七进五 马 5 进 6 34.马五进四

红方得车胜定。

第 20 局

重庆洪智(先胜)上海林宏敏

(2005 年 11 月 6 日于山西太原)

全国象棋个人赛

1.炮二平五 炮 8 平 5 2.马二进三 马 8 进 7

---227---

3. 车一平二　车9进1　　4. 马八进七　马2进3

5. 兵七进一　车1进1

　　形成顺炮直车对横车的阵势。黑方高右横车改变行棋次序,不落俗套的走法。如改走车9平4,兵三进一,车1进1,则演成流行的双横车变例。

6. 马七进六　车9平6

　　黑方如改走车1平4,则马六进四,马7退5,炮八平七,车4进3,马四进五,炮2平5,车九平八,象3进1,仕四进五,车9平6,车八进六,红仍持先。

7. 马六进七　……

　　红马踩卒,含蓄有力的走法。如急于走炮八平七,则车6进4,马六进七,车6平3,马七进五,车3进2,马五退三,马3进2,黑方反先。

7. ……　　　车1平4

　　黑方如改走车6进4,则相七进九,也是红占主动。

8. 炮八平七　车4进2　　9. 车九平八　车6进4

10. 相七进九　卒7进1　　11. 车二进六　……

　　红方挥车过河,形成左右夹击之势,积极有力之着。

11. ……　　　马7进6　　12. 车二平四　车6进1

13. 炮七进一　……

　　红方升炮赶离黑方左车,不给黑方马6进4兑车脱身的机会,是扩先取势的有力之着。黑如接走车4进3捉炮,则马七进五,炮2平5,炮七平四,红方得子大占优势。

13. ……　　　车6进1　　14. 仕六进五　车6平7

15. 车四退一　……

　　双方兑掉一马后,红大子占位极好,获得简明优势。

15. ……　　　炮5平8

　　黑方卸炮牵制红方右翼,除此之外也别无好棋可走了。

16. 车八平六　……

　　红方平车邀兑,减少黑方的潜在反击力度,稳健的走法。

16. ……　　　车4进6　　17. 帅五平六　象7进5

　　黑方如改走士4进5,则马七退六,象3进5,炮七进四,炮8平3,车四平八,炮3平4,帅六平五,炮2平3,兵七进一,红亦大占优势。

18. 车四平八　炮2平1

　　黑方平炮,避捉。如改走炮2退2,则车八进三,士6进5,马七进九,红亦大占优势。

19.车八进三　炮1进4　　20.车八平六　炮1平5(图20)

黑方如改走象5退7,则马七退八,象7进5,炮五进四,象5进3(如马3进5,炮七进六,士4进5,车六进一,红胜),兵七进一,红亦胜势。

21.炮五进四　……

如图20形势,红方弃炮硬轰中卒,可谓一击中的!是迅速入局的精彩之着。

21.……　　　马3进5

黑方如改走士6进5,则马七进五,将5平6,炮七进四,炮8平3,车六进一,将6进1,马五退三,炮3平7,车六平三,红方胜定。

22.马七进五

红方马踏中象再弃一子,妙极!下伏炮七进六,士4进5,车六进一杀着。黑如接走象3进1,则马五进三,马5退6,车六平四,红方胜定。又如改走士4进5,则炮七进六,士5进4,马五进六,也是红胜。

林宏敏

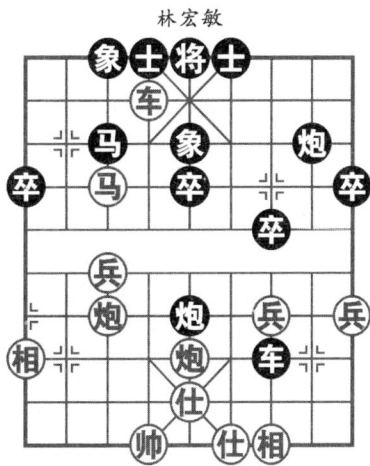

洪智

图20

占优势。

19.车八进三　炮1进4　　20.车八平六　炮1平5(图20)

黑方如改走象5退7,则马七退八,象7进5,炮五进四,象5进3(如马3进5,炮七进六,士4进5,车六进一,红胜),兵七进一,红亦胜势。

21.炮五进四　……

如图20形势,红方弃炮硬轰中卒,可谓一击中的!是迅速入局的精彩之着。

21.……　　　马3进5

黑方如改走士6进5,则马七进五,将5平6,炮七进四,炮8平3,车六进一,将6进1,马五退三,炮3平7,车六平三,红方胜定。

22.马七进五

红方马踏中象再弃一子,妙极!下伏炮七进六,士4进5,车六进一杀着。黑如接走象3进1,则马五进三,马5退6,车六平四,红方胜定。又如改走士4进5,则炮七进六,士5进4,马五进六,也是红胜。

林宏敏

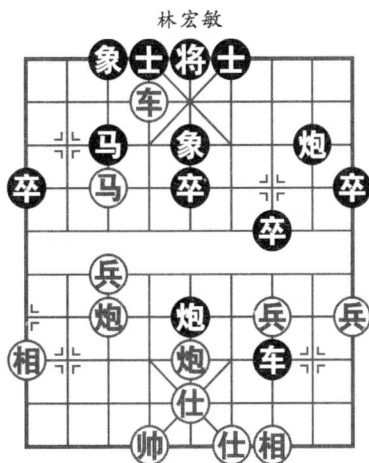

洪智

图20

－229－